国家社会科学基金项目成果（项目编号：14BYY091）

动结式的
二语习得研究

张京鱼◎著

中国社会科学出版社

图书在版编目（CIP）数据

动结式的二语习得研究／张京鱼著 . —北京：中国社会科学出版社，2023. 8
ISBN 978-7-5227-2546-8

Ⅰ. ①动… Ⅱ. ①张… Ⅲ. ①汉语—对外汉语教学—教学研究 Ⅳ. ①H195.3

中国国家版本馆 CIP 数据核字（2023）第 162953 号

出 版 人	赵剑英	
责任编辑	宫京蕾　周慧敏	
责任校对	刘　娟	
责任印制	郝美娜	

出　　版	中国社会科学出版社	
社　　址	北京鼓楼西大街甲 158 号	
邮　　编	100720	
网　　址	http：//www. csspw. cn	
发 行 部	010-84083685	
门 市 部	010-84029450	
经　　销	新华书店及其他书店	

印　　刷	北京君升印刷有限公司	
装　　订	廊坊市广阳区广增装订厂	
版　　次	2023 年 8 月第 1 版	
印　　次	2023 年 8 月第 1 次印刷	

开　　本	710×1000　1/16	
印　　张	15	
插　　页	2	
字　　数	254 千字	
定　　价	88.00 元	

凡购买中国社会科学出版社图书，如有质量问题请与本社营销中心联系调换
电话：010-84083683

前　　言

　　本书是母语为英语和维吾尔语的汉语学习者对动结式的二语习得研究，主要考察语义突显层级模式对母语为英语和突厥语的汉语学习者对动结式二语习得的解释力问题，以期为动结式的二语教学提供指导建议，达到提高动结式的学习成效和习得水平的终极目标。由于动结式在汉语里的能产性和高频使用率，对它的习得水平直接影响到汉语作为第二语言的整体水平。本习得研究是将语法研究成果转化到汉语二语教学中的一个必要中间环节（刘玉屏、袁萍，2021）。

　　本书由两部分组成。第一部分从第二章到第五章是动结式和致使结构的语言本体和理论研究，分别为汉语和英语动结式的语言参数差异研究，汉语和维吾尔语结果构式的对比研究，以及汉语动结式简单句法和简单题元关系研究。第二部分从第六章至第九章，主要报告 23 位操英语的留学生和 45 位维吾尔族大学生对动结式的二语习得实验研究及其结果与讨论。

　　在对动结式复合词的研究中，我们发现，它们和"把"字句和重动句共现性分布可以解释它们之中有些动词存在的歧义现象，如"张飞骑累了马"。所谓"张飞骑累了马"的两个解读，其实就是"把"字句和重动句的"两说"："张飞把马骑累了"和"张飞骑马骑累了"。"把"字句是宾语语义指向"马累了"，而重动句是主语语义指向"张飞累了"。我们根据这一观察，提出，动结式是"把"字句和重动句的"致使"一统论。"把"字句和重动句（V1 NP V1R）都是显性轻动词构式，前者的轻动词是"把"而后者的轻动词是 V1，V1 在重动句里只起语法功能意义，而 SVO 句式的动结式是隐性轻动词，或者隐性因果［使因］。

　　在动结式是"把"字句和重动句一统论的基础上，我们发现了"构式致使"意义，据此为我们的语义突显层级模式增添了构式致使语义突显层级假设：由于与句法相关的"致使"在"把"字句里比在 SVO 动结式里更突显，即"把"字句 > SVO 动结式，因此对"把"字句动结式的二语习得要易于或等于对 SVO 句动结式的。

操英语的留学生对较难习得的 D 类、F1 和 F2，以及 G 类有生致事和无生致事动结式"把"字句的接受度显著地高于对 SVO 句的，而在较容易习得的 ABCE 类动结式的"把"字句和 SVO 句之间接受度上没有差异。D、F 和 G 类动结式都是致事或者致事 & 施事动结式。操英语的留学生这一习得结果，或者使用策略偏好是语义突显层级模式认知突显性的反映。拒绝或者趋于不接受动结式的 SVO 句，但却接受或者对动结式的"把"字句不确定。这一发现验证了构式致使语义突显层级假设，给语义突显层级模式应用到动结式和"把"字句的教学，以及把动结式和"把"字句的教学结合起来进行的建议提供了理据。

正因为动结式是"把"字句和重动句的一统形式，我们将原本认为动结式复合事件的语义结构涉及的复杂题元关系还原成简单的施事/致事与役事题元关系。动结式的因果—致使题元关系和"把"字句的一样，涉及致事和役事。动结式的二语习得就是简单致事/役事因果—致使关系的习得。动结式二语习得中"题元关系重构难"现象是缺乏语言学习事实的，因为它忽视了无数汉语二语学习者"汉语通"的存在，如相声演员"大山"和央视主持人"小尼"等，前者的母语是英语，后者的母语是维吾尔语。由于动结式在汉语中的能产性和高使用率，它的二语习得是必然。我们对操英语的留学生和操维吾尔语的大学生动结式二语习得的实证研究结果表明，A、B、C、D、E 类动结式习得没有问题，受试者接受这些动结式的 SVO 句和"把"字句，说明对它们的二语习得是已然的事实。我们对汉语动结式的整体构式观，其致使关系的简单题元关系还原了"动结式"简单因果—致使事件语义关系或者题元关系。正因为其简单句法和简单题元关系，从而使动结式的二语习得是必然的和已然的。

操英语的留学生和操维吾尔语的大学生对动结式的二语习得证明语义突显层级模式对不同类型的动结式习得难度和习得先后顺序能给出精准预测和合理解释。我们新增的构式致使语义突显层级假设对推广动结式的语义突显层级模式教学提高了实证支持。本书研究仅在汉语动结式中作为参照进行了"把"字句习得研究，由于动结式是"把"字句和重动句的一统形式，"得"字句是与英语动结式同形式结果句式，这方面的二语习得研究对检验语义突显层级模式会有深远的意义。未来研究将动结式的二语习得与对重动句和"得"字句的二语习得一起研究将是一个既有趣又有意义的课题。

目 录

第一部分　语言本体和理论研究

第二部分　语言习得研究

第一章

绪　　论

第一节　研究目的与意义

本书是关涉操英语和维吾尔语的汉语学习者对动结式的二语习得研究，主要考察语义突显层级理论对母语为英语和突厥语的汉语学习者对动结式二语习得的解释力问题，以期为动结式的二语教学提供指导建议，达到提高动结式的学习成效和习得水平的终极目标。由于动结式在汉语里的能产性和高频使用率，对它的习得水平直接影响到汉语作为第二语言的整体水平。本习得研究是将语法研究成果转化到汉语二语教学中的一个必要中间环节（刘玉屏、袁萍，2021）。

动结式（Result ative Verb Compounds，RVCs），也称作动结结构、述补结构、结果构式等，实际上是动结式复合动词（龚千炎，1984）的简称。动结式由于其在揭示词汇语义学的本质以及在句法和语义接口的研究中所扮演的作用，在当代语言理论建设中处于一个中心位置。

结果构式语言间存在参数差异（Snyder，1995，2001，2007，2016），如汉语和英语都有形容词结果构式（adjectival resultatives），而维吾尔语就没有对应的形式。汉语的动结式复合词（Verb-Result，VR）中的结果"R"既可以是动词，也可以是形容词，其语序是VRO，而英语结果构式的语序是VOR，其R一般是形容词。由于语言间的参数差异，动结式复合词在其题元关系的二语重构中存在巨大困难，即存在二语习得性问题，因此也是国际语言习得研究的热点之一。由此可见，本书具有语言及习得理论建设之意义。

本书选择母语为英语和突厥语的汉语学习者作为受试对象，有助于检验和完善语义突显层级模式，促进第二语言习得理论建设。这是因为，操英语和突厥语的汉语学习者人数众多，前者是国际语言，而后者不仅有国际学生，而且有国内的大批维吾尔族、哈萨克族、塔塔尔族等少数民族的二语学习者。本书最后选用维吾尔语作为突厥语的代表，因此，本书对国内外汉语作为二语的国际教育和国内少数民族汉语作为第二语言的教学实践有所帮助。本书发现建议动结式的二语教学应依循语义突显层级模式而进行。

第二节　研究背景

动结式给将汉语作为外语或者二语学习的学习者带来挑战（Xing，2006）。动结式是汉语中普遍使用的句法形式，也是少数民族学生汉语习得的难点之一（林青、刘秀明，2015）。根据邢志群（Xing，2006），动补结构（verb complement construction）是汉语的一个基本句子或者构式。像动补构式或动结式这样的句子或构式在英语或者其他语言里没有结构上相似的对应表达，其二语或者外语学习过程将很不同。母语为英语或者其他语言的学生不仅需要学习使用这种构式的情景或环境，而且还得搞清楚这种结构是否与他们母语里的某些构式功能上很相似。

正是由于动结式给将汉语作为第二语言习得者带来极大的挑战，对它的二语习得研究是近二十多年来汉语二语习得的研究热点。探究操英语的留学生对动结式或动补结构二语习得或者二语教学的研究为数最多［例如 Fahn（1993）、Wen（1995，1997）、Christensen（1997）、怡冰（2000）、Duff & Li（2002）、赵杨（2003）、Chen & Ai（2009）、Qiao（2008）、Deng（2010）、Yuan & Zhao（2010）、袁博平（2011）、Jie Zhang（2011）、陆燕萍（2012）、姜爱娜（2013）、谢敏灵（2013）、周文杰（2013）、Grover（2014，2015）、许雪真（2017）等］。考察维吾尔族学生对动结式或动补结构的二语习得或二语教学的研究为次多，例如崔巍、茹仙古丽·艾再孜（2010）、毕风云（2008）、付一帆（2017）、郭兰（2008）、李暹（2005）、王燕（2012）、怡冰（2000）、袁红双（2012）等。为数第三多是对操韩语的留学生对动结式或动补结构的二语习得研究，例如白燕（2007）、唐鹏举（2007）、岳秀芳（2012）和车慧（2018）等。再有，李连芳（2011）对印尼学生汉语动结式理解与输出情况研究，李思莹（2015）对母语为西班牙语的学习者汉语及物动结式的习得研究和姚娇娇（Yao，2022）对母语为葡萄牙语的学习者对致使动结式的习得研究等。还有多个笼统第二语言学习者汉语动结式习得研究，例如 Xing（2006）、施春宏（2010）、张先亮、孙岚（2010）、晓娓（2010）、艳梅（2016）、马志刚（2014a，2014b）、张立冰（2016）、朱旻文（2017）和施春宏、邱莹、蔡淑美（2017）等。

这些研究的研究结果整体显示一个有趣的悖论（Grover，2014，2015）。以母语为英语的二语学习者动结式习得研究为例，这些二语习得者在口语产出任务中明显地趋于过低使用动结式（如 Wen，1995，1998；Christensen，1997；Duff & Li，2002；Zhang，2011 等），即出现相关研究中经常报告的回避使用动结式的现象。但是同时，这些学习者又在句子可接受性判断中表现出理解动结式组合性本质和意义（如 Qiao，2008；赵杨，2003；Yuan & Zhao，2011 等）。除了回避动结式外，学习者还经常产出空缺动词述语 V1，或者空缺结果补语 V2/R 的现象，这些都被归因于学习者母语的结果构式，或者致使结构的特点。然而，多数相关研究缺乏扎实的跨语之间的比较研究，所给出的概括缺乏语言事实依据。因此，对动结式的习得和教学研究没有反映问题的实质。

第三节　研究理论框架

"致使"是人类语言普遍存在的一个语义范畴，而致使结构就是对这一语义范畴的表征模式。致使结构指单句里用以表述一个含因果关系的致使情景的结构，即动词或动词性的结构，如汉语中的使动句、动结式、"把"字句、"得"字句以及双及物结构等都是典型的致使结构。英语的致使结构主要有词汇使役动词（lexical causatives）、使役词缀（causative affixation）和结果构式（resultatives）等。对英汉语言的致使结构的这一简单罗列就可蕴涵英汉语之间存在的一个基本参数差异：英语的致使结构是词汇化了的，即主语是通过词汇手段表达致使关系，而汉语是通过句法手段表达致使意义的。

本书研究采用的理论框架是张京鱼（Zhang，2003/2007）的语义突显层级模式理论（Semantic Salience Hierarchy Model）。该理论是他在生成语法和语言类型学理论框架内，在对英汉心理谓词的跨语分析的基础上提出的。语义突显层级模式是对人类语言致使结构的核心，即与句法相关的语义原子 CAUSE，或者功能范畴 CAUS，或者小 v，在自然语言里的层级性表征进行概括的一个参数理论。语言对这个与句法相关的功能范畴 CAUS 的表征上存在差异：有的是显性的使令动词，如汉语的"使、令、让"等，英语的 make、cause 等，有些是隐性的，如英语里的词汇使役动词 break、please 等，汉语中从古汉语里残留下来的"吓人、烦人"中的"吓、烦"等，还有些是介于隐性和显性之间的使役性词缀，如英语中的"-en，-ify，-ize"，现代汉语里的"-化"等。语义突显层级理论就是对自然语言里语义原子 CAUSE 或者功能范畴 CAUS 层级性表征的概括，并对致使结构的第二语言习得做出了统一的预测：人类语言致使结构的语言习得是对与句法相关的语义原子 CAUSE 或者功能范畴 CAUS 在自然语言中的层级性表征的反映。也就是说，习得的顺序和难易度是从显性到隐性的表征。如此对致使结构的习得问题就被还原成了对动能范畴 CAUS，或者小 v 的敏感度问题。

语义突显层级模式对英汉心理谓词的二语习得做出了准确的预测，如 Zhang（2003/2007，2015），张京鱼等（2004），陈国华、周榕（2006），戴曼纯、刘晓英（2008），常辉（2014）等。张京鱼（2005）又在中国大学生英语色彩使役动词的习得研究中进一步对该理论提供了实证支持。常辉（2011）在《世界汉语教学》上发表的题为"母语为英语的留学生汉语致使结构的习得研究"的文章对语义突显层级模式理论给予了最好的检验。常辉的研究目的也是检验语义突显层级模式的预测，其结论是"我们的被试对通过句法手段实现的汉语分析型致使结构的习得较早、较好，这与第二语言习得理论是相吻合的"（常辉，2011：138），该文中的"第二语言习得理论"就是我们的语义突显层级模式，从而为语义突显层级模式理论提供了最新的证据。常辉（2014）在考察语义和形态对中国学生习得英语心理使役动词的影响的实证研究结果验证了 Zhang（2007）对心理使役动词分类的合理性，并支持"语义突显层级模型"，不支持索蕾丝（Sorace，2011）的"接口假说"。冯晓、常辉（2016）专门对"语义突显层级模型"及其实证研究进行了述评。

第四节　　研究预览

一个有关认知的神秘问题自古希腊哲学家柏拉图以来一直困扰着人

类：人们为什么能够在他们所得到的稀少信息基础上获得那么多的知识？这个问题被称为柏拉图问题（Plato's Problem）或者语言习得的逻辑问题。这个哲学问题引起了哲学、心理学、语言学、计算机科学等方面的研究者的广泛兴趣。不同领域的研究者给出的解释方案不同，如兰道尔与杜马斯（Landauer & Dumais，1997）就给出了一个解决方案：知识习得、归纳和表征潜伏语义分析理论（Latent Semantic Analysis）。潜伏语义分析使用了奇异值分解的线性代数的方法说明减少维数有助于揭示语义的潜伏关系，它在文本处理方面有广泛的应用范围（桂诗春，2003）。

解答柏拉图问题一直是语言学的核心目标。在对柏拉图问题做出回答的努力中，乔姆斯基（Chomsky）在其"管约论"（Government and Binding，GB）里明确地、具体地提出了著名的第一语言习得"原则和参数模型"（Principles-and-Parameters Model），证明了人类语言知识是由为数不多的具有普遍语法意义的原则构成，语言获得是在后天经验语言环境下普遍语言原则参数化的过程。

"管约论"中提出的"原则和参数"原理对第二语言习得研究产生了巨大的影响（宁春岩，2001）。著名应用语言学家瑞泽福德（William Rutherford，1995）在其"SLA：Universal Grammar and language learnability"（"第二语言习得：普遍语法和语言的可习得性"）一文中指出，若要解释人们是如何习得某种知识技能，首先需要了解该知识技能是什么。因此，要探究致使结构的二语习得，我们首先必须对学习者的母语和所要学习的第二语言致使结构之间的差异有深刻的了解，也就是回答什么是有关致使结构的语言知识的问题。据此，我们选择了动结式作为主要考察点来进一步检验语义突显层级模式。汉语的结果构式或动结式要比英语和维吾尔语的相应构式复杂得多。动结式或者结果构式的语言本体研究和习得研究是本研究的双重重点。

根据林宗宏（Lin，2001）的词汇化参数和威廉姆斯（Williams，2005）的无论元理论，英汉动词在从词库提取出来进入句法前的词汇参数化是不一样的。英语动词经历过完全的参数化，论元结构已经设定，具备统一投射属性特征（UPP）。汉语动词在词库里没有进行词汇化，从词库出来进入句法时没有论元，题元关系是由句法语境中的功能范畴引入的。维吾尔语典型的使役化结构是形态使役，即动词后加词缀 -dur/tur 等；它零位使役形式很少，而具有迂回/分析型使役形式，即类似汉语的使动句, 英语的 make 构式。维吾尔语的结果构式形式上也是由 V1-V2 组成的, V2 是此构式的中心, 其后可以加否定、时态、体态等后缀, 而 V1 是非限定形式, 即不可后附否定、时态、体态等后缀 (Tash & Sugar, 2018)。V1 通过 - (i) p 词缀嫁接于 V2, - (i) p 词缀传统上被看成副词的核心词, 它的补语就是它所依附的动词短语 VP (力提甫・托乎提, 2012; 木再帕尔, 2014); 而在此 - (i) p 词缀是功能投射 FP 的核心词, 嫁接在 νP 上。也就是说, 维吾尔语的结果构式是由 V1P 嫁接到 V2P 所形成的结构。V1 和 V2 都可以编码一个结果状态蕴涵意义, 而另一个动词指定动作或行为的方式。不论哪种情况, V2 必须与其内部论元结合形成一个有终点的骨架。维吾尔语是一个典型的形态性语言, 对其 V1 (i) pV2 结果构式的内元要求更严格, 即 NP 一定携带宾格 -ni。因为英语结果构式属于或者是增加配价构式, 有些不及物动词也可以在此构式里称谓及物动词, 携带宾语, 如 "John ran his feet sore" (张三跑疼了脚)。操英语的学习者一样对动结式的习得要经历从词汇致使向句法致使的转换; 而维吾尔语汉语二语学习者要经历从形态致使向句法致使的转换。从显性的形态致使关系到隐性的句法致使转换难度不亚于从隐性的词汇致使到隐性的句法致使。

　　好在目标语汉语还有一种显性句法致使表现, 即轻动词 "把" 的作用。"把" 字句的显性句法致使对隐性致使具有 "启动" 或者 "激活" 的促使认知功能。"把" 字句这种 "激活" 效应使动结式习得中 "致使" 因果事件语义关系或者题元关系重构成为可能。然而, "把" 字句这种 "激活" 效应来自其构式的 "致使" 或者 "处置" 意义。我们提出 "致使" 构式突显性层级: "把" 字句由于其构式的致使 "处置" 意义在表征 "致使" 因果事件语义关系上比 SVO 主谓宾基本句式更突显。我们认为汉语 "动结复合动词" 或者 "述补复合动词" 等术语都不如 "动结式" 更能体现动结式的构式性, 因为动结式其实是 "把" 字句和重动句的一统形式。

　　在对动结式复合词的研究中, 我们发现, 它们和 "把" 字句和重动句的共现性分布可以解释它们之中有些动词存在的歧义现象, 如 "张飞骑累了"。所谓 "张飞骑累了" 的两个解读, 其实就是 "把" 字句和重动句的 "两说": "张飞把马骑累了" 和 "张飞骑马骑累了"。"把" 字句是宾语语义指向 "马累了", 而重动句是主语语义指向 "张飞累了"。我们根据这一观察，提出动结式是"把"字句和重动句的"致使"一统论。"把"字句和重动句（V1 NP V1R）都是显性轻动词构式，前者的轻动词是"把"而后者的轻动词是 V1，V1 在重动句里只起语法功能意义，而 SVO 句式的动结式是隐性轻动词，或者隐性因果 [使因]。

我们对中国大学生习得英语结果构式的二语习得研究中发现，操汉语的英语二语学习者结果构式习得中涉及子集和超集的关系，汉语动结式是超集，英语结果构式是子集。我们的维吾尔语结果构式和汉语动结式对比分析发现，维吾尔语的结果构式与汉语动结式也是子集与超集的关系。母语为英语和维吾尔语的汉语学习者动结式的习得困难相对都比较大。

我们以语义突显层级模式为框架对袁博平与赵杨（Yuan & Zhao，2010）的扩展研究验证了语义突显层级模式的预测：无生致事习得比有生致事更容易习得。英美澳留学生对汉语动结式的二语习得中的题元重构是受母语语言 UPP 特征制约的，二语中与母语相同，或者满足 UPP 特征的接受率最好，习得最好。句法致使可以习得，施事句先于致事句。我们基于语义突显层级模式的操英语和维吾尔语汉语学习者二语动结式习得研究，不仅为汉语动结式的二语习得做出更合理的解释，而且揭示了二语习得中的母语迁移深层表现。Yuan & Zhao（2010）登载在《国际双语期刊》（*International Journal of Bilingualism*）上对母语为英语的汉语学习者动结式的习得研究中报告了一个出乎研究者预料的结果：二语组学习者在题元结构重构中有困难，其题元重构受母语题元关系的制约，学习者接受符合活动述语受事–结果述语受试限制的"张三压断了李四的尺子"，但高级组却出人意料地接受违反母语限制的"张三听烦了这首歌"一类的句子，此类句子宾语 NP 是活动述语的受事，遵守母语中的限制，而与结果述语没有题元关系，且主语 NP 是结果述语的感事都违反了母语的题元选择限制。他们对此的解释是英语中存在一个相似的句式中相同的题元关系的迁移作用。然而，这一结果却是语义突显层级模式理论有生性假设所预测的，在语义突显层级理论里得到了更合理的解释。

此类动结式的结果补语是心理谓词，心理谓词需要有生名词作为其感事；而宾语是无生名词，不可能充当其感事；而主语却是有生名词，既是听觉动词"听"的感事，又是结果动词"烦"的感事，更是整体动结式"听烦"的感事。这句的题元关系非常简单，是重动句的"张三听这首歌听烦了"简缩和精简式，习得自然容易，没有难度。有生性层级认知优势将结果"烦"的感事导向有生主语，唯一的"可能"（potential）感事，而这种事件语义解读正好与现实世界的真实事件相吻合，为真。因此，它是最容易习得的一类动结式组合句。根据语义突显层级模式预测，如果将这句话的主语和宾语调换一下位置，"这首歌听烦了张三"，句子的意义基本相同，但是二语习得者会拒绝接受。Yuan & Zhao（2010）没有考察这类动结式这类同义句的习得，而这便成了本课题研究的起因。我们具有对语义突显层级模式的理论自信。

我们在操英语和维吾尔语两个母语语序截然不同的汉语二语学习者中进行的实证研究结果证实了我们的预测：他们都接受"张三听烦了这首歌"一类的句子，而拒绝"这首歌听烦了张三"一类的句子。研究结果不仅证实了语义突显层级模式的解释力，而且说明了该理论还可以为动结式的教学提供指导。有生主语，即我们举例中的感事主语句是最容易习得的，应作为动结式教学的突破口，或者先教先学的一类动结式。而相反的无生主语，我们举例的致事主语句是最难习得的，应后教后学，而且应该和前者作对比一起教学。

我们从维吾尔语结果构式与汉语动结式和英语结果构式的对比分析中抽离出结果构式的"使因"表征参数。此参数指出结果事件是结果构式的核心，在构式的表达是必要条件，而使因事件的表达有语言类型差异：在形态变化匮乏语言是必要条件，在形态变化丰富的语言如维吾尔语是可选条件，在形态变化相对贫乏的语言如英语里介于必要条件和可选条件之间。结果构式的"使因"表征参数在第二语言习得中会有后果。维吾尔语和英语汉语二语习得者对使因事件 V 的强制必要表征反应迟钝，会出现不表达现象。这解释了动结式二语习得中介语中经常出现的"空缺"动词述语的现象，其实这一现象是结果构式的"使因"表征参数母语迁移，还没有重现设定（reset）的表现。这一发现给二语习得理论建设中参数重设（parameter resetting）和特征重组（Feature Re-assembly）之争提供了折中调和（reconciliation）的证据。Lardiere（2009）的特征重组假设认为学习者在二语习得过程中会基于母语与二语之间的**特征对比**分析，从语义、句法两方面在母语中寻找与二语词汇形态的对应之处，以备形态句法习得（戴曼纯，2011：95）。特征重组强调的是习得"过程"（process），参数重新设定强调的是习得"结果"或者最终"产品"（product），过程论对"习得"进行了更精细化指定而已。我们提出参数重设假设：学习者在二语习得过程中会基于母语与二语之间的**形态特征对比分析**，从语义、句法两方面在母语中寻找与二语词汇形态的对应之处，以备参数重设。我们的结果构式的"使因"表征参数和参数重设假设为动结式的教学提供了可操作性指定。

本书丰富了我们对二语习得过程中 UG 原则与参数、语言输入以及母语交互作用的认识。

第五节　本书的组织安排

本书分为语言本体和理论研究、语言习得研究两部分。

第一部分是语言本体和理论研究，由第二章至第五章组成：第二章引介致使结构的研究，以及语义突显层级模式理论主要观点、意义和适用范围；第三章是英汉动结式语言参数差异研究；第四章为维吾尔语结果构式和汉语动结式对比研究；第五章论术动结卡"致使"事件语义与语义突显层级模式的关系。

第二部分是语言习得研究，由第六章至第十章组成：第六章报告操英语的汉语学习者对动结式的二语习得研究；第七章是大学生对英语结果构式的二语习得研究；第八章为维吾尔族大学生对动结式的二语习得研究；第九章对动结式二语习得结果与语义突显层级模式展开讨论；第十章总结研究的主要发现，阐释研究的贡献和意义，并指出研究的不足和对未来研究的建议。

本书第三章至第八章具有相对的独立性，读者可以根据自己兴趣和需要，分章或部分阅读。

第一部分
语言本体和理论研究

第二章

致使结构与语义突显层级模式的建构

男士：我过去认为相关意味着因果关系。后来我上了一个统计学课。现在我不那样认为了。

女士：听起来那个课对你帮助不小。

男士：恩，或许吧。

"相关/因果关系"漫画

（源自 xkcd：一个有关浪漫、讽刺、数学及语言之网络连环画）

第一节　导言

就像"相关/因果关系"漫画所示，确立事件与其参与者之间的因果联系是我们构建与社会和自然环境经验的一个主要手段。致使结构指单句里用以表述一个含因果关系的使役情景的结构，即动词或动词性的结构。本章的核心是论述有关如何释解事件与其参与者之间的因果或者致使关系的主要理论。作为语言学研究，我们主要关注的是我们对因果或者致使关系释解的语言组织：致使结构（causativity），主要阐述英汉两种语言对因果关系的描述方法，以其勾勒人类语言的使役化结构全貌。我们的论述将从以语言共性研究为目标的生成语法理论和类型学两大理论框架或者角度来开展。依据生成语法理论，我们认为致使结构就是一个动词短语嵌套结构，嵌套的上层是专表"致使"语法意义的功能范畴，如汉语的"使、令、让"等，英语的"make/cause"等，或者一个无语音值的零位使因 *øCAUS*，不论是显性的，还是隐性的，两者皆表"致使"功能。

第二节　致使结构

致使/因果关系（causation）会涉及人、事、物。语言学界习惯将致使关系表述为使动性（causativity），致使结构会涉及致事（Causer）和役事（Causee）等参与者，致使事件（causing event）和结果事件（resulting event）等事件（Comrie，1989；Wierzbicka，1998）。使役化构词或结构（Causativization）是人类语言的普遍现象（Pinker，1989），是人们对事物因果关系的认识的语言表征之一。致使结构表达的基本意思是"某人或某物致使某种行为或者过程的施事"（何元建，2004：29）。熊学亮、梁晓波（2005）对使役作了比较详细的界定，提出致使结构是指明显或隐含地表示于一个使役事件中两个动作或事件之间因果关系的语词，在语义上其中一个动作或事件必须先于另一动作或事件，而另一动作或事件则由于前一动作或事件的出现而出现。

致使事件的表达跨语方面，甚至在同一语言内手段或者参数不同。一个语言可以拥有一个或者多个致使类型，个数不一（Haspelmath，1993）。从语言表达形式看，使役结构是一个由综合到分析的渐变过程。致使结构研究的形式参数是一个连续统（continuum），整体上是从词汇型使役结构，到形态型使役结构，再到分析型使役结构（Comrie，1989）。康姆瑞（Comrie，1985）将兼语式结构称作"分解的"（analytical）使役化结构，以区别于他称作"形态的"（morphological）使役化结构——词汇使役动词。他指出："一般来讲，分解使役动词的构成极为普遍。……（而）形态使役动词的能产性语言之间的差异很大。"（1985：332）Comrie 认为："人们经常发现当一个语言享有分解和形态/词汇使役动词时，后者比前者所含有的因果关系更直接。"（1985：333）这一"直接制约"（Direct Constraint）很清楚适合英语的语言现象（Dixon，1991）。

跟随康姆瑞（Comrie，1989），Zhang（2003/2007）提出了一个致使结构类型学参数，且这个参数也为连续统，而非二分法，其图式表征见表 2.1：

表 2.1　　　　　　　　　　　　致使结构类型学参数

CAUSE	øCAUS	使役词缀（-en，-ify，-ize /-化）	Make/使 结构
显著性	隐性	显性但须黏着	显性
类型	词汇使役	缀合/形态使役	句法/分析使役
直接制约	直接	直接	中介的/不直接

何元建（2004）在讨论使役句的类型学特征时将词汇化使役结构（形态/词汇使役动词）分成两类，这样致使结构就有三种表达形式：词的使动用法（lexical causative），带使役形态的谓词的句子（morphological causative）以及迂回使役化结构。这与我们语义突显层级模式里提到的三种使役结构相吻合：词汇使役、缀合使役和使动结构。

黄锦章（2004）认为，现代汉语作为分析型语言不存在严格意义上的形态型使役结构，而词汇型和分析型使役结构相对发达，并把分析型使役结构细分为带结果补语的述补结构（V-R 短语）、带情态补语的述补结构（得字句）和兼语式（即使动句）。黄锦章所称分析型的 V-R 动结复合词，王文斌、徐睿（2005）和常辉（2011）称作"复合使役动词"。王玲玲、何元建（2002）依据生成语法的"最简方案"，对汉语的动结复合词重新作出句法和语义的解释，认为这个结构应该是句法中生成的合成谓语，而不是词库里的复合词；使动结构是使役句法的基本结构，它含有一个使役动词，并指派致事题元，其他使役结构都是隐性使役结构，含一个零形式的使役动词，从而对使役句法作出了统一的解释。

英语词汇使役动词由单一语素动词或单词的形式表现出来，而汉语则是通过两个语素复合而成。王力先生（1980：401）在讨论使成式形式时指出："从形式上说，是外动词带着形容词（'修好''弄坏'），或者是外动词带着内动词（'打死''救活'），即从意义上把行为及其结果在一个动词性词组中表示出来。这种行为能使受事者得到某种结果，所以叫做使成式。"王力先生的使成式，就是我们现在所说的动结式复合词，王文斌、徐睿（2005）和常辉（2011）等，将其称作复合使役动词。拿英语词汇使役动词 break 为例，它可以参与致使/起始转换如例（1）：

（1）　a. John broke the window. 张三打破了窗户（玻璃）。

　　　　b. The window broke. 窗户破了。

　　英语 break 内含"致使"之意，这个语义原子和动词词根√ break 聚合为一体，而汉语的对应词是活动述语"打"和结果述语"破"的结合的复合体。表示非致使事件是结果述语一个就够了（1b）。英汉词汇性致使动词这个差异可以归结为嘉福斯（Juffs，1996）的"词根词素使因/状态聚集参数"（Root Morpheme CAUSE/STATE Conflation Parameter）差异。Juffs 认为英语中的一个动词词根包含"使因"和"状态变化"是普遍现象，而汉语中则没有这种语义结构。使因/状态在词汇里的聚合古汉语里也是如此，只是自汉魏六朝以来，汉语已经丧失了大部分的合成（synthetic）特质，而演变成一个高度的解析性（analytic）语言了。高度解析性语言的特质之一是每一个语义单位都以独立的词项来表达。轻动词不再是空语类或词缀，而是像"使、弄、搞、做、打"等实词（黄正德，2008：229）。

　　何元建、王玲玲（2002）认为，汉语的致使结构有使动句和役格句两种基本句式。役格句就是动结复合词的致使句式。汉语没有役格动词，作格动词直接用为使动，通过句法结构来表达使役义。具体来说，役格句的结构跟使动句相同；不同的是，使动句中的使役动词是一个实实在在的词，而役格句中的使役动词是零形式。致事的句法位置高于其他论元成分，施事或客事改作致事时，要移位到致事的位置，才不违背"题元阶层"和"题元原则"。

　　"致使"总体上是一个语义概念，但是，仅从语义角度难以洞悉使役概念和结构的本质和全貌（王强，2009）。使役化是一个词汇过程，名词、形容词、不及物动词等语类都可以被使役化。黄正德（2008）就采用词义分解理论解释了英语 thin 和汉语"丰富"的一致性，如例（2）：

（2）　a. The soup is thin. ［thin］（状态词词根）

　　　　b. The soup thinned. ［BECOME［thin］］

　　　　c. Please thin the soup. ［CAUSE［BECOME［thin］］］

　　"丰富"的三种用法也是如此，如例（3）：

　　（3）a. 他的常识很丰富。[丰富]（状态词词根）

　　　　b. 他的常识丰富了。[BECOME [丰富]]

　　　　c. 此行丰富了他的常识。[CAUSE [BECOME [丰富]]]

　　皮尔卡徐（PylkkÄnen，2008）认为，使役结构是一种施用（applicative）结构。施用结构是相对于非宾格结构而言的，非宾格结构缺乏表施事的外部论元，而施用结构就是在非宾格结构上添加表施事的外部论元。传统观点认为，使役动词是由中心语在动词语义上添加致事论元后派生而来的，外部致事论元由动词引导，但这些观点不具有跨语言共性。按照 PylkkÄnen（2008）的研究，致事论元实际上不是由表示致使概念的任何句子成分引导，而是与所有外部论元一样，都由语态（voice）引导。它负责在句法和语义上允准外部论元，即外部论元投射为语态的标志语，vP 充当语态的补足语，语态负责把外部论元和动词描述的事件联系起来。而且，所有的致使结构都包含功能中心语 CAUSE，该中心语与非使役性谓词合并，在语义上导入致使性事件。在语态与 CAUSE 的关系上，自然语言可分为语态捆绑性使役结构（如英语和汉语）和非语态捆绑性使役结构（如日语和芬兰语）（参见王强，2008，2009）。

第三节　轻动词理论与致使结构

　　黄正德（2008）采用的词汇分解理论起源于生成语义学派，以麦考雷（McCawley，1969）和道迪（Dowty，1979）为代表，主张在词库部分加上词语分解标记，以增强生成语法的解释力。拉森（Larson，1988）将词汇分解的思想应用到对双宾语动词的解释，首次提出轻动词的概念和结构，即 Larson 氏的 VP 壳结构。词汇分解理论在黑尔与凯撒（Hale & Keyser，1993，2002）得以推广。按照 Hale & Keyser（1993），句法可分为词汇句法（l-syntax）和句子句法（s-syntax）两种。在对名物化的研究中，Hale & Keyser 沿用 Larson（1988）的动词壳理论，并引出了两个最基本的概念因子，CAUSE 和 BECOME，如例（4）：

　　（4）The cook thinned the gravy.

　　[VP$_1$ NP [V$_1'$ CAUSE [VP$_2$ NP [V$_2'$ BECOME [AP

A］］］］］

概念因子 BECOME 到 CAUSE 不带语音成分，必须得到语音支持，促使形容词短语循环向上合并，最终动词化而形成表层结构，同时也形成了它的论元结构。英语里，这一合并是在词汇句法层面，而非在显性句子句法层面运作的。Larson（1988）、Hale & Keyser（1993）所设计的空核心的壳结构在最简方案（Chomsky，1995，2000）中又衍生为一种功能语类，最简方案中称之为 vP 壳结构，如例（5）：

（5）
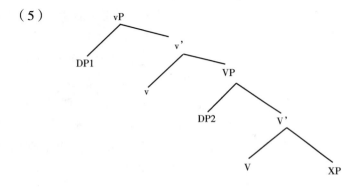

在 vP 壳结构中，嵌套在 VP 之上的是一个轻动词词组 vP，它的核心 v 是一个具有词缀性质的功能语类，呈强语素特征，可以触发下层 VP 中的 V 移位且并入 v 形成［V-v］来核查自身的特征。vP 壳结构就是轻动词理论，是致使结构句法解释的核心。

温宾利、程杰（2007）认为，乔姆斯基（1995，2000）中的功能语类 v 是真正意义上的轻动词，投射 vP，并沿着这条主流句法的路子，对轻动词 v 的纯句法本质进行了比较系统的梳理和区分，把不同研究者所谓的轻动词分为轻动词、元动词和助动词等三种不同的语类。其中，轻动词 v 作为核心功能语类只具有接口语义不可解的形式特征，是一个纯句法的构件，不表达任何语义内容，选择 VP 作补语。这样一个纯句法功能的、在任何类型的动词投射中都必不可少的成分应该属于普遍语法，不存在跨语言差异。

根据兰德福德（Radford，1997），乔姆斯基（1995，2000），温宾利、程杰（2007）和黄正德（2008）等，由于"使、令、让"和 *make，have， get* 等自身都有一定的语音形式和词汇意义，不再抽象，也不具有只表达语法意义的功能语类的内涵，不符合轻动词的基本条件或特征，因此都不属于轻动词。这些动词是显性的，只是在语义内容上贫乏（如"使、令、让"和 *make，have，let*），传统上将它们称为"使令动词"，也可以将其归为实词。然而，它们的"致使"功能和轻动词 *v* 是一样的，句法结构上位置也一样，如例（6）：

（6）

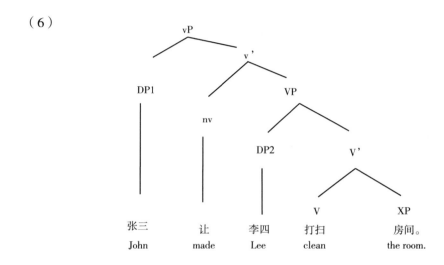

第四节　最简方案和分布形态联姻下的致使结构

我们接纳马兰兹（Marantz，2012）对近 50 年来生成语法在语言知识基本解释的框架下对动词论元结构研究综述中的结论。我们现今对论元结构的理解融合了最近才被称作词汇派和构式派两大传统的各个理论框架下的探索结果。词汇派传统起源于 Chomsky（1970）的"论名词化"一文，认为动词的论元结构信息储存在动词里，强调动词在由其论元结构信息投射句法结构中的作用。词汇派传统过去常被称作投射派，以投射原则为其基本框架性理论。构式派传统，常与 Hale & Keyser（1993，2002）的词汇关系结构理论有关联，强调句法在构建传统上归结于论元结构的意义中的作用。

依据 Marantz（2012），最近出自词汇派和构式派对论元结构的研究结果是围绕结合句法上的最简方案（Chomsky，1995）和形态上的分布形态

（Halle & Marantz，1993）理论的语法体系来组织我们对论元结构的理解。依据最简方案，从词素构建结构的意义上讲，句法是语法唯一发动机。句子和音系的表征，尽管受制于它们自己的制约和原则，而且是由与音和义接口适当的单位一起构建起来的，但是，它们的层级性和组合性结构却仍然依赖句法。分布形态理论给我们提供了"后期插入"的假定，即词素和音系身份是在句法之后通过词汇插入的机制确定的。最简方案和分布形态理论的合并使我们可以将音系学的研究，特别是形态结构和词素变体之间的关系上的研究，与句法/语义接口的研究，尤其是有关组合性语义学在结构和定域性领域之间关系方面的研究联系起来。这方面研究的主要结论是强调句法的意义贡献和自主性，以及论元结构与动词意义贡献的相对独立性。

对句法结构的一般性制约超越了个体动词要求的特殊性。句法结构和意义的联系同样超越个体动词。这方面的研究表现出一种从动词类型和动词为中心的论元结构向结构是如何被用来表达意义的方法研究上的转换。动词是从一个有限结构小集合中选择了适合自己的有关形和义的框架，而非每个动词构建自己特定的形和义的连接关系。最新的研究成果将动词分解成词根和动词化中心词，并指出，词根所表达的意义——此意义对应于动词词干的音系——并非是与动词所出现的句法框架有关的意义。句法可表征的意义独立于任何特定动词而存在，动词的特质语义要求必须使用这些句法上可用的意义。

从生成语法的初期开始，有关论元结构的研究就分列成两条主线。第一条主线起源于菲尔莫（Fillmore）1967 年的里程碑论文 "Case for Case"，该文给我们提供的基本思路是：从动词论元结构向句法的映射是通过论元的语义角色协调的。在此观点下，像施事和受事这样的语义角色所形成的一个题元层级构成了对语言所描述的事件中据称携带这些角色的短语的分布的解释基础。这方面的研究的顶峰是珀尔玛特（Perlmutter，1983）关系语法之统一指派假设（Universal Alignment Hypothesis）和贝克（Baker，1988）修订的题元指派的统一性假设（UTAH）。第二条主线是生成语言学（如 Postal，1970）所主导的，其基本观点或者思路是：句法是意义的结构性表征的反映，而语义谓词论元结构在其中帮助形成句法结构和句法的不对称性。在此观点下，常被释解为致使（CAUSE）和起始（BECOME）的事件之间的关系构成了对论元句法分布的解释，而不是与

事件有关的论元的语义角色。当今对论元结构的理解是这两条主线研究合
流的结果。有关动词信息投射句法结构的管辖和约束理论已经过时，句法
结构是独立于词汇要求而生成的，而动词具体信息决定着发音的动词词根
在这些独立生成的结构中的分布。

　　最新的研究将动词短语的核心结构确定为涉及一个传统上称作"小
v"的动词中心词和一个词根。这个小 v 语义上引介一种事态：要么一个
活动，要么一个状态，句法上将引领这个动词短语（vP）的词标记为动
词。这个 v 可以携带一个唯独的补语，原因是在最简方案里所有结构的句
法建构都是二进制的"合并"。v 中心词的唯独补语 NP（或者 DP）规范
的解释为对 NP 的一个状态变化，如果此动词中心词被释解为引入一个动
态事件，如例（7）：

（7）

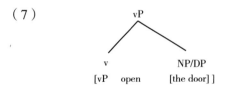

　　在例（7）里"the door"是小 v 的唯独的直接宾语，这符合拉雯与兰
帕珀特（Levin & Rappaport，1986）的唯独补语泛化（Sole Complement
Generalization）。也就是说，直接宾语是小 v 结构投射的，而 v 是动词中
心词。而其他的论元是由像 PylkkÄnen（2008）《引入论元》（*Introducing
Argument*）一书所概述的特殊的句法中心词引入的。也就是说，只有这些
额外的论元才可以被称作携带语义或者题元角色，因为这些论元的语义是
被放置在与由 v 中心词引入的事件有语义关系中的成分的语义。动词短语
的所谓外元（external argument）就是这样一个额外论元，传统上我们跟
随卡拉泽尔（Kratzer，1996）称其是由一个 VOICE 中心词引入的，句法
上携带一个 vP 作为它的补语。

　　引入论元的中心词分为两类：一类是 VOICE 和施用（Applative）中
心词，另一类是介词中心词（Marantz，2012）。前者 VOICE 和 Appl 中心
词将增添的论元在句法上置于他们所添加论元短语的结构之上，而后者介
词中心词在其所附加的短语之下增添论元。额外论元由显性地将论元和句
法结构连接起来的中心词引入，它们也和特定的语义或者题元角色有联

系，如施事和致事与 VOICE 引入的论元例（8），与事和 Appl 施用中心词引入的论元例（9）：

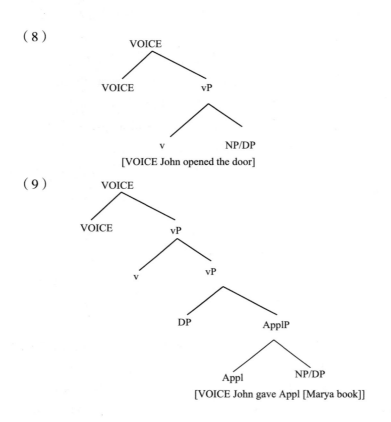

（8）

[VOICE John opened the door]

（9）

[VOICE John gave Appl [Marya book]]

　　对论元结构的最新认识主张特定动词限制有意义的句法的形式和意义，但是它们自身并不生成和投射结构。那么，在此观点下，动词词根就必须在像例（7）里的结构中找到它们的位置以表明它们可能给与它们所拥有的任何特质性特征有关的结构提出强制要求，并且给结构的释解贡献某方面的意义。词根对像例（7）的结构语义贡献的限定性观点是词根可以修饰或者限定小 v 引入的事件，如给活动事件强加一种方式，或者修饰与状态变化动词直接宾语有关的状态。让动词词根置于句法上允许它们可以做它们句法的、形态的和语义的工作的直接的方法就是使其修饰事件词根毗邻小 v，如例（10）；使修饰状态词根紧靠经历状态变化的 NP/DP，如例（11）：

（10）

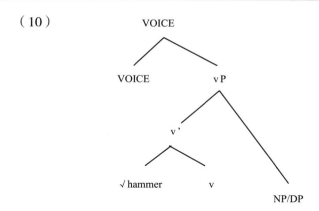

hammer the nail(用榔头作为一个工具敲/砸/打)

（11）

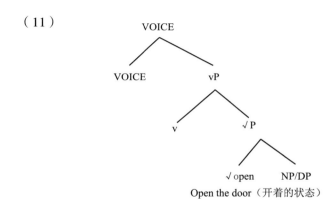

Open the door（开着的状态）

当代生成语法研究将词根从动词词类中心词小 v 中的分离可以追溯到佩赛慈基（Pesetsky，1995）。Pesetsky 在研究宾语感事心理动词的研究中，主张将指涉一个属性或者状态的词根从像"amuse"的心理谓词的致使语义中分离出来。我们的语义突显层级模式理论也是在 Pesetsky 对英语心理谓词的精细语义研究中发展起来的。

从以上我们的英语例子中不难看出，与论语结构句法构建有关的功能中心词——voice，v 和 Appl 中心词，常常是规范性的音系零位，即没有发音，听不见的。从跨语的角度讲，这些功能中心词的显性实现形式确实存在。尚佛（Schäfer，2008）曾举例说明 voice 在非宾格构式和及物构式对比中可以是显性的。宫川（Miyagawa，1998，1999）也曾阐述 v 在及物构式（词汇使役动词）和非宾格（起始）构式对比中也可以是显性的。作为一个动词的特征（与小 v 有关），有没有外元（与 voice 有关），有没有一个间接宾语（与 Appl 有关）是动词短语或者动词的句法上相关的特征。

　　总之，生成语法框架下的当代论元结构理论将结构意义的构建置于句法和语义解释的接口，句法框架决定事件结构的释解，而此释解由动词词根信息所修饰或者限定。尽管这一研究途径强调句法和与动词或者动词短语有关的语义类型之间紧密之关系，这并不意味着有必要将 CAUSE 这样的语义中心词，或者语义原子置于句法之中，也不要求句法和语义之间有着任何明显意义上的一种透明关系。出于引导句法结构的语义和形态音系释解，人们可能很想标明小 v 显示它们引领的结构的事件释解，因而产生"致使的"（causative）、"起始的"（inchoative）或者"状态的"（stative）小 v 中心词。我们可能按语感将它们与"do""become"和"be"依次联系起来。目前，学界就如何表征这一思想的技术问题正展开着辩论，而这辩论可以概括为有关句法是否能识别如在例（7）的结构中的小 v 的"风味"（flavors）上。这些议题的句法探索并未发现较强的论点支持句法上在对如例（7）的结构的详细阐述中涉及额外的事件中心词。给基本句法结构添加一个额外的小 v，在上层的 v 构建一个 vP 就可以预见地创造出一个所谓的"句法致使"的结果。此种情形，像英语的语言要求一个额外的动词（常见的是如在"John made the door open"中的"make"），如汉语"使、令、让"等使令动词，而在日语和维吾尔语等语言里被实现成一个致使词缀，类似于英语动词 gladden 里的致使词缀"-en"。概言之，句法提供的词素和结构通过语义解释会产生有构造的论元结构。然而，与生成语义学观点不同，在最简方案和分布形态联姻下的当代论元结构理论里，句法的词素和结构本身并不是像 CAUSE 和 BECOME 一样的语义单位。其核心观点是小数量的典型结构提供了在词根意义贡献的补充下，映射不同论元结构的可能性所需的全范围的差异；在这当中，词根可能仅从句法所提供的可能性中做选择，或者以可预见的方式修饰所产生的语义结构。

　　我们对致事结构的研究涉及词汇使役动词的致使和起始转换、主语感事心理谓词和宾语感事心理谓词；双宾语致事结构中又涉及 Appl 中心词；动结式还涉及次要结果谓词，以及色彩使役动词涉及致使词缀"-en"的致使形式。这些动词或者结构都是当今论元结构理论所关注的国际研究热点。词汇致使动词所涉及的致使和起始转换涉及非宾格动词的问题，而当今的观点是并非动词是非宾格的，而只有非宾格的结构，即动词中心词的唯独补语（直接宾语）出现在没有外元投射在 vP 之上的构式里。而对应的致使动词结构是有 VOICE 引入外元，即有外元投射在 vP 之上的结构里，如例（12）：

（12）a. The glass broke. [$_{vP}$ open [the door]] 非宾格/起始结构

b. John broke the glass. [$_{VOICE}$John [$_{vP}$ opened [the door]]] 致使结构

文献中的共识是致使和起始转换，或者动词的及物与不及物变体没有衍生关系，即在此转换中没有任何语法相关意义之上的语义和句法的方向性。也就是说，致使的结构或者起始的结构并非是各自对方的句法或者语义基础，致使在结构上镶嵌起始，或者起始结构是致使结构的一个子集。

对词汇使役结构的研究为一些涉及心理状态的表达，如英语"amuse, frighten, please"等动词的研究提供了基础。心理动词的研究历史悠久。自生成语义学研究开始经过像波拉帝与瑞兹（Belletti & Rizzi, 1988），Pesetsky（1995）和兰道（Landou, 2009）里程牌式的研究而得出的基本结论是：心理谓词既使用句法结构和事件意义之间普遍的连接方式，也利用特别语言的连接方法。心理动词的研究意义重大，因为是心理状态的表达与论元结构语言共性的形/义连接方式不是一个好的、或者容易的匹配，因此，语言为心理谓词开发了多种选择，结果是在跨语言方面对"相同"意义的表达出现了变异，或者变体。我们的语义突显层级模式就是在生成语法框架下对英汉等语言心理谓词的跨语言类型学的对比之中建立起来的。

第五节　语义突显层级模式基本内容

我们认为，致使结构在语言上的表现是句法结构上涉及引入外元的 VOICE，引入致使（CAUSE）的功能此类 CAUS 或者小 v。对致使结构的二语习得是简化成了对与句法上的功能中心词 CAUS，或者小 v 的敏感度问题，是与句法相关的语义成分［使意］在自然语言中实际表征突显性的反映。

语义突显层级模式是张京鱼（2003/2007）在考察操汉语的英语学习者对心理谓词的二语习得中发展以来的一个理论。英语心理谓词对二语学习者存在一个可习得性问题需要解决。英语心理谓词由描述人的心理活动或者心理状态的一类动词，以及由其派生的形容词组成。它们把感事（Experiencer）题元角色指派给经历谓词所描写情感的名词短语上。在如"Children like fairy tales"（少儿喜欢童话故事）的句子里，感事 children（少儿）出现在句子的主语位置，而在像"Fairy tales please children"（童话故事令少儿喜悦）的句子中，感事又出现在宾语的位置。也就是说，此类谓词的题元角色出现了颠倒的映射。

心理谓词论元结构的习得问题，是一个具有相当大理论意义和教育价值的前沿性课题。此课题研究的理论意义就在于心理谓词题元角色映射中在与题元指派的同一性假设原则（UTAH，Baker 1988）关系上所表现出的有标记本质上，因为心理谓词的题元的非规则映射对理论语言学家存在一个连接问题（linking problem）需要解决。此问题与我们对二语习得的理解具有高度的相关性，原因在于该类谓词是实际上所有二语学习者普遍的困难点，而二语教师对此无法解释和应对无力。也就是说，心理谓词还存在一个可习得性问题（learnability problem）。由于其题元映射的连接问题和可习得性的问题，心理谓词是理论语言学和语言习得界关注的国际热点研究（之一），因为该类谓词是语言学研究的根本问题的缩影：语言知识是什么和此知识是如何习得和使用的，儿童母语和二语学习者心理谓词使用都出现全局性错误（global error）的问题。

我们需要回答的问题是：在无负面证据的情况下，操汉语的英语学习者是如何习得有关决定感事投射到主语和宾语位置的相关知识？对此可习得性问题我们是在生成语法理论的框架下，依据最近最简方案和分布形态论元合并下的论元理论（参见 Marantz，2012）Pesetsky（1995）的精细语义分析，以及 Landou . (2010)的感事方位句法等理论，通过对心理谓词的语言分析来解决的。把心理动词分为两类不同的动词并且决定它们相应的语义结构的要素，即与句法相关的语义成分确定为零位使因，即附着在宾语感事谓词上一个隐性的及语音为空值的［使意］。分析表明对心理谓词的习得可以归结为对感事动词和形容词里这一论元结构变化形态——

零位使因的感知或敏感度问题。

我们在语言类型学框架下对零位使因做了进一步考察，在跨语分析的基础上发展了我们的类型学使役化（结构）参数（表 2.1）。英汉对比分析表明英语具有词汇和句法使役形式，我们论证说明汉语同样拥有这两种形式。英语和汉语在此参数上的差异之处在于此参数的典型值上：英语的典型结构是词汇使役形式，而汉语是句法使役形式，即文献中常见的兼语式，更准确的术语为使动句。分析表明对心理谓词的习得可以归结为对宾语感事动词和形容词里零位使因的敏感度问题。我们依据与句法相关的CAUSE 在语言类型学上的突显性（表 2.2）创建了语义突显层级模式来解决此问题。

表 2.2　　　　　CAUSE 及其在致使结构语言类型学上的突显性

CAUSE	øCAUS	使役词缀（*-en*，*-ify*，*-ize* /-化）	*Make*/使 结构
显著性	隐性	显性但须黏着	显性

语义突显层级模式理论语言方面内容图示于例（13）：

（13）语义突显层级 Semantic Salience Hierarchy
（句法使役形式（缀合使役形式（词汇使役形式）））
（Analytical causatives（affixationalized causatives（lexical causatives）））

语义突显层级模式理论习得方面内容分窄式例（14）和宽式例（15）：

（14）语义突显层级模式（窄式）Semantic Salience Hierarchy Hypothesis（specific）

英语心理动词的二语习得是对与句法相关的语义成分［使意］在自然语言中实际表征突显性的反映。

The L2 acquisition of English psych predicates reflects the salience of the syntactically relevant meaning component CAUSE in its actual embodiment or representations in natural languages.

（15）语义突显层级模式（宽式）Semantic Salience Hierarchy Hypothesis（general）

　　使役化结构的二语习得是对与句法相关的语义成分［使意］在自然语言中实际表征突显性的反映。

　　The acquisition of causativization（patterns）in a second language is a reflection of the salience of the syntactically relevant meaning component CAUSE in its actual embodiments or representations in natural languages.

　　另外，该理论的习得方面的内容还与外元的有生性有关系，我们提出的语义突显层级与有生性假设例（16）：

　　（16）语义突显层级与有生性假设 Semantic Salience Hierarchy with Animacy Hypothesis

　　与无生致事结合的零位使因比与有生的致事结合的零位使因更突显。
ZeroCAUS is more salient with inanimate Causer than with animate Causers.

　　在对英汉定语心理形容词研究中（Zhang，2015），我们发现了转喻人（human by metonymy/metonymic human）的普遍现象，并据此发展了一个新的有生性层级：人（有生的）>转喻人>无生的，进而修订了我们的语义突显层级和有生性假设为语义突显层级和有生性层级假设，例（17）：

　　（17）零位［使因］语素的语义突显层级与有生性层级（Semantic Salience Hierarchy of the Zero *CAUS* Morpheme with Animacy Hierarchy）

　　零位［使因］语素在与无生致事的组合中最显著，在与有生的致事的组合中最不显著，在与转喻人的组合中居中，表示为：无生的 >转喻人>人（有生的）。

　　The zero*CAUS* morpheme is most salient with inanimate Causers and least salient with animate Causers with Metonymic Human Causers in between，schematically as −A > MH > +A.

第六节　语义突显层级模式的实证支持

　　语义突显层级模式对英汉心理谓词的二语习得做出了准确的预测，如 Zhang（2003/2007，2015），张京鱼等（2004），陈国华、周榕（2006），戴曼纯、刘晓英（2008），常辉（2014）等。张京鱼（2005）又在中国大学生英语色彩使役动词的习得研究中进一步对该理论提供了实证支持。常辉（2011）在《世界汉语教学》上发表的题为"母语为英语的留学生汉语致使结构的习得研究"的文章对语义突显层级模式理论给予了最好的检验。常辉的研究目的也是检验语义突显层级模式的预测，其结论是："我们的被试对通过句法手段实现的汉语分析型致使结构的习得较早、较好，这与第二语言习得理论是相吻合的"（常辉，2011：138），该文中的"第二语言习得理论"就是我们的语义突显层级模式，从而为语义突显层级模式理论提供了最新的证据。常辉（2014）在考察语义和形态对中国学生习得英语心理使役动词的影响的实证研究结果验证了 Zhang（2007）对心理使役动词分类的合理性，并支持"语义突显层级模型"，不支持 Sorace（2011）的"接口假说"。冯晓、常辉（2016）专门对"语义突显层级模型"及其实证研究进行了述评。

第七节　语义突显层级模式意义和适用范围

　　语义突显层级模式理论的创新点在于对句法/语义映射文献和二语发展等理论所做出精练的批评性综述的基础上将学生要学习的"知识技能"置于表达清晰的使役化参数框架下审视和研究，并建立了自己独特的模式理论。语义突显层级模式颇具预测性，为实证研究中的关键变量的确定和有关习得路径具体假设的提出提供了理论基础。此理论的优美体现在其全面性和解释性的充分性。具体而言，此理论首先将使役化参数确定为所有心理动词和其派生的形容词的语义核心，在此参数基础上依据关键语义成分[使意]的语义突显的程度将其在自然语言里各种具体表征规律概括化，即语义突显层级：句法使役形式>缀合使役形式>词汇使役形式；并且依此进一步对心理谓词的二语习得的本质提出假设或预测。语义突显层级理论用一句话概括为：英语心理谓词的二语习得是对与句法相关的语义成分

［使意］在自然语言中实际表征突显性的反映。该理论的意义事实上并不局限于此项研究，有关其他使役动词的二语习得诸问题都可以在此理论的基础上检查探讨。

语义突显层级模式的语言部分是对致使结构在语言上的表征概括，习得方面的宽式理论指出了该理论的适用范围：使役化结构的二语习得是对与句法相关的语义成分［使意］在自然语言中实际表征突显性的反映。也就是说，该理论能解释所有涉及致使的动词和结构。自然，该理论预测准确性和其真正的解释力是否就像它所声称的那样有待于在致使结构的二语习得中做进一步考验，这就是后文所要涉及的内容。我们下文先从对英汉动结式，维吾尔语结果构式和汉语动结式所做的跨语对比研究和二语习得研究依次进行报告。

第三章

英汉动结式之参数差异

第一节　引言

　　动结式①由于其在揭示词汇语义学的本质，以及在句法和语义接口的研究中所扮演的作用，在当代语言理论建设中处于一个中心位置，吸引了生成语法和构式语法两个学术流派的众多研究者，如：黄正德（Huang，1988，1992，2006，2017），李亚飞（Li，1990，1995，1999），黄正德、李艳惠和李亚飞（Huang，Li & Li，2009），顾阳（Gu，1992），喜碧斯玛（Sybesma1992，1999），Gan（1993），Cheng & Huang（1994），郑礼珊（Cheng 1997），Levin & Rappaport Hovav（1995），Rappaport Hovav & Levin（2001），Zou（1995），戈德伯格（Goldberg 1995），戈德伯格与杰肯多夫（Goldberg & Jackendoff 2004），H.－L. Lin（1998），L. Wang（1998），Wu（2000），王玲玲（2000），林宗宏（T.－H. Lin，2001），W. Li（2001），H. Wang（2002），克拉泽尔（Kratzer 2003，2005），林吉米（J. Lin 2004），恩比克（Embick，2004），罗斯斯泰恩（Rothstein 2004），熊仲儒（2004），威廉姆斯（Williams，2005，2008，2009），Dai（2005），Jackson（2005），Tomioka（2006），C. Li（2007），赵琪（2009），阚哲华（2010），C. Wang（2010），Basciano（2010），Lee（2013），Woo（2013），程工、杨大然（2016），严振松（2021），姚娇娇（Yao 2022）等。

　　动结式涉及两个事件：传统上称作致使事件（causing event）和结果事件（resulting event）。Williams（2005）称前者为手段（Means），后者

---

　　①　动结式对应的英语是 resultatives，因此我们有时也称作结果构式。文中，动结式和结果（构）式我们交替使用，不做区分。

为结果（Result），并将动结结构界定为一个由手段（M）和结果（R）两个显性述语组成的句子，且这两个述语没有一个是由连词或者置位词引入的。动结结构描述一个变化，此变化以 R 所界定的状态为终结，由 M 所描写的事件的手段所达成。汉语动结式是连续性的，即 M 和 R 组合在一起，我们沿用 Williams 的标记"M/R"，宾语（O）紧随其后；英语的动结式是非连续性的，即 M 和 R 之间由 O 隔开。动结式不论是连续性还是非连续性的都是复杂致使结构。英语中的 R 是短语性的，多为形容词短语或介词短语，而汉语中的 R 只是动词性的中心词，而不是一个短语。其实，汉语不仅有核心词性也有短语性的，只是短语性的动结式需要显性"得"的引入，本文不做讨论。①

对英汉动结式的研究分歧主要在于所涉及的句法与语义接口上，具体而言，在于动结式所涉及的题元关系与两个组成述语个体以及动结构式整体所表达的事件之间的关系，论元选择与解读等问题。动词的配价问题在过去三十多年里一直受到语言学界的关注。占主导地位的观点认为动词投射题元关系，其基本的假定是：将有关句子结构的所有信息都归并于动词就可使组合句子的规则保持简单，如 Chomsky（1981），布里思南（Bresnan，1982），道迪（Dowty，1989），斯迪德曼（Steedman，1997）以及乔什（Joshi，2004）等。但是，挑战这一投射论之主张而支持动词语境之作用的观点越来越普遍，如卡尔森（Carlson，1984），马兰慈（Marantz，1984，1997），鲍尔（Borer，1994，2003），戈德伯格（Goldberg，1995），克拉泽尔（Kratzer，1996），罗斯斯泰恩（Rothstein，2001），皮尔特罗斯基（Pietroski，2004），Williams（2005，2008）等。但是，这两种构建题元关系的方法，从动词投射与由动词语境施加，正如 Williams（2005）所说的，实证上很难区分。在对汉英动结式研究中，也表现出以黄正德为代表的投射论者，和以 Williams 为代表的动词语境论者。有趣的是，这两种构建题元关系方法不同，但结论却殊途同归：汉语动词无论元，在主语和宾语选择上未完全指定（underspecified），而英语动词在词库里已被"病毒"感染，具有严格的论元结构，表现出严格的选择性（specified selection）。

英汉动结式结构很有代表性，一个是连续体的，另一个是非连续态的，语言之间的共性和差异的研究不仅可以丰富我们的语言理论，而且对

---

① 古汉语和英语一样，动结式是非连续体的，如（i）：a. 寡妇哭城颓。（《乐府诗集·懊侬曲》）b. 风吹窗帘东。（《乐府诗集·华山畿》）

语言可习得性问题的解决给予启迪，更有助于提高二语教学的效果。我们首先从斯奈德（Snyder，1995，2001，2016）复合参数（The Compounding Parameter，TCP）英汉语参数值相同这一发现开始，讨论英汉动结式语言之间差异，分析介绍对英汉语言间的差异的解释，纵观对英汉动结式的几个有关解释，包括 Huang 的解析性和合成性参数、汉语动词无论元理论，以及二林（T. -H. Lin & J. Lin）的词汇化参数和事件结构理论等。

第二节　Snyder 的复合参数 TCP

Snyder（1995，2001）聚焦论元结构，更具体的是通常被分析为复杂谓语（complex predicate）或者小句（small clause）构式的结构。英语允许一个主要动词与一个次要谓词组合构成一个新的表达，而后者在语义上如同一个简单动词，如例（1）：

（1）　a. John painted the house red. （resultative）
　　　　　约翰将房子刷成了红色。（结果构式）

　　　　b. Mary picked the book uplpicked up the book. （verb-particle）
　　　　　玛丽捡起了书。（动词-小品词）

　　　　c. Fred made Jeff leave. （*make*-causative）
　　　　　弗莱德迫使杰夫离开了。（make-致使结构）

　　　　d. Fred saw Jeff leave. （perceptual report）
　　　　　弗莱德看见杰夫离开了。（感知报告）

　　　　e. Bob put the book on the table. （*put*-locative）
　　　　　鲍勃把书放到了桌子上。（put-方位）

　　　　f. Alice sent the letter to Sue. （*to*-dative）
　　　　　爱丽丝把信给苏珊寄去了。（to-与格结构）

　　　　g. Alice sent Sue the letter. （double-object dative）
　　　　　爱丽丝把信寄给了苏珊。（双宾与格）

例（1a）里的 *painted the house red* "漆红了房子"是英汉对应的结果构式和动结式表达。Snyder 发现：例（1）里的复杂谓语构式的可用性（availability）语言之间是不同的、有差异的。罗曼语族就系统地排除了英语这种复杂谓语类型。罗曼语与日耳曼语在形容词-结果构式（adjective resultatives）上形成鲜明的对照（Kayne，1984，Levin & Rapoport，1988）。不仅如此，罗曼语族语言，如法语、西班牙语、意大利语等，系统性地缺乏直接对应于英语动词-小品词、make-致使结构、和双宾与格结构等的构式。当我们推测复杂谓语构式家族的可用性的确是参数变异点，那么结果构式可能是这个家族可用性的最适当测试，因为它不涉及任何非系统性的、封闭类词项（与动词-小品词构式相反），而且它以特别清晰的形式展现出复杂谓语构式典型的语义属性。

来自儿童母语习得证据支持这一假设英语复杂谓语构式组成了一个自然类，其成员之间因对英语中一个单一参数属性共享的依存性而相互关联。斯特朗斯乌尔德与斯奈德（Stromswold & Snyder，1995，1997）利用儿童语言数据互换系统 CHILDES（Mac Whinney & Snow，1985，1990）的纵向转写数据来研究 12 位学习英语儿童的即时话语。他们将儿童第一次清晰使用的年龄作为对例（1）中 b-g 句子习得的计量标准，b-g 各句在成人和更大年龄的儿童的话语中都是高频使用，而例（1a）结果构式句因为在成人和儿童的话语中使用频率都极其低而被排除在考察之列。Stromswold & Snyder（1995，1997）的主要研究结果是每个儿童都是将（1b-g）中各类句子当成一个整体来习得的。只要儿童习得了（1b-g）中的任何一个构式，其他构式很快就跟上习得了。因此，儿童习得证据支持英语复杂谓语构式依赖语法中单一一个参数属性。然而，一个重大的相关问题是"儿童所习得的参数属性到底是什么？"

Snyder（1995，2001）继续考察了例（1）中复杂谓语构式的可用性是否与语言中的某个形态属性有联系，以期测验句法研究文献多人所提出的声称：参数属性可归结于功能中心词的属性，如鲍尔（Boer，1984）、福井（Fukui，1986）、乔姆斯基（1993）等。Snyder 做了一个详尽的跨语调查，调查有了惊人发现：由英语结果构式所诊断出的复杂谓语的可用性表现出与由新创 N-N 复合词［如 banana box（香蕉盒/箱子），animal cup（动物杯子）］的合法性所诊断出的能产词根复合构词（root compounding）的可用性强相关性。Snyder 的跨语调查结果显示，结果构式和能产性 N-N 复合词在英语、德语、日语、韩语、汉语、泰语等都是+/存在，而阿拉伯语（埃及）、法语、希伯来语（现代）、俄语、西班牙语等都是-/不存在。

在结果构式与能产 N-N 复合词跨语间强相关发现的基础上，Snyder 提出了以下假设：（i）英语复杂谓语结构必然在语法表征的某个抽象层面上涉及一个形态复合，尽管在句子的表层形式上并不或者没有表露出复合词的形态特征；（ii）儿童在突然开始产出英语复杂谓语构式时所习得的语法点**即复杂谓语所要求的复合类型在英语里是可用的知识**；（iii）复合词的相关类型是能产的，向心词根复合（productive, endocentric root compounding）。更确切地说，Snyder 提出的方案是例（1）的所有构式依赖于一个参数的有标记值，而该参数基本上为一个形态复合构词参数，即例（2）：

（2）复合参数：语法 ｛不允许＊、允许｝在语法派生期间向心复合词的构成。［＊无标记值］

Snyder 紧接着考察了能产性 N-N 复合词与例（1）里各种复杂谓语构式之间的习得顺序以验证其复合参数。对儿童语言数据互换系统 CHILDES 中 10 位操英语儿童的即时言语数据检查的结果显示：新创 N-N 复合词第一次清楚使用的年龄与动词-小品词例（1b）的习得年龄具有格外强的相关性，make-致使结构例（1c）、感知报告例（1d）、put-方位构式例（1e），to-与格构式例（1f）和双宾与格构式例（1g）的习得年龄具有强劲的相关性。因此，习得数据为复杂谓语和形态复合构词之间的强关联提供了支持。杉崎与矶部（Sugisaki & Isobe, 2000）在 20 位操日语的儿童中所做的诱发产出实验研究结果表明，甚至三岁大的儿童拥有结果构式的知识，并且揭示这一知识的涌现与 N-N 复合词知识的涌现强烈相关。Sugisaki & Isobe（2000）的实验结果验证了 Snyder 所提出的结果构式与能产的 N-N 复合词是相同的参数，即复合参数所管辖。

第三节　英汉动结式的差异

例（3）里汉语句是动结式，而英语句不是动结结构，尽管表层结构一样：

（3）The swollen river **washed away** the footbridge.
不断上涨的河水**冲垮**了人行桥。

　　汉语 "冲垮" 是 'VV' 动结复合词, 其句法行为符合动结式的定义。英语动词短语 *wash away*, *wipe out* 都与 *destroy* 同义, 意为 "破坏", 其中的 *out* 和 *away* 都是小品词, 而非介词, 可以移位, 如例 (4):

　　(4) a. Flood Wipes Out Bridge in Oronoco, Minn. (新闻标题)
　　　　 b. The floods wiped whole villages out.

　　例 (3) 说明尽管英汉语里都有动结式, 但是两种语言使用的动词结构不一样。动结式就是像例 (5) —例 (8) 的结构:

　　(5) John hammered the metal flat.
　　　　 张三把那块金属砸平了。
　　(6) Ozzy sang his throat hoarse.
　　　　 欧斯唱哑了嗓子。
　　(7) Dai ran * (himself) tired.
　　　　 戴宗跑累了。
　　(8) The river$_i$ froze t$_i$ solid.
　　　　 河 (水) 结冰了。

　　例 (5)、例 (6) 里, 英汉语都有宾语, 如例 (5) 里的 the metal, 例 (6) 里的 his throat。在对英语复杂致使结构的研究中, 辛普森 (Simpson, 1983) 发现, 表结果的述语的语义总是指向动词的直接宾语。Levin & Rappaport (1995) 后来把这一发现发展为直接宾语限定条件 (Direct Object Restriction): 动结式的结果补语应以宾语为其语义指向。例 (7)、例 (8) 似乎构成了对 DOR 的反例, 其实不然。例 (7) 英语句如果没有这个称作 "假自反代词" 的 himself, 句子不合语法, 而汉语句加上这个假自反代词 "自己" 就显得画蛇添足, 十分别扭。例 (7) 与例 (8) 表层结构有点相像, 却可以不加 itself 而成立。词汇语义学告诉我们例 (7) 和例 (8) 句子结构不一样, 主要是由于两个动词不一样。例 (7) 里 run "跑" 是非作格动词, 而例 (8) 里的 froze "冻结" 是个非宾格动词, 根据非宾格假设表层主语 the river 其实是其底层宾语 t$_i$ 位置提升到主语位置的, 这点从其致使句式例 (9) 就可看出:

　（9）The cold winter froze the river solid.

　　　寒冬使河水结冰了。

　　　寒冬把河水冻成冰了。

　　像下面例（10）—例（13）中，汉语都采用的是动结式，而英语没有对应的动结式，要表达汉语句式的意义，必须采用释义的方式：

　（10）李四笑疯了。

　　　Leebecame crazy from crying

　（11）卖花姑娘冻病了。

　　　The flower girl got ill from being cold.

　（12）黛玉哭湿了手帕。

　　　Daiyu made the handkerchief wet from crying.

　（13）这件事哭红了李四的眼睛。

　　　This matter made Lisi's eyes red from crying.

　　英汉动结式的研究就是要解释例（5）—例（13）中所表现出的异同。① 与英语动结式相比，汉语动结式的解读显得尤为复杂。针对汉语是否遵循直接宾语限定条件，学界有明显的分析。Huang（2006），J. Lin（2004）和 Huang, Li & Li（2009）等认为，汉语 DOR 反例很多，汉语不仅存在无宾语的非作格动结式，而且允许非作格动词使役化。例（10）中"笑"显然是个非作格动词，但与英语不同，虽没有伪反身代词的支持，也是合乎语法的，且结果补语的语义指向为主语。而 Williams（2005，2008）认为，汉语也遵守 DOR，对汉语反例的解释是外部角色分析。DOR 是否是一个普遍原则，UG 的一部分？正像 Huang（2006）讲的，对待这一问题方法有二：如果假定 DOR 是 UG 中一个正确的原则，那么汉语语言事实对其构成挑战需要给予解释。另一种方法就是不做以上假定，那么汉语事实所构成的问题就不会出现。这正是 Huang（1992）、郑礼珊与黄正德（Cheng & Huang，1994）、Huang（2006）、Huang, Li &

---

　　① 汉语的有些动结式还有歧义，如（i）王五追累了小偷。（i）的缺省解读是王五追小偷把小偷追累了，而它还有第二个解读：王五追小偷把他自己追累了，如当王五是个中老年人，而小偷是个年轻人时可能发生的情况。由于篇幅，歧义动结式本书不做讨论。

Li（2009）等采取的办法。Williams 的外部角色分析给我们指出了另一条路子，动结式总是指派一个外部受事论元，这个外部论元在及物句里是在宾语的位置，而在不及物句中，这个外部受事论元处于主语位置。如此汉语的所谓反例就不成立，DOR 得以维系其普遍性。本书的目的之一就是鉴定汉语动结式与 DOR 的关系。动结式的论元解释需要生成和构式语法及其他流派的共同面对的问题，每个流派都有自己的贡献。

第四节　词汇化参数与句法解析性参数之解释

对汉语动结式的研究比较早，而且影响颇大的研究者当推黄正德先生。从 1988 年在 *Language* 上发表的文章 *Wo pao de kuai and Chinese Phrase structure*（《我跑得快与汉语短语结构》）到他 2008 年的《从"他的老师当得好"谈起》一文，他采用的理论框架都是词汇分解（lexical decomposition）和核心词移位。词汇分解理论，黄正德（2008）称作"词义分解理论"，起源于生成语义学派，以麦考雷（McCawley，1969）和道迪（Dowty，1979）为代表，主张在词库部分加上词语分解标记，以增强生成语法的解释力。拉森（Larson，1988）将词汇分解的思想应用到对双宾语动词的解释，首次提出轻动词的概念和结构，即 Larson 氏的 VP 壳结构。与此同时，Huang（1988，1992）也提出类似的结构解释汉语中涉及核心词移位的复式述语现象，如（i）这件事激动得李四流出了眼泪；（ii）张三哭得李四很伤心；（iii）张三打了李四一个耳光。词汇分解理论在 Hale & Keyser（1993，2002）那里得以推广。Hale & Keyser（1993）认为，句法可分为词汇句法（l-syntax）和句子句法（s-syntax）两种。在对名物化的研究中，Hale & Keyser 沿用 Larson（1988）的动词壳理论，并引出了两个最基本的概念因子，CAUSE 和 BECOME，如例（14）：

（14）The cook thinned the gravy.

[VP$_1$ NP [V$_1'$ CAUSE [VP$_2$ NP [V$_2'$ BECOME [AP A]]]]]

概念因子 BECOME 到 CAUSE 不带语音成分，必须得到语音支持，促使形容词短语循环向上合并，最终动词化而形成表层结构，同时也形成了它的论元结构。英语里，这一合并是在词汇句法层面，而非在显性句子句法层面运作的。Larson（1988）和 Hale & Keyser（1993）所设计的空核心的壳结构在最简方案（Chomsky，1995；Radford，1997）中又衍生为一种功能语类，最简方案中称之为 vP 壳结构，例（15）：

（15）

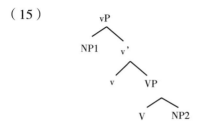

在 vP 壳结构中，嵌套在 VP 之上的是一个轻动词词组 vP，它的核心 v 是一个具有词缀性质的功能语类，呈强语素特征，可以触发下层 VP 中的 V 移位且并入 v 形成［V-v］来核查自身的特征。轻动词 v 的功能在兰德福德（Radford，1997）中得到了扩充，被赋予了一定的事件语义功能，用以推导英语中的各种动词类型。Huang（1997）和 T-H Lin（2001）发展了最简方案框架内的轻动词理论，赋予了轻动词更多的事件语义功能。所谓轻动词，在语义的层次上是指内涵单纯并为许多动词所共有的"因子"语义。依据动词的种类，轻动词的语义可以归纳为 CAUSE，BECOME，DO 和 BE/HOLD 四类（黄正德，2008）。T-H Lin（2001：287）认为，汉语中的轻动词主要包括主语选择性和宾语选择性两类，用以解释汉语中为何普遍存在主语无选择性和宾语无选择性现象，如例（16）和例（17）：

（16）主语无选择性

　　a. **老张**开了一辆坦克车。（施事主语）

　　b. **高速公路**上开了一辆坦克车。（存现主语）

　　c. **这辆坦克车**开得我吓死了。（致事主语）

（17）宾语无选择性

　　a. 吃**牛肉面**（受事宾语）

　　b. 吃**大碗**（工具宾语）

　　c. 吃**馆子**（地点宾语）

　　d. 吃了**一嘴油**（结果宾语）

为了解释汉语的主语和宾语的无选择性现象，T-H Lin 提出了一个假设：汉语动词不选择论元，论元是由轻动词选择的。语言间的差异是由于词汇—句法层面的轻动词结构在整个短语结构中的不同高度，即所谓的词汇化参数（Lexicalization Parameter）所致。英语中，轻动词结构位置最高，形成了词汇性质的合并，动词在词库中通过这一运作形成了严格的论元结构，也就是说，英语的轻动词结构是在词汇句法中形成的。汉语里轻动词结构位置很低，动词从词库里直接进入了句子—句法，参与合并；因为动词在词库中没有严格的论元结构，可以和任何轻动词合并。换句话说，汉语的轻动词结构是在句子句法中形成的。①词汇性参数，即动词在进入句子句法前是否携带严格的论元（结构）是英汉语在论元选择灵活性方面存在差异的根本原因。Williams（2005）也独立地发展了他的无论元理论（见下文）。根据王琼、伍雅清（2005）的观点，T-H Lin 的轻动词理论给我们的启示是：英语的轻动词是语素性质的，所以，必须在词汇—句法合并中像词缀一样与动词词根附着在一起；而汉语中的轻动词是语义性质的，是纯语义谓词，可以直接进入显性句法操作，或合并或移位。

词汇化参数只是黄正德所称的现代汉语高度解析性的一个表现。高度解析性语言的特质之一是每一个语义单位都以独立的词项来表达。轻动词不再是空语类或词缀，而是像"使、弄、搞、做、打"等实词。因为核心词不能移入轻动词位置，所以就没有施受同词的情况。他的更宏大的参数是句法解析—合成参数。黄正德（2008）认为，相对于现代汉语，古代汉语和英语一样有相当丰富的 L-Syntax，许多动词可以在词汇部门派生而成，如"电、渔、戏"，*phone*，*fish*，*joke* 等都可以做动词用，其来源都是词法派生。现代汉语缺少相应的派生词法，所以用"打电话、捕鱼、开玩笑"这类复杂述语来表达同样的概念。

英汉动结式的另一大差异是汉语动结式似乎违反 DOR，R 指向主语而非宾语，如例（10）"李四笑疯了"，"笑"是非作格动词，"疯了"语义指向主语"李四"，不用伪自反代词"自己"的帮助而合法。但是例（10）也可以加上自反代词自己，只是像例（7）一样不能直接加，而要"把"字的帮忙，如例（18）：

---

① T-H Lin（2001）还认为，日语中的轻动词结构是词汇和句子句法之间形成的。

（18）a. 戴宗把自己跑累了。

　　　b. 李四把自己笑疯了。

　　例（18）至少在笔者的陕西方言中可以接受，这是汉语也遵守 DOR 的证据之一，下文还将论述。吕叔湘（1987）说"胜"和"败"，例（19）和例（20）选用的谓词不同，古汉语是单音节词"胜、败"，现代汉语是"打胜、打败"，但表达的意义相同：

（19）a. 中国队（打）胜了韩国队。（及物动词）

　　　b. 中国队（打）胜了。（非作格动词）

（20）a. 中国队（打）败了韩国队。（致使动词）

　　　b. 韩国队（打）败了。（非宾格动词）

　　之所以如此，是因为"（打）胜"是非作格动词，而"（打）败"是非宾格动词。因此，汉语和英语一样，动词也有作格和非作格之分。汉语离奇的地方是作格动词可以使役化，如例（21）：

（21）a. 李四笑掉了大牙。

　　　b. 这件事笑掉了李四的大牙。

　　要解释这些汉语句子，Huang（2006）引用了邓思颖（Tang，1997）参数差异。在鲍尔（Borer，1983）、Chomsky（1995）、福井（Fukui，1995）的功能化范畴参数化假设（Functional Parameterization Hypothesis）的启发下，Tang（1997）提出，汉语和英语之间的差异源自在汉语中小代词 Pro 主语和结果 V2 可以一起出现在动结结构里，即［Result Pro V2］，而此可能性在英语里不存在，而这一差异反过来来自汉语结果部分紧上面存在一个功能语类 F，而该 F 在英语的结构中不存在，如例（22）所示：

（22）a.　［vP Subject［v'v［VP Object［V V1［FP F［Result Pro V2］］］］］］（及物格局）

　　　b.　［vP Subject［v'v［VP V1［FP F［Result Pro V2］］］］］（非作格格局）

根据 Huang（1992）之概化控制理论（Generalized Control Theory, GCT）小代词 Pro 需要被最近的潜在先行词控制，与罗森保姆（Rosenbaum, 1967）的最近距离原则（Minimal Distance Principle, MDP）一致。在例（22a-b），F 是作为 Pro 的管辖者（governor）而存在，因此使 FP 成为其管辖范畴（governing category, GC）。GC 自身缺乏 Pro 的潜在先行词，因此，Pro 的控制辖域便是主 vP。依据 GCT 和约束理论（binding theory），Pro 在其 GC，即 FP 是自由的，而在例（22a）里受宾语约束，在例（22b）里受主语约束。因此，汉语及物和非作格格局都是合法的。而英语里缺乏 FP，非作格格局的结构如例（23）：

(23) [vP Subject [v' v [VP V1 [Result Pro V2]]]]

在例（23）的结构里，主动词 V1 直接管辖 Pro，所以 vP 是其 GC，Pro 必须是自由的；而同时 vP 也是其控制辖域，Pro 必须受到约束。因为 Pro 在 vP 里不能既是自由，又受约束，因此例（23）的结构不合法。在英语里，Pro 的位置换成自反代词，而自反代词就会得到 vP 里的主语的妥当约束，结构自然就合法。因此，与汉语里非作格动结式相对应，英语的动结式有个"伪自反代词"。汉语动结式拟设的 FP 英语里没有这一概括从汉语里短语动结式显性标记"得"得到独立的支持。Tang 氏这一解释不失为一个高度限制的参数理论。

尽管 Tang 对英汉动结式的功能短语参数差异解释相当有说服力，但有一点不足，就是未能对汉语既可以对非宾格动结式，也可以对非作格动结式进行使役化，而英语只能对前者，对后者则不合法，做出解释（Huang, 2006）。对此，Huang 指出，汉语里非作格动结式可以分析成非宾格动结式，这样 Tang 的功能短语参数所面临的问题就消失了。所有的无宾语的动结式都是非宾格动结式，与英语"The river froze solid"一样。非宾格动结式的致使化涉及它的非宾格或者起始分析。这一基本思想的线索来自短语性动结式标记"得"的形式上。众所周知，词尾"得"是从"得到""获得"等演化而来的。"得"何以释解为"变得"（become）或者"使得"（cause），前者是起始（非宾格）之意，后者具致使之功。因为"-得"既表达状态变化又表示致使关系，因此 V-得结构中的动词只表达某个（状态）变化发生的方式（manner）。

跟随黑尔与凯撒（Hale and Keyser 1993，2002），拉帕波特-哈文伍与拉雯（Rappaport Hovav & Levin 2001）从事件结构的角度来处理论元结构的方法，动结式具有一个致使模板，或者一个起始模板表征主要事件，及指定主要事件发生的方式的子事件。起始模板形式如下：

（24）［BECOME *<MANNER>*［x *<STATE>*］］

（24）的起始模板即可以解释非宾格动结式例（25a-b），也可以解释非作格动结式例（25c-d）：

（25）a. 妈妈累病了。

　　　 b. 卖花姑娘冻病了。

　　　 c. 戴宗跑累了。

　　　 d. 李四笑疯了。

致使模板有两种形式：

（26）a. "纯"致使模板：［x CAUSE［BECOME *<MANNER>*［y *<STATE>*］］］

　　　 b. "带致使方式"的致使模板：［x CAUSE *<MANNER>*［BECOME［y*<STATE>*］］］

（26a）可以解释非宾格动结式例（27a-b），也可以解释非作格动结式例（27c-d）：

（27）a. 繁重的农活累病了妈妈。

　　　 b. 严寒冻病了卖花姑娘。

　　　 c. 黛玉哭湿了手帕。

　　　 d. 这件事哭红了李四的眼睛。

（26b）是来解释像例（28）的带有致使方式的动结式：

（28）张三踢破了球鞋。

John kicked the sneakers thread-bare.

第五节　熊仲儒之功能范畴假设解释

对汉语动结式的解释，熊仲儒（2003）的功能范畴假设指出论元的合并与移位由功能范畴决定，他的功能范畴就是 Caus 和 Bec，对应的语义原子是 Cause 和 Become。在致使句式中，扩展动词的功能范畴有各种不同的轻动词 v，具体化成了 Caus 和 Bec，如例（29）：

（29）

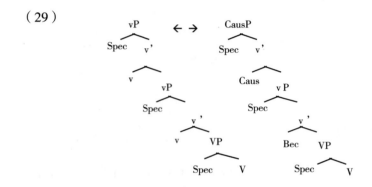

功能范畴 Caus 和 Bec 在汉语里可以分别实现为"把"和"得"等。熊仲儒的功能范畴假设放弃了传统的论元结构，让功能范畴选择论元，动词只是指示事件图景。功能范畴不仅可以将题元角色指派给外部论元，而且决定论元的选择、合并、题元角色的指派和移位。根据 T-H Lin（2001）、Huang（2006）、Williams（2005），黄正德（2007，2008）这一假设符合汉语的语言事实，而解释不了英语的语言事实。T-H Lin 的词汇化参数假设，黄正德的句法解析度参数，Tang 的功能短语参数，以及我们后文要讨论的 Williams 的汉语无论元假设更能解释语言之间的差异。

第六节　林吉米之事件结构理论解释

在分布形态学（Distributional Morphology）中，生成语义学中的事件语义元素体现为一种与轻动词相类似的动词化核心。Jimmy Lin（2004）的事件结构理论中就有 vDo、$v\delta$ 和 vBe 三种动词化核心，分别相应于 DO、BECOME 和 BE 三种语义元素，表征活动性、施事性和状态性的概念，见例（30）：

（30）vDo　　［+动态，一起始］= Do（引入活动）

　　　　$v\delta$　　　［+动态，+起始］= Become（引入状态变化）

　　　　vBe　　　［一动态］= Be（引入状态）

Jimmy Lin 假定事件结构就是句法结构，并声辩动词的意义是在句法里通过允准事件诠释的功能元素——动词化核心和从百科知识中抽取的抽象概念——动词词根组合衍生的。活动和状态是汉语里仅有的两个原子动词类型，达成（achievement）和完结（accomplishment）是句法衍生的复式范畴。也就是说，动词化核心和动词词根互动组合就能生成各种事件类型，如例（31）：

（31）

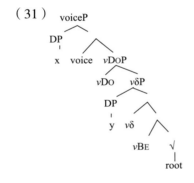

vBe 允准的状态性词根描述"经历者"的最终状态，一个起始核心 $v\delta$ 将其"包裹"，导致一个状态变化意义。$v\delta$P 的 Spec 位置是经历状态变化的实体，一般释解为客体（Theme）。在这个起始核心之上是一个致使事件，一般是由 vDo 允准的类属或者一般活动，可由也可以不由一个动词修饰（指定具体的活动）。在 vDo 和以 $v\delta$ 为核心的投射之间的关系是一个致使关系。最后，voice 核心将外部论元，一般为施事或者工具，与致使活动相关联。如此，事件和论元结构得以从意义的原子层面组合构建而成。

汉语动结式中论元共享的格局能够当作控制来分析，因此将动结式的论元结构在句法限制最短距离原则（MDP）中得以解释。英汉动结结构虽然在外在形态上存在差异，却拥有极其相似的事件结构，其结构上的不同都可归结于两种语言中不同范畴的结果短语。具体而言，Jimmy Lin 采纳迪克森（Dixon，1982）及孔兹-嘉伯顿与拉雯（Koontz-Garboden & Levin，2004）对属性概念与结果状态之差别的有关论述：属性概念表征实体的固有状态，而结果状态是对某个动作或者事件的结果的描写，认为属性概念与结果状态之［±属性］特征是与状态性词根论元实现相关的一个语义属性。在英语里，属性概念是用形容词来编码的，而结果状态以状态变化动词的基本表层形式出现，如例（32）：

(32) √flat［+属性］= 属性概念

　　　√break［-属性］= 结果状态

英语和汉语的区别在于各自的动词核心词对［±属性］特征敏感性上，英语的动词核心词对此特征敏感，而汉语的不敏感。Jimmy Lin 假定了一个 $v\delta$ 参数来管辖这一功能（范畴）核心对属性概念与结果状态区分的敏感性。他对完成这一机制未知，只提出了两个可能性。一种可能性是［+属性］特征在英语里需要 $v\delta$ 上的一个相应特征核查，而在汉语里是 vBe 处理此核查的。另一种可能性是［+属性］在英语里的接口上因某种原因不可解读，但在汉语里却是可以解读的。

第七节　张荣兴之事件结构分析

克拉夫特（Croft 1991，1998）指出，一个复合事件结构是由子事件的线性序列组成的，一个子事件与后一个子事件存在因果关系，或者因果链。子事件是根据因果、体态和其他质性属性在颗粒度的相关水平上个体化的。张荣兴（Chang，2001）提出，事件角色或者事件参与者处于子事件的开头或者终点，在这些地方它们进入因果链。在事件的始发时涉及的角色被称作始发者（initiator）①，事件终点时涉及的角色被称为蒙受点（Locus of affect）②，即终点参与者（Endpoint participant）。换句话说，始

---

　　① 始发者事件角色也被称作致事（causer），对手（antagonist，Talmy，1988b）。发起者（originator，Borer，1994），射体（trajector，Langacker，1987）等。

　　② 蒙受点事件角色同样也有不同的名称，如竞争者（agonist，Talmy，1988b），事件量度（event measure，Borer，1994），界标（landmark，Langacker，1987）或者界点（delimiter，Ritter and Rosen，1998）。

发者是用来表示事件的起因（cause）或者诱因（instigation），而蒙受点角色是用来表示事件的有界性或者终点。因为动结式允许经历行为的事件角色在句法结构里显性地出现，这个角色被称作活动目标（Target of activity）。Chang（2001）给这些事件角色的定义如下：

（33）事件角色定义

　　a. 始发者：在始发时所涉及的实体或者造成一个物体的实体。

　　b. 活动目标：经历一个行为的实体。

　　c. 蒙受点：在终点或者结果状态所涉及的实体。

（34）事件角色层级（Chang，2001）

　　始发者>蒙受点>活动目标

当两个 NP 指代同一个实体时，在事件层级上更高的 NP 论元在句法上得以表述，而低层级的事件角色句法上不表达。

（35）连接规则 LR1：始发者 NP 论元与主语位置相连接。始发者 + VR（了）。

　　连接规则 LR2：蒙受点 NP 论元与 V-R 紧后面位置，即宾语位置相连接。VR（了）+ 蒙受点。

（36）连接规则 LR3：蒙受点 NP 论元与"把"紧后面位置，即宾语位置相连接。

　　连接规则 LR4：活动目标 NP 论元与复制的动词紧后面的位置相连接。

连接规则 LR3 是针对动结式的"把"字句句子的题元关系而设立的连接规则，因为"把"字句的语序是 SOV，"把"在"把"字句里是轻动词，蒙受点 NP 位置与"把"紧后面的位置，即轻动词"把"的宾语位置相连接。把 + 蒙受点+VR（了）。

连接规则 LR4 是针对动结式的重动句句子的题元关系而设立的连接规则：活动目标 NP 论元与复制的动词紧后面的位置相连接。V +活动目标+VR（了）。

　　在例（37）和例（38）里，动结式都用两个事件角色：始发者和蒙受点。在例（37）里，这两个事件角色指代同一个实体：张三；而在例（38），它们分别指涉张三和李四：

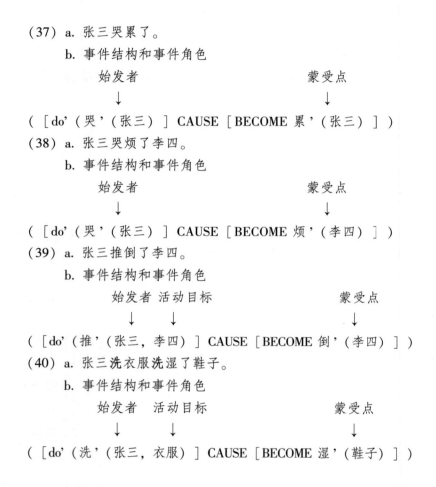

（37）a. 张三哭累了。

　　　 b. 事件结构和事件角色

　　　　　　　　始发者　　　　　　　　　　　　蒙受点

　　　　　　　　　↓　　　　　　　　　　　　　　↓

　　　（［do'（哭'（张三）］ CAUSE［BECOME 累'（张三）］）

（38）a. 张三哭烦了李四。

　　　 b. 事件结构和事件角色

　　　　　　　　始发者　　　　　　　　　　　　蒙受点

　　　　　　　　　↓　　　　　　　　　　　　　　↓

　　　（［do'（哭'（张三）］ CAUSE［BECOME 烦'（李四）］）

（39）a. 张三推倒了李四。

　　　 b. 事件结构和事件角色

　　　　　　　　始发者 活动目标　　　　　　　　蒙受点

　　　　　　　　　↓　　　 ↓　　　　　　　　　　↓

　　　（［do'（推'（张三，李四）］ CAUSE［BECOME 倒'（李四）］）

（40）a. 张三**洗**衣服**洗**湿了鞋子。

　　　 b. 事件结构和事件角色

　　　　　　　　始发者　 活动目标　　　　　　　蒙受点

　　　　　　　　　↓　　　 ↓　　　　　　　　　　↓

　　　（［do'（洗'（张三，衣服）］ CAUSE［BECOME 湿'（鞋子）］）

　　我们将 Chang（2001）的事件结构和事件角色与实际语句相关联成：

（41）a.　　　　　 张三$_i$　　　　　　哭累了。

　　 LR1　　　　　　↑　　　　　　　　　ø$_i$

　　　　　　　　　始发者　　　　　　　　蒙受点

　　　　　　　　　　↓　　　　　　　　　　↓

　　　 b.（［do'（哭'（张三）CAUSE［BECOME 累'（张三）］）

注：ø_i表示未实现的论元，下标"_i"表示约束关系。

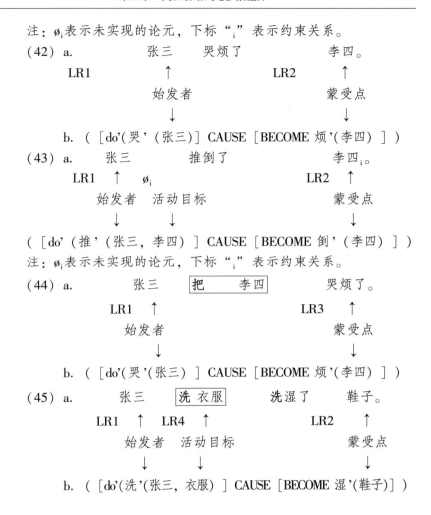

（42）a.　　　　　张三　　哭烦了　　　　　　李四。
　　　　LR1　　　　↑　　　　　　　　LR2　　　↑
　　　　　　　　始发者　　　　　　　　　　　蒙受点
　　　　　　　　　↓
　　　b.（［do'（哭'（张三）］CAUSE［BECOME 烦'（李四）］）

（43）a.　　张三　　　　推倒了　　　　　　　　　李四_i。
　　　LR1　↑　ø_i　　　　　　　　　LR2　↑
　　　　始发者　活动目标　　　　　　　　蒙受点
　　　　　↓　　　　↓　　　　　　　　　　　↓
　（［do'（推'（张三，李四）］CAUSE［BECOME 倒'（李四）］）

注：ø_i表示未实现的论元，下标"_i"表示约束关系。

（44）a.　　　　　张三　　 把　　李四 　　哭烦了。
　　　　LR1　　　　↑　　　　　　　LR3　　　↑
　　　　　　　　始发者　　　　　　　　　　蒙受点
　　　　　　　　　↓　　　　　　　　　　　↓
　　　b.（［do'（哭'（张三）］CAUSE［BECOME 烦'（李四）］）

（45）a.　　　张三　　 洗衣服 　　洗湿了　　鞋子。
　　　LR1　↑　LR4　↑　　　　　LR2　↑
　　　　始发者　活动目标　　　　　　蒙受点
　　　　　↓　　　↓　　　　　　　　　↓
　　　b.（［do'（洗'（张三，衣服）］CAUSE［BECOME 湿'（鞋子）］）

Chang（2001）的事件角色分析中只涵盖施事性主语，即所有的事件的始发者都是有生命的 NP 论元，是"因"子事件的施事，没有包括致事性主语，即活动目标也可能是与主语位置相连接的句子，如"这堆衣服洗湿了张三的鞋子"这类的句子。很明显，张三是洗这堆衣服的"施事"，该题元关系是通过其与蒙受点的所属关系显示的。而原来的活动目标，即传统上所称的"受事"变成了致事。

第八节　威廉姆斯之无论元理论解释

在对复杂致使结构和动词配价的研究中，Williams（2005）试图回答这样一个基本问题：当一个名词短语与其附近的一个动词进入一个题元关系时，此关系是该动词投射的还是该动词出现的结构语境引入的？复杂致使结构—动结式可以对出现在结构中的动词的配价问题提供一个非常灵敏的诊断。英语动结式和简单句一样，施事和受事题元是由动词投射的，而在汉语和易格波语（Igbo）的动结式中，施事和受事都不是动词的词汇论元。这就是 Williams 的无论元理论（No Argument Theory）：汉语和易格波语（Igbo）动词中没有施事和受事论元，基本的题元关系是动词出现的结构引入的。因此，调控施事和受事的分布的原则，并非针对依据个体的动词词根，而是针对整个动词述语而言的。有关动词的配价问题，即动词是否具有作为词汇论元的题元关系是由特定语言的语言事实决定的，而不是由普遍原则一劳永逸地决定的。也就是说，动词的配价并不是简单地由其意义，即它所描述的事件类型决定的。即便动词的事件必然涉及一个受事，但该动词不需要将受事作为其词汇论元。有时它必需，英语如此，而有时不必需，如汉语和易格波语。Williams 的无论元理论和 T-H Lin 的词汇参数假设得到的结论一样，只是采用路线不一样。这个理论有三个前提：（i）描述致使的"方式/手段"直接与描述结果的次述语组合；（ii）最小的复杂使役述语将直接宾语排除在外；（iii）结果述语大小不一：有时是短语性的，有时它仅是核心词。这些前提直接预见基本词序如何在语言内和普遍地变化。它们的主要合理性是为复杂使役化结构提供一个简单的语义结构。

Williams（2008）将其无论元理论改称为外部角色分析，此分析做出了两个声称。

第一，M/R 并非是与手段（M）或是结果（R）所描述的相同事件的一个述语。它描述的是一个与手段事件（e_m）和结果事件（e_r）具有某种关系 K 的不同的事件 e_c，例（46），但是它无须自身满足 M 所提供的事件描述。Williams 将 e_c 称作致使事件（event of causation）。

（46）［M/R］= ⋯ λec ∃em ∃er. K（ec，em，er）∧［M］（⋯）（em）∧［R］（⋯）（er）⋯

第二，主语和宾语，除它们可能携带的与 M 或者 R 的题元关系外，被指派给致使事件中的施事和受事关系，这两个关系 Williams（2008）称作"外部施事"和"外部受事"关系，（47）：

　　(47) [[S [O [M/R]]]] = ∃ec. [M/R] (…) (ec) ∧
Pat (ec, [O]) ∧Ag (ec, [S])

　　致使事件总是有个受事，即事件中发生变化的个体，它进入它所终归的结果状态。致使事件也可能有个施事，一个引起事件发生的事物。这可能使我们想到手段事件的施事，但我们的语感并不要求一个变化的施事必须是达成此变化的每一个致使要素的施事。这方面的零假设是动结式描述的一类变化，与我们语感一致，即自成一格的施事的变化，而这一独特的施事就是变化自身的施事，汉语语言事实给这一假设提供了证据，详见下文。

　　Williams（2008）提到两个外部论元分析的拥护者：李亚非（Y-F Li，1995）和 Goldberg & Jackendoff（2004）。Y-F Li（1995）提出在有些而非所有的汉语及物动结式里，主语和宾语，除了它们可能与 M 拥有题元关系之外，被指派了 Causer 和 Affectee 的题元关系。只是他没有将此延伸到英语，而且他假定不及物动结不指派任何外部题元关系。而外部论元分析在 Goldberg & Jackendoff（2004）中找到了更广泛的表达。他们认为，动结式描写他们称作"构式子事件"的事件，该子事件"在于控制 R 的短语的所指最终拥有（come to have）R 所表达的属性"（p 548）。而且构式子事件除与致使或者手段事件有关的"手段"（MEANS）关系之外，还"具有三个论元：一个映射进主语位置的致事（或者施事），一个映射入宾语位置的受事，以及一个述语"。构式子事件就是 Williams 所称的 ec，而前提是 K 被界定为 MEANS 和 COME. TO. HAVE 之合取。然而 Goldberg & Jackendoff（2004）将表述变化事件称作构式子事件意义不明，按照 Williams 的外部论元分析，这个事件不是任何其他的一部分，而且他们动结式的逻辑形式是：Sbj CAUSE（Obj BECOME R）；MEANS：M，一个标准的结果受事分析。结果受事分析给直接宾语的所指派的题元关系只针对词汇述语事件 M 和 R，且宾语所指总是与结果事件有题元关系，而与手段事件的题元关系只是有时有。这一传统分析的语义从未对与构式自身密切相关的清晰的变化事件之关系进行表述。与 Y-F Li（1995）不同的是，外部角色分析被延伸到统一涵盖每一个动结式。

　　英汉动结式的不同是英语存在一个相对于 M 的限制，而此限制在汉语里不存在：主语和宾语在动结式的解读和它们在同一动词的简单句中的解读一致。而相对于 R，两种语言表现出形同的格局：对 R 的控制总是底层宾语，也就是说，汉语里也遵守 DOR，这点与文献中观点不同，下文介绍 Williams 的论述。

一　统一投射属性

　　在英语里，动词在简单句和动结式两个环境下必须进入题元关系的相同格式 [Dowty（1979），卡瑞尔与兰道（Carrier & Randall，1992），Levin & Rappaport，1995]，表现出 Williams 所称的统一投射属性（uniform projection property，简称 UPP）。也就是说，如果一个动词在一个简单句中必须找到一个受事，那么在复杂使役结构中也一样，如例（5）—例（6），我们重复为例（48）—例（49）：

　　　　（48）a. John hammered the metal flat. （复式致使结构：动结式）
　　　　　　　b. John hammered the metal. （简单及物结构：简单句）
　　　　（49）a. Ozzy sang his throat hoarse.
　　　　　　　b. Ozzy sang.

　　在例（48a–b）中，动结式和简单句中二元动词 hammer 都需带宾语，指明砸的受事。在例（49a–b）中，动词 sing 都没有要求将所唱的表述出来。再如例（50）和例（51），简单句和动结式都不能容忍受事宾语的省略：

　　　　（50）a. Al cut ＊ （the frozen meat）.
　　　　　　　b. Navin carried ＊ （his favorite chair）.
　　　　（51）a. ＊Al cut the knife dull.
　　　　　　　b. ＊Navin carried his shoulders sore.

　　同样，一个动词必须使其事件的施事在简单句中得到鉴别，这一要求在动结式也必须得到满足，如例（52）：

（52） a. * The tour sang Ozzy's throat hoarse.

b. * The box cut open.

此外，在 M 中的动词发现它的题元关系在动结式和简单句中具有相同的语法关系，尽管例（53）中动词 sing 描述一个真实合理的情景，但在英语里不合法：

（53） * The red songs sang Ozzy hoarse.

当一个语言的动词典型地显示统一的投射，那么这个语言就具有统一投射属性（UPP）。与英语不同，汉语没有此属性，动结式中 M 动词不必要进入其简单句所要求的相同格局，例（52）和例（53）中不合法的英语句子的汉语对应句都合法例（54）：

（54） a. 艾尔切顿了刀。

b. 那文扛酸了肩膀。

c. 这次巡演唱哑了欧斯（的嗓子）。

d. 盒子切开了。

e. 红歌唱哑了欧斯（的嗓子）。

例（54）c 和 e 中括弧列的"的嗓子"可以不补上，完全合法，这当然是转喻（metonymy）的功效。如前文所述，与英语不同，汉语中可以有未选择的主语，而且未选择的宾语也不要求 M 里是非作格动词。

二 汉语动结式与 DOR

与文献中的结论相反，Williams（2005，2008）争辩到汉语的动结式也遵守 DOR 的制约，像例（55）的例句并不说明汉语违反 DOR：

（55） a. 张三喝醉了。

b. 这瓶酒喝醉了张三。

例（55a）中表层的主语指涉喝的推测施事，张三，但这并是说它也是底层的主语，它也能是这一动结式的宾语，尽管在简单句中"喝"的施事是在主语的位置，在例（55b）致使句式中，"喝"的推测施事就处于宾语的位置，因此将例（55a）里表层主语位置的"张三"生成为构式的底层宾语，因而符合 DOR 的外部论元分析不能被排除。

作为证据，Williams 采用 Teng（1975）的施事性诊断测试"X 做了什么?"，此测试句预设 X 是某个事件的施事，而且也是有生者。回答的直接性取决于报告以 X 为施事的事件的程度。最直接的回答是以主句动词的事件为述语，即以 X 为事件的句子例（56），回答不太直接，如果它只蕴含着有这么一个事件例（57），至多算间接回答，如果相关的事件只能通过语用推理例（58）：

（56）a. 他喝了三杯酒。
　　　b. 她走了二十里路。
（57）a. 他醉了，因为他喝了三杯酒。
　　　b. 她累了，因为她走了二十里路。
（58）a. 他醉了。
　　　b. 她累了。

像例（5）里的及物动结式也对施事性的测试问题做了很直接的回答，重复为例（59a）：

（59）a. 张三砸平了那块金属。
　　　b. 他饿死了几千个学生。

而不及物动结式则做不到直接的回答，例（60）里的"病死了"像例（59b）中及物动结式"饿死了"一样拥有一个没有施事的手段事件，但例（60）是对施事性测试问题怪异的回答：

（60）他病死了。

更明显的是例（61）中不及物动结式与例（56）中的形成鲜明的对比，它们所做的回答更不直接，尽管主语指涉推测的施事：

（61） a. 他喝醉了。

　　　 b. 她走累了。

　　此对比绝无意义，如果例（61a-b）动词短语的事件是一个主语所指明施事的事件。动结式会有所不同似乎很自然，因为此结构增添了饮酒使饮者醉了，步行使行者累了之意。但是，这个增添并不应该导致它们对施事性问题回答的直接性降低。毕竟，"鲁智深拳打自己"与"鲁智深拳打镇关西"相比，前者表达了鲁智深受到拳打之意，而后者并无此意，但这并不能丝毫降低其在表达鲁智深做了什么上的直接性。此对照确有意义，如果不及物动结式中动词短语的事件不是一个主语指明的施事事件，即如果它只是一个变化，而主语指明的是此变化的受事。当然，这个事件由于与其他如饮酒和步行的事件有显性的关联，而后者的推测主语由主语指明，因此，它们隐含着对施事性测试问题的某种回答，但它们的回答如例（57）和例（58）一样不是直接回答。Williams 的结论是不及物动结式总是非施事性的，而及物的是施事的。这一观察等同于 DOR。

　　Williams 的外部角色分析认为，动结式述语 M/R 描述一个致使事件。此类事件总是具有一个受事，有时候也拥有一个施事。按照定义，致使事件的受事也是结果事件的受事，如例（62）：

（62） 如果 K（ec，em，er），那么 ec 的受事是 er 的受事。

　　如果我们坚持认为受事总是被指派给结果句中的底层直接宾语，我们就获得了 DOR。受事与宾语的同质，或者同盟关系是一个更基本格局例（63）的示例：

（63） 受事是底层宾语，而施事是底层主语。

　　如此，汉语里的所谓违反 DOR 的反例，得以解释。汉语和易格波语（Igbo）的复杂致使结构清楚地表明，动词没有词汇论元。一般来讲，这些语言里的动词在复杂动结式要求并不需要和简单句中的一样。如果在简单句中，动词必须与一个指明其事件的施事或者受事的名词短语一起出现，而在动结式的 M 中它不必如此。然而，动词在这两个语境中具有形式和基本意义都相同，句法和语义范畴也没有任何改变，动结式也没有一个基本属性要求其手段动词的论元结构得到修饰或者抑制。因此，结论必然是汉语和易格波语（Igbo）里的动词也没有将其进入简单句中的论元结构词汇化，也就是说动词在词库里就没有论元，论元是结构语境引入的。

第九节　动结复合词"走累"之语料库分析

这一节我们选择"走累"这一被传统上认定为非作格动结复合词在北京大学现代汉语语料库中的用法，来检验或者考察汉语是否遵守 DOR。"走累"中 M"走"是非作格动词，不是非宾格动词，[①] 因此，一般的解释是主语控制。但 R"累/乏"是心理动词，感受动词，因此，其论元一般是感事或者受事。按照 Goldberg（1995）的语义一致原则（Principle of Semantic Coherence），构式在同一位置指派的受事只能由构式单独提供，两个论元共享一个句法位置而合为一体，可以说构式的受事论元与动词的施事角色一致，她称作施事-受事。根据 Huang（2006），汉语里非作格动结式可以分析成非宾格动结式，那么"走累"在语料库应该能找到其及物的致使用法。Williams 的外部论元分析也认为，"走累"整体在不及物句子格局里指派给主语原型受事论元，而在及物句子格局里这一外部受事处于宾语位置，主语被指派了外部致事。因此，三个理论都认为，在非作格动结式"走累"在不及物格局里给主语位置上的名词短语指派的是受事论元，而这一论元在及物句式中被指派给宾语位置。如果语料库的用法验证以上预测，则 DOR 在汉语得以遵守。

CCL 语料库中我们共检索到 69 例"走累"的句子，其用法非常有趣，受事既可以是行者例（64）和例（65），也可以是行动的腿例（66）和例（67）；例（68）和例（69）正好形成了不及物和及物对照：

（64）张英才和舅舅走累了，想歇歇，就让叶碧秋的父亲先走

---

① 我们认为汉语里的"走"既是非宾格动词，也是非作格动词，按它出现的句子格局而定。文献中，李艳惠（Li, 1985），吕叔湘（1987）和 Huang（1988），黄正德（2007）都将"走"列为非宾格动词，而黄正德（2007）给的例句是"才走了张三，又来了李四"，在此格式里"走"确为非宾格动词。刘探宙（2009）将"走"和"跑、跳、游"列为非作格动词，因为这些词在《现代汉语词典》的第一个义项都表示行动方式。"走累"的"走"仅表行为方式，无现存之意，因此是非作格动词。

了。(刘醒龙:《凤凰琴》)

(65)柔嘉泪渍的脸温柔一笑道:"那几个钱何必去省它,自己走累了犯不着。省下来几个车钱也不够买这许多东西。"(钱钟书:《围城》)

(66)到了这个时候,巴黎左岸书摊的气运已经尽了,你的腿也走乏了,你的眼睛也看倦了,如果你袋中尚有余钱,你便可以到圣日尔曼(戴望舒:《巴黎的书摊》)

(67)那一日,要去长清县采访,出得旅店,急急地走,满街地寻,腿走累了,眼寻酸了,也找不到一辆代步的出租车,给对方打电话吧,让他(《人民日报》1995 年 1 月 a)

(68)一只娃娃狗,相当于学步的孩子,走路滚呀滚的动人怜爱。我们怕它走累了,不让它跟,总把它塞进狗窝,用砖堵上。(杨绛:《干校六记》)

(69)跟到溪边就回来。有一次默存走到老远,发现小趋还跟在后面。他怕走累了小狗,捉住它送回菜园,叫我紧紧按住,自己赶忙逃跑。(杨绛:《干校六记》)

例(66)、例(67)里的眼"看倦了"、"寻酸了"与腿"走乏了"、"走累了"形成并列。例(68)"我们怕它走累了"和例(69)中"他怕走累了小狗"出自同一作家的同一部作品,在例(69)里"走累"的受事"小狗"在宾语的位置,它意思是"他怕让小狗走累了",使令动词"让"的诠释使该句的及物致使关系得以突显。例(69)显示 DOR 在汉语里得以遵守。

第十节 结论

Snyder(1995,2001)在前人参数属性可归结于功能中心词的属性的论断基础上,提出并验证了其复合参数(TCP)。TCP 是一抽象语法参数,很可能与句法-语义接口有连接(Snyder,2012)。其正参数设定 [+TCP] 是能产性向心名词复合(N–N)的必要条件,也是结果构式等复杂谓语构式的必要条件。英语和汉语的 TCP 参数设定相同,复杂谓语构式和名词-名词复合词都很能产。Chomsky(1995)的最简方案中指出句法是由一套简单的结构–建构和结构–变换的运作组成，这些运作在所有语言里功能相同，语言变异仅由语言在词汇层面上参数差异所致。这一论断在英汉动结式差异上得以验证。不论是 T-H Lin 的词汇化参数，还是 Williams 的统一投射属性，以及 J. Lin 的属性概念特征，还有黄正德的句法解析性参数都是将语言之间的差异归结到参数差异的例证。

就人类语言复式致使结构——动结式研究揭示了语言之间的差别在于参数值的不同，原则都是相同的。在这里的一个基本原则是 DOR，或者它的替代品 MDP。在以往的研究中，由于众多貌似的反例，放弃了 DOR 作为 UG 一部分的可能，转而采用了另一 UG 原则 MDP。Williams 采用的外部论元分析合理地解释了所谓的反例只是我们看待问题的聚焦点上的问题，过往的研究陷入动词投射题元关系的束缚，将注意力聚焦在动结式的 M 和 R 的简单个体述语上，而忽视了 M/R 构式的整体与题元之间的关系，而正是动结结构构式整体地指派受事和施事论元这一观察拯救了 DOR 这一辛普森定律（Simpson's law）。Williams 的外部施事和外部受事可以改称为 Dowty（1991）的原型施事和原型受事，如此维系了 DOR 作为 UG 一部分普遍原则性。

在对英汉动结式研究中，我们发现，动词投射和结构语境引入是构建题元关系的两种基本机制，语言之间的不同在于对这两种构建模式的选择不同。英语选择的是动词投射的构建方法，动词在词库里已就其论元结构进行了词汇化过程，具备统一投射属性（UPP），而汉语动词在词库里没有词汇化，没有词汇论元，缺乏 UPP 特征，论元是句法结构中的功能范畴引入的。

第四章

维吾尔语和汉语动结式对比研究

第一节　引言

　　本章主要通过汉语动结式在维吾尔语的对应形式来分析维吾尔语的结果构式，在我们的讨论中，也会论及英语的结果构式。在我们就动结式做跨语对比时，我们在第二节先分析维吾尔语的使役化结构。与汉语不同，维吾尔语是一种几乎完全依赖后缀的黏着语。维吾尔语像另一黏着语——日语一样，无标记的语序是：主—宾—谓。哈米提·铁木尔（1987）指出维吾尔语是形态丰富，多数表示使役关系的词语可通过附加"使动态"标记来表达出来的，因此我们认为，形态使役形式（morphologicalcausative）是维吾尔语中使用最为普遍的语句，也最具有典型性。

　　维吾尔语在形态结构上属于黏着语类型。黏着语的词汇变化和各种句法变化都是通过在实词词干上缀接各种附加成分的方式来表现的。维吾尔语的形态句法主要依赖动词、名词、形容词等实词后加后缀成分来完成的。如：

> （1）　tinitʃ　　　tinitʃ-liq　　　tinitʃ-lan　　　tinitʃ-lan-dur
> 　　　　安静　　　　和平　　　　　安静　　　　　使安静
> 　　　　形容词　　　名词　　　　　动词　　　　　使役动词

　　从例（1）我们能够看到，名词 tinitʃ-liq（和平）是从形容词 tinitʃ（安静）派生出来的，使役动词 tinitʃ-lan-dur（使安静）是动词 tinitʃ-lan（安静（下来））后加使动态附加成分-dur 派生而来的，动词 tinitʃ-lan 本身又是从形容词 tinitʃ 后加动词标记-lan 派生而来的。

使役化结构，在不同的语言之间，甚至在一个语言中，可以通过不同的形式或参数来表达。从类型学的角度来看，人类语言的使役化结构分为词汇使役法，缀合使役形式和句法使役形式。句法使役形式也称作分析或者迂回使役形式（analytical/periphrastic causatives），缀合使役形式也称作形态使役形式（morphological causatives），词汇使役形式（lexical causatives），即零位使役形式。

第二节　维吾尔语使役化结构

一　维吾尔语形态使役形式

人类语言允许名词、动词或形容词和使役词素结合构成一个使役结构，这种现象在构词法中称为缀合法（affixation）。形态使役是使役结构最显著的方式，使役成分在词内体现，在表层结构中无须出现独立词汇形式（Baker，1988）。维吾尔语和英语的形态使役词化一般都是由动词、名词和形容词等实词上缀加具有使役语义的词缀来完成。在英语里一般词根加 "-en/en-，-fy，-ise，be-，-ate 和 -ize" 等词缀来实现使役化。其中 en-和 be-是英语中的使役前缀，"en" 同样有前缀和后缀的功能，如：*enchant*（使迷住），*madden*（使发狂）等。也有些动词很特殊，它们前后同时可以加 "en"，如：*enliven*（使活跃），*enlighten*（使启发）。"Be" 只可以做前缀，如：*belittle*，*befriend* 等。剩余的词缀都做后缀，如：*classify*（分类），*memorize*（记忆），*assimilate*（使同化；使吸收）等。英语使役词缀中有些词缀具有悠久的历史渊源，如：德语起源的 "-en" 在古英语的形式是 "-nian"，"-fy" 起源于拉丁词缀 "ficāre"，"ize" 最初在希腊语中以 "-iser" 的形式出现，然后以借词的方式从拉丁语或法语进入英语。"be-" 在古英语中有 *beon*，*beom*，*bion* 等形式，而 -ate 起源于 -atus，-atum 为结尾的拉丁语词。

维吾尔语中形态使役结构的使用范围很广泛，是其最典型的使役化形式，形态使役化一般在实词后面加使役词缀来实现。维吾尔语中的动词无论是及物的还是不及物的，都可附加使动态，附加了使动态的不及物动词就变成了及物动词，要求受事带宾格-ni 充当宾语（力提谱，2004）。表示致使的 "使动" 态语缀有 -t-，-dur-，-dür-，-tur-，-tür-，-

küz-，-güz-，-quz-，-ɤuz-，-ar-，-ur-，-ür-和-er-等。缀加使役词缀是个有规律的过程，一般来说，如果动词词干以元音或 j 和 r 等辅音结尾时，缀加 -t，如：*tašla - t = tašlat*（使放弃），*azaj - t = azajt*（使减少）等。以元音结尾的单音节动词词干或除了-ar-，-ur-，-ür-，-er 等辅音结尾的动词词干后一般加-dur-，-dür-，-tur-，-tür-，-küz-，-güz-，-quz-，和 -ɤuz-等，如：*bär-güz = bärgüz*（让.给），*qač-tur = qačtur*（让跑）等，以 ʧ 和 q，ʃ，p，t 结尾的少数单音节动词词干后一般加-ar-，-ur-，-ür-，-er，如：*čiq-ar = čiq-ar*（让上），*qop-ur = qop-ur*（使起来）等。像英语中的 *enlighten* 和 *enliven* 一样，在维吾尔语里，使役态词缀可以重叠使用，这时表示行为动作不是源自一个人而是通过两个以上的人实现。例如：

　　（2）Mɛn welispitimni dadamʁa yasa-t-tim
　　　　 我　自行车　　　爸爸　修理-使役-过去
　　　　"我让我爸修了自行车。"

　　（3）Mɛn welispitimni dadamʁa yasa-t-quz-dum
　　　　 我　自行车　　　爸爸　修理-使役-使役-过去
　　　　"我通过我爸修了自行车。"

　　根据古突厥碑铭和《突厥语大辞典》等文献，现代维吾尔语动词使役态形式可以追溯到 5—6 世纪。古代维吾尔语中的使动态词缀同样缀接于及物动词和不及物动词词干之后。词缀缀接形式和用法与现代维吾尔语使动态没有很大区别，《突厥语大辞典》等文献中使用的使役态词缀主要有以下几个：t-，-ut-，-dur-，-dür-，-tür-，-ir-，-ar-，-ghur-，-gür-，-tuz-，-duz-，-düz-等，如：

　　（4）Ol　manga　　 suw　　 ič-tür-di
　　　　 他　我　　　　水-宾格　喝-使役态-过去式
　　　　"他让我喝水了。"

　　（5）Män　　 ane　　　 qa-čur-dum．
　　　　 我　　 他-宾格　　跑-使役态-过去式
　　　　"我让他跑了。"

二 维吾尔语句法使役形式

句法使役结构是指用轻动词（light verb）来实现使役化的结构，维吾尔语如 *qil*，*sal*，*qoy* 等轻动词，汉语里的"使、令、让"等轻动词和英语里的 *have*，*let*，*make* 的轻动词等。迂回使役形式在汉语、维吾尔语和英语三个及其他语言中普遍存在并广泛使用。这些轻动词在语义上已经漂白了（bleached），是只保留句子结构意义的词。这种动词在很大程度上失去了它们的词汇意义，如英语句"make me happy"中的 *make* 相较"make a plane"中的 *make* 而言，它对句子意义的贡献不明显，语义很弱，仅表示使役义。这些动词一般修饰形容词来表达心理使役动词结构，如例（6）：

（6）The news makes him unhappy. 这个新闻让他很不开心。

例（6）中的形容词既可以是像"unhappy"一样派生词，也可以是像"sad"一样单纯词，还可以是像"interesting"一样动词的分词形式。句法使役化结构也就是我们所说的使动句，具有一定的句法特点。英语句法或者迂回使役结构的基本形式是：N1 + make + N2 + V/Adj，其中 N1 一般是施事者，N2 是经验者，根据实际语言的使用 N2 后面的 V 或 Adj 可以轮流出现，但 V 必须是心理动词，Adj 是心理形容词，这里的心理形容词可以是 sad，happy 类一般形容词，也可以是 pleased，frightened 类派生的形容词。如例（7）和例（8）：

（7）The clown often makes the children laugh. （动词形式）
　　马戏团的小丑经常惹孩子们发笑。
（8）The news makes me happy. （形容词形式）
　　这个新闻让我开心。

同样地，在维吾尔语里，"qil"类使役动词的原本意义已经漂白，它们与名词和形容词等静词连用表示使役意义时表达"产生，引起，发生"等使役意义。在维吾尔语里迂回使役化结构的形式是 N1 + N2 + V/Adj + qil，和英语不同的是轻动词"qil"在心理动词或形容词后面。这可能是维吾尔语无标记的语序（主-宾-谓）来决定的。如例（9）和例（10）：

（9）Uöydä　　iš　　qil-di.

　　　他　在家　活儿　干-过去式

　　　"他在家干活儿了。"

（10）U　　mi-ni　xošal　qil-di

　　　他　我-宾格　高兴　使-过去式

　　　"他使我高兴。"

例句（9）中的 *qil* 是 "干，做" 的意思，而例句（10）中的 *qil* 没有实际意义，它与心理形容词 "xošal"（高兴）连用表示引起或产生高兴的一种使役意义。

（11）姐姐的笑容使我很高兴。

　　　Atʃam-niŋ　kylkisi　mi-ni　xoʃal qil-di.

　　　姐姐-领格　笑容　我-宾格 高兴 产生-过去式

（12）我们羡慕他。

　　　Biz　uniŋ-ʁa　hɛwɛs qil-i-miz.

　　　我们 他-向格　爱好 产生-i-第一人称复数

　　　字面意思：我们对他产生了爱好。

在例（11）里 qil 的本意是 "做、干"，在和心理形容词（名词）一起使用的动宾构式里意义就是 "引起、产生"，等同于汉语的 "使、令、让" 的使令动词，也与英语的 make/cause/have 等使役动词的功能一样。请注意例（11）里动宾短语 xoʃal qil 也是主动态，所带的名词为宾格，句子有使动意义。这点与例（12）动词短语所带的名词为向格情况不同。我们将如例（11）里的使役结构，称作分析式或者迂回使役化构式（ana-lytical/ periphrastic causative construction）。换句话说，维吾尔语 N+qil 的动宾短语在是否表达使动意义上是中性的，关键是这个动宾结构所带名词的格位。我们所称的分析性致使构式是所带名词是宾格的句式：NP + NP［-ni］+ Adj/N + qil-。

需要指出的是，N+qil 是主动态，而维吾尔语里 qil 类动词还有使役态，即合成（词汇使役形式）与分析性使役两种形式同时出现来表达使役化结构，如例（13）：

（13）他的表现使我们很振奋。

U-ning　ipadisi biz-ni　　hεjraran qal-dur-di.

他-领格 表现 我们-宾格 振奋 qal-使动态-过去式（形容
词加 qil+dur-形式）

在例（13）里"hεjraran"后的"qal"本意是"放下、留下"等，
也是表示产生、引起等意义的动词，后面附加使动态标志-dur-。我们将
如例（13）里的合成和分析式共现的使役构式称作复合使役构式。

三　维吾尔语词汇使役形式

词汇使役化形式在英语中出现频率最高，英语中的词汇使役动词指的
是零派生的动词（zero derived verb）或者是零位使役的动词（verbs with
zero CAUS）。在零位使役动词中词汇手段的运用在使役化表层结构中无需
出现"make"类动词，使役义在深层结构中体现，表示直接因果关系。
这种结构是由词干来实现使役化的。所以，这形式也称词的使动用法，如
例（15）和例（16）：

（15）His illness worried the doctor.
他的疾病让他的医生担心。

（16）She bottled the wine.
她给就装瓶。

以上例句中 worried 和 bottled 是不能再细分的，是单纯的使役动词。在
英语中零位派生，像显性派生（overt affixation）一样，从名词和形容词派
生使役动词的能力很强。名词如：saddle — (to) saddle, box — (to) box,
jail — (to) jail 等；形容词如：empty — (to) empty, narrow — (to) nar-
row, warm — (to) warm 等。

英语一部分词汇使役动词可以参加状态变化，也就是所谓的使役/起
始转换。按照拉雯与拉帕珀特-哈文伍（Levin 和 Rappart Hovav,
1994）使役/起始转换是使役动词转换为非宾格的过程，涉及动词及物和
不及物的用法，能够参加这种转换的动词必须具有状态和位置变化的条
件。如例（17）和例（18）：

（17）a. The question puzzled the student. 这个问题使学生（感到）困惑。

b. * The student puzzled 学生（感到）困惑了。

（18）a. John angered Mary. 约翰触怒了马丽。

b. John angered. * 约翰触怒。

从以上例句我们可以看出，英语里像 puzzle 一类的心理动词具有不及物动词的形式但不参与使役/起始转换，而像 anger 类的动词具有及物和不及物动词相互转换的特点并进行使役/起始转换。汉语的对应形式参与使役/起始转换不同。

维吾尔语也有词汇或者零位使役形式，但数量不多，我们发现，维吾尔语里有英语对应的词汇使役和反使役形式，如：atʃ 和 tʃ aq，即英语词汇使役动词 open "打开" 和 break "打破" 的对应词，而其非使役的形式分别是 atʃ il 和 tʃ eqil；-il 是维吾尔语反使役（anti-causative）等。维吾尔语词汇使役动词也参加使役/起始转换，这种使役动词的起始形式（inchoative form）不是零位的，而是带 -il 等反使役的形式，如例（19）：

（19）a. Bala　išikni　ač -ti.

小孩　门　　打开-过去式

"小孩打开了门。"

b. išik　eč-il-di.

门　开-反使役-过去式

"门被打开了。"

有关日语的词汇使役形式，宫川（Miyagawa，2010）指出，日语里有词汇使役动词，它们的词汇性质体现在语义迁移上，即可以出现在成语或者俗语里。我们发现，同一个语系的维吾尔语词汇使役中也有此类的现象。维吾尔语词汇使役化结构主要由两种形式来出现，分别是一般形式例（20）和复合形式例（21）：

（20）一般词汇使役形式：

非使役　　　　　　　　　　　使役

čüš–mäq   'falling'   at–maq   'throwing'
掉–态 扔–状态

Qal–mäq   'staying'   saxle–maq   'keeping'
留（不走）状态保留/保管/等候–状态

（21）复合词汇使役形式：

非使役   使役

Ot   kät–mäq 'burning'   ot   yak–maq 'setting fire'
火   着–状态火点–状态

käynigä sör–mäk 'being postponed' käynigä tart–maq 'delaying'
往后   推拉–状态往后   拖拉–状态

以上复合使役形式中的 *Ot kätmäk* 是"着火"的意思，是非使役的。它的使役形式 *ot yakmaq*（点火，点燃）在成语 *yüräkä ot yaqti*（点燃爱情的火花）来表示，如例（22）：

（22）a. Yigit   neng   yürigiga   <u>ot kat–ti</u>
男孩   的   心脏 火 点燃–了。
"男孩心里燃起了火。"（非使役形式）

b. Kiz   yigit neng urigiga   <u>ot yak–ti</u>
女孩 男孩的   心脏   火 点燃–了。
"女孩使男孩心里燃起了火。"（使役形式）

四   维吾尔语使役化结构小结

如上所述，维吾尔语中很少有词汇使役或零位使役化结构。由于词汇使役动词表达直接的因果关系，因此常被称作直接使役动词，词汇使役形式是英语典型的使役化形式。英语中的词汇使役是无标记的（unmarked），所以指的是零位使役；而维吾尔语的典型或者无标记的使役形式是形态使役形式。

维吾尔语的形态使役形式类似于英语里的静动词后缀加词缀性轻动词-en 的形式。力提甫（2004）考察维吾尔语中的轻动词时指出，维吾尔语中附加在动词之后的语态附加成分，相当于英语中的轻动词，不过它们不像英语的无形式的轻动词，而是看得见的一些附加成分。同样，维吾尔语动词要求做论元的名词必须带格，但在主格位置的主语是无标记的，宾格由-ni 来标记。

在维吾尔语里，每一个语态变化会引起论元移位和增减，论元的变化同样引起该论元名词的格的变化，如例（23）：

(23) Ahmät　　apisi-ni　　ansirä-t-i.
　　　艾合买提　妈妈-宾格　担心-使役-过去式
　　　艾合买提让他妈妈担心。

我们知道，句中出现使役态时，心理动词"ansirä"后面缀加了使役词缀-t-，就这样心理使役动词"ansirät"变成了句子核心成分，配置着论元的移位和增减。妈妈 apisi 携带-ni。

维吾尔语也像英语和汉语一样，还享有迂回使役形式，或者分析性使役形式，其形式是 qil，sal，qoy 等轻动词和形容词或者名词组成一个轻动词构式，或者叫使动句，或者 make construction 等。其实，维吾尔语里还有一种复合使役化形式，我们前面称作复合式。该复合使役化形式是形态使役形式和分析迂回使役形式的套用，我们在例（14）里已经总结，现将例（14）重复了以上的发现，我们认为维吾尔语使役化结构分下列三种：合成式、分析式和复合式例（24）：

(24) a. 合成式 NP + NP ［-ni］ + V ［-dur-］
　　　b. 分析式 NP + NP ［-ni］ + Adj/N + qil-
　　　c. 复合式 NP + NP ［-ni］ + Adj/N + qil ［-dur-］

例（24）里的合成式就是维吾尔语最典型的形态或者缀合使役形式，而分析式是其迂回使役形式，而复合式是轻动词 qil+使役词缀 ［-dur-］而成的形式。从例（14）和例（24）可见，形态使役化形式是维吾尔语的典型使役化形式，因为它可以用在迂回的或者分析性使役形式里。

第三节　维吾尔语的结果构式

维吾尔语的结果构式形式上由 V1-V2 组成，V2 是此构式的中心，后可以加否定、时态、体态等后缀，而 V1 是非限定形式，即不可后附否定、时态、体态等后缀（塔西与舒格 Tash & Sugar，2018）。

一　施事主语结果构式

（24）a John hammered the metal flat.

　　John mital-ni　　　ur-up　　　tüzli-di

　　John mital-ACC hammer-ADVBL flat-PAST

　　张三用铁锤锤平/扁了那块金属。

　　b. John hammered the metal.

　　John mital-ni　　　ur-di

　　John metal-ACC hammer-PAST

　　张三用铁锤锤击那块金属。

例（24）英语句子里的动词是去名词化的动词 hammer，即用铁锤锤打、锤击，是词汇使役动词，其中汉语零位致使或者零位使因。维吾尔语的对应形式一样 V1*ur* 是"铁锤"，V2*tüzli* 表结果"平的、扁的"，V1 和 V2 之间由-（i）p 相连，传统上称词缀-（i）p 为状语 ADV，我们跟随（Tash & Sugar，2018）认为它是 LINK 维吾尔语结果构式的连接词缀，我们称作 LINK，连接。V2，即最后一个动词 *tüzli*-di 也可以改成 tüzliwetti，tüzli-di，是表达动作的过程，方式，状态，而 tüzliwetti 是强调动作的结果。

（25）张三踢破了球鞋

　　Zhangsan　ayiqi-ni（top tip-ip）yirti-wät-ti

　　Zhangsan sneaker-ACC（ball kick-LINK）thread-bear-

COMPL-PAST

　　张三　球鞋-宾格（球 踢-连接）线断-完成-过去

（26）a. 奥兹唱哑了嗓子。

　　Ozz kaniyi-ni varqira-p püt-tür-di.

　　Ozz throat-ACC sing-LINK hoarse-CAUS-PAST

　　b. Ozz sang his throat hoarse.

Ozz varqira-p kaniyi-ni püt-tür-di.

Ozz sing-LINK throat-ACC hoarse-CAUS-PAST

　　在例（26a）里，维吾尔语句子的语序是 OV-R，而在例（26b）里，其语序和英语的语序一样，VOR。在两个句子里的 V2 后面都有使役词缀-tür。

（27）a. 戴宗跑累了。

　　　　＊Dai Zong ran tired

　　　　Dai Zong yürüt-ip har-dur-di

　　　　Dai Zong run-LINK　tire-CAUS-PAST

　　b. Dai Zong yürüt-ip har bol-up　　　　qal-di

　　　　Dai Zong run-LINK tire BECOME-LINK DO-PAST

　　c. 戴宗把自己跑累了。

　　　　Dai Zong ran himself tired.

　　　　Dai Zong özi-ni yugrüt-ip har-ʁuz-di

　　　　Dai Zong himself-ACC run-CAUS-LINK tire-CAUS-PAST

　　如例（27）所示，英语里"戴宗跑累了"*Dai ran tired* 是不合语法的，在结果构式用带自反代词宾语就可以，表达的是"戴宗把自己跑累了"，这便是英语结果构式的直接宾语限制（DOR）。例（27a）和例（27b）使用的使役方式不一样，前者是形态使役形式，而后者是句法使役形式。例（27）说明，维吾尔语结果构式没有英语的直接宾语限制（DOR），需要加自反代词满足这一成句要求，但其对应的 DOR 要求形式是合法的，要携带宾格标记-ni，即 özi-ni，自己-宾格。汉语英语对应 DOR 要求形式必须用"把"字句表达才合法。另外，在例（27a，27c）里，har-dur-di 和 har-ʁuz-di 都可以说成 har-dur-wetti，har-ʁuz-wetti 强调结果"累"。

（28）a. 李四笑疯了。

　　　　Lisi kül-üp sarang bol-up　　　　qal-di

　　　　Lisi laugh-LINK crazy BECOME-LINK DO-PAST

　　b. 李四把自己笑疯了。

Lisi özi-ni kül-dur-ip   sarag qil-di

Lisi himself-ACC laugh-CAUS-LINK mad DO-PAST

例（28）加深了例（27）里的观察，维吾尔语结果构式没有英语的 DOR 限制，但 DOR 限制句维吾尔语照样合法。另外，在例（28）里 Bol 是去（非）使役轻动词 BECOME；qal 是轻动词 DO（对），这句也是维吾尔语使动句结果构式，类似于汉语的动结式的"把"字句。

（29）卖花儿的姑娘冻病了。

Gül satquči qiz togla-p   kesal   bol-up qal-di

flower girl   cold-LINK ill BECOME-LINK DO-PAST

例（29）是维吾尔语的结果构式的使动句，句末的轻动词还可以变成 qili-wät-ti，以强调"结果"，如例（30）：

（30）黛玉哭湿了手帕。

Daiyu qolya ʁliq-ni   yi ʁla-p   höl   qili-wät-ti

Daiyu handkerchief-ACC cry-LINK wet DO-COMPL-PAST

例（31）是英语词汇使役形式的维吾尔语形态使役的表现，汉语的对应词"稀释"是词汇使役形式，而地道的汉语是"把"字句或者使动句形式。例（31）说明"把"字句也是使动句，句法使役形式：

（31）The cook thinned the gravy

Ašpäz göš-qiyami-ni suyul-dur-di

Cook gravy-ACC thin-CAUS-PAST

"厨师稀释了肉汤。"

"厨师把/使肉汤变稀/变淡了。"

二　致事主语结果构式

（32）不断上涨的河水冲垮了人行桥。

　　a. Tohtimastin örligan dörya süyi piyadilar köriki-ni　eqit-ip kät-ti.

　　The swollen river（water）foot bridge-ACC wash-ADVBL　go/leave-PAST

　　上涨的　　河（水）　　人行桥-宾格　　洗-状语　　走/离开-过去时

　　b. Tohtimastin örligan dörya süyi piyadilar köriki-ni eqit-ip kät-wetti.

　　The swollen river（water）foot bridge-ACC wash-LINK go-COMPL-PAST

　　上涨的　　河（水）　　人行桥-宾格　　洗-连接 走-完成-过去时

例（32a）里 kät-ti 的强调"过程"，而例（32b）里的 kät-wetti 强调"结果"。

　　（33）a. Flood Wiped out Bridge in Oronoco, Minn.（报纸新闻标题）

　　　　Kälkun Oronoco Minn döryasi-diki köriki-ni eqit-ip kät-ti

　　　　Flood Oronoco Minn river-LOC①bridge-ACC wash-LINK go-PAST

　　　　洪水冲走了密尼苏达州奥伦瑙口郡的桥。

　　b. The flood wiped the whole village out.

　　　　Kälkun pükül kät-ni　eqit-ip　　kät-ti

　　　　Flood whole village-ACC wash-ADVBL go/leave-PAST

　　　　洪水冲走了整个村子。

同样，每句中最后一个词 kät-ti 都可以改成 kät-wetti，kät-ti 是强调"过程"，而 kät-wetti 强调"结果"。

　　（34）河流冻硬了。

---

　　① LOC＝Locative，ACC＝Accusative，ADVBL＝Adverbial

The river froze   solid.

Därya togla-p   qeti-ip   qal-di

River freeze-LINK soild-LINK DO-PAST

例（34）是句法或者迂回使役形式，qal 是轻动词 DO/MAKE，做/干，即使动句的结果构式。例（35）是该句的致事主语句：

（35）寒冬冻硬了河流。

The cold winter froze the river solid.

So ʁuq qiš   därya-ni togli-t-p qa-tur-watti

The cold winter river-ACC freeze-ADV solid-CAUS-PAST

例（35）是复合使役形式的结果构式：qa-tur-watti 是轻动词 qal，后加使役词缀-tur 构成的。最后的动词 V2 也可以不加-wat，或者-wet，直接加过去时标记-di，即 qa-tur-di，表示过程。

（36）这件事哭红了李四的眼睛。

Bu iš Lisi-ning közi-ni（yi ʁla-din）qiz-ar-t-wät-ti

This matter Lisi-POSSES eyes-ACC（cry-ABL）red-CAUS-

COMPL-PAST

这件事 李四-属格 眼睛-宾格（哭-离格）红-使役-完成-过去

例（36）说明动结式"哭红"的使因子事件"哭"维吾尔语是可以不直接表达的，如果要表达出动词要跟离格（ablative）后缀。没有动词述语的表达，该句是结果述语的形态使役用法完成的。从例（36）维吾尔语对应句的字面意义"这件事使李四的眼睛红了"看，没有明确地表达是"哭"的结果，但这一使因是其致事（主语）致使构式所隐含的（implied）意义。"这件事让李四的眼睛红了"隐含的意义是：a：这件事是个伤心事；b. 李四因为这件事哭了。而连续的结果意义"李四的眼睛红了"是明确表达出来的。维吾尔语结果构式 V2 或者结果 R 的后面的后缀-wät 表 COMPL 完成体态，有加强其结果或者终点意义。

三　维吾尔语主语和宾语的选择性问题

汉语的主语和宾语表现无选择性（Lin，2001）。下面我们看看汉语无选择性主语和宾语在维吾尔语里的表现，是例（37）和例（38）：

（37）a. 老张开了一辆坦克车。

Laozhang bir tanka haydi-di.

Laozhang　a　tank　drive-PAST

b. 高速公路上开了一辆坦克车。

Taš yol-da bir tanka keti-watidu

Highway-LOCATIVE one tank go-CONTINUE

c. 这两坦克车开得我吓死了。

Bu tanka mi-ni čüčt-ip öl-tur-di.

This tank I-ACC scare-LINK　　die-CAUS-PAST

（38）a. 吃牛肉面。

Kala göši ügrisi ičiš

Beef noodle drink

b. 吃大碗。

čog qača-da ičiš

big bowl drink

c. 吃了一嘴油。

Bir kappan may yiyiš

One swallow fat eat

从例（37）和例（38）看，汉语无选择性主语和宾语，维吾尔语都有对应形式。这似乎说明维吾尔语动词在心理词库也没有词汇化，但因为维吾尔语是一个形态语言，它的强屈折变化形态在起着汉语轻动词的作用。

四　维吾尔语致使结构与结果构式

我们这节讨论维吾尔语致使结构和结果构式的关系。我们同样将汉语相应的句式展开。例（39）和例（40）是汉语奇特的动结式表现，不论是"打胜"还是"打败"其施事主语都是胜者：

（39）a. 中国队打胜了韩国队。

　　　　Zhonguo kumandisi koriyä komandisi-ni yäg-di

　　　　Chinese team Korean team-ACC outhit-PAST

　　　b. 中国队打胜了。

　　　　Zhongo kumandisi yäg-di

　　　　Chinese teamouthit-PAST

（40）a. 中国队打败了韩国队

　　　　Zhongo kumandisi koriyä komandisi-ni mäʁl-up qil-di

　　　　Chinese team Korean team－ACC defeat－LINK DO/

MAKE－PAST

　　　b. 韩国队打败了。

　　　　koriyä kumandisi mäʁl-up qil-di

　　　　Korean team defeat-LINK DO/MAKE-PAST

不论是在例（39）还是在例（40），韩国队都是携带宾格，因此是同样的命运。例（39）的 yäg"战胜"，而例（40）的 mäʁl-up qil-di"失败-连接 做/使"语义关系非常清晰，前者是简单致使及物结构，后者是结果构式。

（41）a. 繁重的农活累病了我妈。

　　　　eʁir ämgäk apam-ni（har-dur-ip）aʁri-t-ip qoy-di

　　　　heavy work mother－ACC（tire－CAUS－LINK）ill－

CAUS－LINK PAST

　　　b. 严寒冻病了卖花姑娘

　　　　Qattiq soʁuq gül satquči qiz－ni（togla－p）aʁri－t－ip

qoy－di

　　　　Severe cold flower gril-ACC（freeze-LINK）sick-CAUS-

LINK DO-PAST

例（41）的 a、b 句都是致事动结式句，结果述语都是"病"，两句的 V1 或者 Mean 手段，或者使因子事件都可以不用直接表达，要表达都是其后加 LINK 连接。致事性主语的结果构式隐含了使因，因而使因的表达并非必须，这是维吾尔语致使结构的一大特点，与汉语的强制性表达限制形成参数差异。据此，我们提出结果构式的"使因"表征参数例（42）：

（42）结果构式的"致使"表征参数

a. 结果构式是致使结构，是由致使或者使因事件 V 和致果或者结果事件 R 组成的复合事件，在该复合事件里 R 表事件的终结点，R 是复合事件的核心。

b. R 在结果构式中的表达是必须条件，而致使/使因事件 V 是可选条件。

c. 汉语形态变化匮乏，其结果构式 VR 强整体性，使因事件 V 是必要条件。V 在形态变化丰富的维吾尔语里是可选条件。英语的典型使役形式是零位/词汇使役形式，又享有形态（缀合）使役形式，以及句法/迂回使役形式，人类语言的三种使役形式都有使用，它的形态变化贫乏，因此，使因 V 事件介于必要条件和可选条件之间。

（43）a. 张三唱哑了嗓子。

Zhangsan sang his throat hoarse.

Zhangsan varqira-p kaniyi-ni püt-tür-di.

Zhangsan sing-LINK throat-ACC hoarse-CAUS-PAST

b. 张三唱了。

Zhangsan sang.

Zhangsan varqiri-di

Zhangsan hoarse-PAST

c. 红歌唱哑了张三的嗓子。

＊ The red songs sang Zhang's throat hoarse.

Qizil nahši-lar Ozzy-nig（kaniyi-ni）püt-tür-wät-ti

The red song－PL－Zhang－POS（throat－ACC）hoarse－
CAUS-COMPL-PAST

例（43c）的致事动结式句英语里没有合法的对应形式，但是，在维吾尔语里有。

（44）a. 王五砍了冷冻肉。

Wang　cut the frozen meat.

Wang　tog göš–ni　　　　käs–ti

Wang frozen meat–ACC cut–PAST

b. 王五砍钝了刀。

　＊Wang cut the knife dull.

Al pičaq–ni（kisi–ip）　　qaš–ar–t–wät–ti

　Al　knife – ACC（cut – LINK）　dull – CAUS – CAUS –

（state）–PAST

　　例（44b）的致事动结式句英语里没有合法的对应形式，但是，在维吾尔语里有。

（45）a. 张三喝醉了。

　　　Zhang san mas　bol–up　　　　　　qal–di

　　　Zhang san drunk BECOME–LINK DO/MAKE–PAST

b. 这瓶酒喝醉了张三。

　＊This bottle of wine drunk John.

Bu haraq Zhang san–ni mas qil–di.

This wine Zhang san–ACC drunk DO/MAKE–PAST

　　例（45b）的致事动结式句英语里没有合法的对应形式，但是，在维吾尔语里有。

（46）a. 他喝了三杯酒。

　　　He drank three glasses.

　　　U　üč romka haraq　ič–ti

　　　He three glass wine drink–PAST

b. 他走了二十里路。

　　He walked twenty miles.

　　U yigirmä čaqirim yol mag–di

　　He twenty mile road walk–PAST

例（46）说明汉语和维吾尔语都可以将"酒"和"路"显性的表达出来，而英语不可以。

（47）a. 他醉了，因为他喝了三杯酒。

U mas　bol-up qal-di, čunki　Uüč romka haraq　ič-ti

He drunk BEC－ADVBL DO－PAST，because he three glass wine drink－PAST

b. 他累了，因为他走了二十里路。

U her－ip qal－di,　čunki　　　U yigirmä čaqirim yol mag－di

He tire－ADVBL BEC－PAST，because he twenty mile road walk－PAST

例（47）显示汉语和维吾尔语里结果构式的因果致使事件的迂回表达法。

（48）a. 张三砸平了那块金属。

Zhang hammered the metal flat.

Zhang san awu mital-ni　　　ur-up　　　tüzli-di

Zhang san that　mital-ACC hammer-ADV flat-PAST

b. 他饿死了几千个学生。

＊He hunger thousands of students dead.

U üč ming oquʁuči-ni　　　　ačliq-qoy-up öl-tür-di

He three thousand－ACC hunger－MAKE－LINK die－CAUS-PAST

例（48）显示汉语动结式在维吾尔语里有对应的表达，而在英语里不一定有。

第四节　维吾尔语的复合参数设定值

上文提及斯奈德（Snyder，1995，2001）的复合参数（TCP）。英语、德语、汉语、日语、韩语等都允准词根名词复合构成向心的复合词，而法语、西班牙语、俄语、阿拉伯语和希伯来语不允准。不允准词根名词复合构词的语言，也不允准英语的结果构式。前文表明维吾尔语里没有英语形容词结果构式一类复杂谓语构式和汉语的动结式 VR 形式。英语和汉语名词词根 N-N 复合词都不仅很能产，而且有新创性，如 tattoo man（有文身的人，或做文身的人），bird book（鸟书），frog man（蛙人，与蛙有关系的人，如行为像蛙的人，收藏蛙的人，水下潜水员等）。维吾尔语里光杆名词或者词根名词 N-N 复合词的组合能力到底如何？

　　维吾尔语的 N-N 复合词也很能产（鞠贤，1993），然而维吾尔语 N-N 复合词中 N_1 和 N_2 都常带词缀，如 N_1 常带 -ning，-diki/tiki，-dək/tək，-qə/qilik 等形容词词缀，N_2 后常带 -i/si 词缀（鞠贤，1993；李祥瑞，2001；玛依拉·阿吉艾克帕尔，2009）。也就是说，与其说维吾尔语 N-N 复合名词很能产，不如说维吾尔语里 N-ning N-i/is 复合词很能产。真正意义上的词根 N-N 复合词在维吾尔语里也有不少，但并不是很能产。像 tattoo man，bird book，frog man 这样新创性复合名词维吾尔语没有固定形式，只能用句法形式来表达。Tattoo man 和 bird book 一般习惯句法形式来表达，如：有标记的人，鸟读的书等。Frog man "蛙人""潜水员"可以有固定形式，但前者在童话故事当中的人物，后者是固定下来的 ghawghas。[①]词根名词组成的 N-N 复合词有 kigiz øj（毡房），tax tuluk（石碾），gul bag（花园），chol tag（沙漠山），qɛʁɛz jolwas（纸老虎），bax xuji（bax＝首领，总书记），jin chraq（jin＝鬼，chraq＝灯，油灯），kala bash（kala＝牛，bash＝头，笨蛋），toho yurok（toho＝鸡，yurok＝心，胆小鬼）等，后头几例比喻意义明显。如 kala bash 的 N_1 kala 可以加形容词词缀 -ning，kalaning bash 只有直义，"牛的头"。鞠贤（1993）所举的一例词根 N-N 复合词——ot yurok（ot＝火，yurok＝心，火热的心）应该像 toho yurok（toho＝鸡，yurok＝心，胆小鬼）一样是一个成语，"火热的心"应该只是其释义（paraphrase），它真正的比喻意义是"热血沸腾""不怕死"之义，比如 ot yurok shayir（不怕死的诗人）（艾合买提江·塔西，个

---

　　① Frog man 有两层语义范围：一个是一般的意义，指青蛙和人类中间的一种生物类，这是不存在的，一般在动画片中，或者童话故事中用的。另一个是指人的行为举止像青蛙，比如说整天在水里活动的人也可以用这术语。维吾尔语中第二种说法经常只用 frog，如：你为什么像青蛙一样整天在水里玩？因此，"蛙人"的语义由它要所表达的客体来决定的。（艾合买提江·塔西，个人交流，2022.11.12）

人交流，2022）。玛依拉·阿吉艾克帕尔（2009：52）明确指出，这种名词短语的构成受各种因素的制约，使用频率不高。鉴于维吾尔语中的词根 N-N 复合词大多都是固化形式，新创形式很有限，因此，维吾尔语没有能产的向心词根复合词。

第五节　结论

维吾尔语的结果构式是由两个动词组成：V1 + V2. V1 是以附加语的形式出现的，传统上称作状语性动词，由动词 V 后附接-（i）p（-p，-ip，-up 和-üp）后缀而构成。V2 既可以是使役动词，也可以是表状态动词。结果词中缀"-wät，-wet，-iwät，-uwät，-üwät"是由助动词 äwät "send""送给/赠给"由它与相关状语合并经历语音变化而形成。当它附加在动词的词根上时，它表示完结体态概念。

维吾尔语的结果构式形式上也是由 V1-V2 组成，V2 是此构式的中心，其后可以加否定、时态、体态等后缀，而 V1 是非限定形式，即不可后附否定、时态、体态等后缀（Tash & Sugar，2018）。V1 通过-（i）p 词缀嫁接于 V2，-（i）p 词缀传统上被看成副词的核心词，它的补语就是它所依附的动词短语 VP（力提甫·托乎提，2012；木再帕尔，2014）；而在此-（i）p 词缀是功能投射 FP 的核心词，嫁接在 vP 上。也就是说，维吾尔语的结果构式是由 V1P 嫁接到 V2P 所形成的结构。V1 和 V2 都可以都可以编码一个结果状态蕴涵意义，而另一个动词指定动作或行为的方式。不论哪种情况，V2 必须与其内部论元结合形成一个有终点的骨架。维吾尔语是一个典型的形态性语言，对其 V1（i）pV2 结果构式的内元要求更严格，即 NP 一定携带宾格-ni。因为英语结果构式属于或者是增加配价构式，有些不及物动词也可以在此构式里称谓及物动词，携带宾语，如 "John ran his feet sore"（张三跑疼了脚）。操英语的学习者一样对动结式的习得要经历从词汇致使向句法致使的转换；而操维吾尔语的汉语二语学习者要经历从形态致使向句法致使的转换。从显性的形态致使关系到隐性的句法致使转换难度不亚于从隐性的词汇致使到隐性的句法致使。

我们从维吾尔语结果构式与汉语动结式和英语结果构式的对比分析中，抽离出结果构式的致使/使因表征参数。此参数指出结果事件是结果构式的核心，在构式的表达是必要条件，而致使/使因事件的表达有语言类型差异：对形态变化匮乏的语言是必要条件，对形态变化丰富的语言如维吾尔语是可选条件，对形态变化相对贫乏的语言如英语里介于必要条件和可选条件之间。

维吾尔语在 Snyder 的复合参数设定是负值，没有形容词结果构式，词根 N–N 复合构词不能产。就复合参数而言，维吾尔语与汉语和英语完全相反。

结果构式的致使/使因表征参数和复合参数在第二语言习得中会有后果。维吾尔语和英语汉语二语习得者对使因事件 V 的强制必要表征反应迟钝，会出现不表达现象。

第五章

动结式"致使"事件语义观
与语义突显层级模式

第一节 引言

　　动结式或者结果构式的句法语义映射规律以及动词习得是近十几年来理论语言学、心理语言学、语言习得等学科关注的焦点问题之一。第三章主要讨论了英汉动结式的参数差异;第四章对维吾尔语结果构式和汉语的动结式进行了对比分析,本章我们主要论述动结式的简单"致使"因果事件语义关系以及它与我们的语义突显层级模式的关系。我们提出动结式是"把"字句和重动句的"致使"一统论,对动结式的主语和宾语名词搭配组合的有生性层级进行精细化处理,阐明动结式简单致事/役事题元关系,并提出构式致使语义突显层级,以期对自然语言致使结构的层级性表征做出更精准表述。

第二节 动结式"把"字句和重动句的"致使"一统论

　　李(Chao Li,2013)在《语言科学》(*Language Sciences*)上发表了一篇名为"汉语动结式:简单句法、复杂题元关系"的论文,这篇论文的题目所代表的是学界普遍的共识,Yuan & Zhao(2010)也是基于这样的基本认识而作的动结式的二语习得研究。然而,我们在本章要论证汉语的动结式既是简单句法也是简单题元关系。

　　在对动结式复合词的研究中,我们发现,它们和"把"字句和重动句共现性分布可以解释它们之中有些动词存在的歧义现象,如"张飞骑累了"。所谓"张飞骑累了"的两个解读其实就是"把"字句和重动句的

"两说"："张飞把马骑累了"和"张飞骑马骑累了"。"把"字句是宾语语义指向"马累了"，而重动句是主语语义指向"张飞累了"。我们根据这一观察，提出动结式是"把"字句和重动句的"致使"一统论。"把"字句和重动句（V1 NP V1R）都是显性轻动词构式，前者的轻动词是"把"，而后者的轻动词是 V1，V1 在重动句里只起语法功能意义，而 SVO 句式的动结式是隐性轻动词，或者隐性因果［使因］。

　　动结式"追累"有歧义，而且有三种解读（Y-F Li，1990，1995，1998；沈家煊，2004；C. Li，2013 等）。在我们讨论"追累"的歧义性之前，我们先分析一下只有两义的"骑累"：

　　　　　（1）张飞骑累了马。
　　　　　　　　a. 张飞骑马，张飞累了。
　　　　　　　　b. 张飞骑马，马累了。

动结式"骑累了"所谓的歧义分别是两个不同句式的意义（2）：

　　　　　（2）a. 张飞骑马骑累了。
　　　　　　　　b. 张飞把马骑累了。

　　例（1a）的意义对应例（2a）重动句①的意义，例（1b）的解读对应的例（2b）"把"字句的解读。

　　通过例（1）和例（2）的对应关系，我们想证明所谓的"歧义说"很可能是现代汉语 SVO 化的副产品。詹卫东（2013：134 脚注）指出实际中人们很少会选用"骑累了马"这个表达形式②。我们在北京大学 CCL 汉语语料库只有 3 例"骑累了"例（3）—例（5），而例（5）还不是动结式"骑累"，而是简单结果事件 V/R "累"：

---

　　① 重动句，即重复动词句，句子里含有动词重复的现象，因此，有人也叫复动句。现在叫的更多的是动词拷贝句，如施春宏（2010）。"拷贝"（copy）就是"复制"（Reduplicate）。我们延用重动句，尽管"重"是一个多音字，很可能被读成（zhong），但是它比我们认为更好的"重重动词句"要简约。重重动词句，顾名思义，就是句子里含有两个相同或者一样的动词。

　　② 詹卫东认为原因是"累"陈述的是哪个事物的状态不清楚，不符合语用上的信息足量准则。他用 Google 搜索"骑累了马"，只得到 246 条结果，而且其中有许多是语言学论文中自造的例句，并非真实语料中的用例。

（3）这个大胡子锡克族警察不得不过来央求小蔼龄，请她到别处去骑——他怕在自己眼皮底下发生交通事故承担责任。但小蔼龄憋了气仍不理睬，直到骑累了才离去。以后骑车到了这里，她总要绕着警察骑上十几圈，以此向警察示威。（《宋氏家族全传》）

（4）这样漫长的路途，我们乘车都感疲倦，选手们的辛苦就可想而知了。选手们**骑累了**，便直立身子小憩一会；自带水用光了，便举手向后援车招呼要水。（《人民日报》1996 年 11 月）

（5）"你再胡说八道，瞧我理不理你？"杨过伸伸舌头，道："可惜是**坐骑**累了，再跑得一晚准得拖死。"此时天色渐黑，猛听得前面几声马嘶，杨过喜道："咱们换马去罢。"（金庸《神雕侠侣》）

我们在 CCL 里只搜出来 2 例"把马骑""把"字句的用法例（6）和例（7）：

（6）王东岳：对呀，而且他得**把马骑得非常熟**。他那个从小他就游牧，对吧？他就骑在马上，所以游牧民族骑马是非常厉害的。（梁冬对话王东岳文字版）。

（7）当他**把马骑回村子里**时，马浑身都是白色的汗珠。（翻译作品/文学/《地球杀场》）

例（6）和例（7）是"把"字句的结果构式，例（6）是 V 得 R 形式，而例（7）是趋向结果构式。CCL 里没有一例 SVO 主谓宾句"骑累了 O"的例子。

例（3）和例（4）描述的都是"骑自行车骑累了"的复合事件例（8）：

（8）宋霭龄/选手们骑车骑累了。

我们用汉语语料库的实际语言产出例句，想说明所谓的 VO 式"骑累了马"所表达的复合事件现象的语言表征通常实际上是通过例（2）里的重动句和"把"字句两个构式完成或实现的。而事实上，重动句和"把"字句都是 SOV 语序。一个 SVO 框架涵盖了两个不同 SOV 构式。

"把"字句构式中"把"是个表"致使"的轻动词，有声有形，意义是表"处置"。而重动句里"重复"的动词在句中所起的作用，或者扮演的角色和轻动词"把"一样，只是起句法位置"填充"作用，即语法意义。例（1）SVO 句式中的所谓歧义现象是因为题元关系指派，或者题元共享的可能意义。也就是结果 R 的主语指向和宾语指向之争。我们将例（3）和例（4）改写一下成例（9）和例（10）：

（9）宋霭龄骑车子去玩，刚骑了不久就累了。她不想去玩了，因为骑累了，骑不动了。

（10）我们的马都累了，再跑得一晚准得拖死。咱们换马去罢。

因为英语结果构式有 DOR 限制，因此，操英语的汉语学习者不会接受动词拷贝句的解读例（11），而只会接受"把"字句的解读例（12）：

（11）张飞ᵢ骑累ⱼ了马ⱼ。
（12）张飞ⱼ骑累ᵢ了马ᵢ。

其实，实际生活中，学习者很少听到像例（1）里"张飞骑累了马"这样的话。"骑累"动结式的宾语既可以是有生命的动物，如马，也可以是无生命的交通工具，如自行车。"宋霭龄骑累了自行车"就不会有歧义，而且二语习得不会有任何的困难，这是因为，"累"所需要的"感事"不可能是宾语 NP"自行车"，而只能是主语 NP"宋霭龄"。所谓动结式"骑累"的歧义性是与其所搭配的宾语的有生性有直接关系的。

动作述语"骑"一般只与动物和交通工具搭配，而"追"的搭配要求就更宽更松，还可以和"人"搭配，即追人。请注意"追累"有三种搭配：交通工具、动物和人，而这三种搭配代表着 3 路歧义解读：没有歧义的 1 义，有歧义的 2 义和 3 义。人具有意愿性，因此，主语 NP 和宾语 NP 都可能是感事和致事，如此便产生了歧义。我们在北京大学汉语语料库 CCL 里仅搜索到一例"追累"的使用例（13）：

（13）所以，猎豹不会放弃已经被自己**追累**了的兔子，而去追其他的兔子。漫无目标或者目标过多，都会阻碍我们……（网络语料/博客/蒋小华博客）

例（13）明显是"追累"的被动用法："被自己**追累**了的兔子"，我们将其改写成例（14a）被动句，并还原其主动句形式例（14b）：

（14）a. 兔子被猎豹追累了。
　　　b. 猎豹追累了兔子。

例（14b）是例（14a）的主动句形式，然而，例（14a、b）意义并不完全一致。例（14a）被动句的意义只是例（14b）主动句多个意义中的1个。因为例（14b）主语和宾语 NP 同为动物，有生性相同，本应有三种歧义。然而我们对"猎豹"和"兔子"的百科知识使我们对此句的解读只得到两种释解，因为"猎豹"是"兔子"的天敌，它俩的关系就如"猫"和"老鼠"："猎豹"是"追捕者"，"兔子"是"被追捕者"，歧义只在"累"的感事是哪个例（15）：

（15）猎豹追累了兔子。
　　　a. 猎豹追兔子，兔子累了。
　　　b. 猎豹追兔子，猎豹累了。

由此可见，例（14a）只和例（15a）存在主被动翻转关系，意义一致。例（14a）被动句的意义是例（15b）主动句意义的子集，即例（14a）⊆例（15b）。动结复合词"追累"的主被动句转换只是部分翻转，而非完全翻转。绝大部分动结复合词，和及物动词一样，只有一个论元结构，主被动句的句式转换意义不变，因为它们具有相同的深层结构，如例（16）：

（16）a. 猎豹咬死了兔子。
　　　b. 兔子被猎豹咬死了。

由于与其搭配的主宾语名词的有生性的缘故，主动句中"追累"类动结式潜在地具有多种论元关系或意义，而对此类动词的被动转换式只能表达其主动式的多个论元关系中的一个。我们现在回到三种歧义例（17）的释解，请注意例（17d）解读的不可能性：

（17）张三追累了李四。
　　　a. 张三追李四，张三累了。
　　　b. 张三追李四，李四累了。
　　　c. 李四追张三，李四累了。
　　　d. ＊李四追张三，张三累了。

　　有生主语和有生宾语 SVO 句式，严格意义上说是人类性（［＋Human］）主语和人类宾语的动结式句，这种动结式句的所谓歧义现象其实就是动结式源发的不同轻动词句的意义总合。我们的动结式是重动句和"把"字句的"致使"一统论，似乎只可以解释与"追累"相同的两种解读：例（17a）和例（17b）解释不了例（17c），如例（18）：

（18）a. 张三追李四追累了。张三累了。
　　　b. 张三把李四追累了。李四累了。

　　我们认为，重动句（V1 NP V1R）构式是显性轻动词构式，V1 在重动句里只起语法功能意义。重动句里 V1 是轻动词的证据来自陕西方言。在陕西方言里，重动句的 V1 是特定的轻动词"拿"：

（19）a. 张飞骑马骑累了。＝张飞拿马骑累了。
　　　b. 张三追李四追累了。＝张三拿李四追累了。

　　陕西方言的轻动词"拿"，语法意义就是"DO"。汉语里重动句的 V1 的语法意义就是 DO。
　　我们注意到重动句有主动式和被动式。前文我们只注意到它的"拿"字句主动式的用法，重动句的被动式用法相对频率低不易被人觉察，如例（20）：

（20）吴先生吹空调吹病了。

　　例（20）就是重动句的被动式，意义等同于例（21）：

（21）吴先生叫/让/被空调吹病了。

陕西方言里还可以用"给"字被动句例（22）①：

（22）a. 吴先生给空调吹病了。
　　　b. 我给空调（给）吹病了。

重动句的被动式中动结复合词之间还可以加"得"（23）②：

（23）a. 吴先生吹空调吹得病了。
　　　b. 吴先生被/给/让/叫空调吹得病了。

按照我们上文的分析，例（17c）的被动句形式只是例（17）三种歧义的一种，而且是最典型的意义，即"把"字句例（17b）的翻版，如例（24a）例（24b）所示：

（24）张三追累了李四。
　　　a. 张三把李四追累了。（李四累了）
　　　b. 李四被/让/叫/给张三追累了。（李四累了）

因为动结式 SVO 句式与其"把"字句形式和被动句形式具有相同的深层结构，尤其是"把"字句和被动句具有相同深层结构，我们就将"被动句"加入原来的"重动句和'把'字句一统论"，即例（25）：

（25）动结式的 SVO 句式的句法语义是/源发自其重动句、"把"字句和被动句的一统论。

按照例（25），我们将例（17）重写为例（26）：

（26）张三追累了李四。

---

① "拿"在陕西话里也可以作被动标记，如（i）吴先生吹空调吹病了＝吴先生拿空调吹病了＝吴先生被空调吹病了。

② "拿"作被动用法和"叫/让/被/给"句法表现有所不同，后者可以省略食物名称，而"拿"字句不可以省略食物名词，如（i）a. 二宝叫/被/给吃（得）撑了，b. 二宝拿面条吃（得）撑了；（ii）a. 吴先生拿空调吹（得）病了，b. 吴先生叫/让/被/给吹（得）病了。

  a. 张三追李四，张三累了。（重动句）

  b. 张三追李四，李四累了。（"把"字句/被动句）

  c. 李四追张三，李四累了。（V1 被动式+V1R＝重动句）

  d. *李四追张三，张三累了。（V1 被动式+V1R≠重动句）

  例（17c）和例（26c）的释解是 V1 被动式+V1R 的合法的重动句，所谓"V1 被动式"是指"V1 追/撵或者追求事件的被动式"，即"张三被李四追"反过来就是"李四追张三"。张三在前头跑或者走，李四在后面追张三，李四追张三追累了，即例（27）和例（28）：

  （27）李四追张三追累了。

  （28）李四$_i$追张三$_j$追累了他自己$_i$

  例（28）还可以说成"李四$_i$追张三$_j$追累了李四他自己$_i$"，李四既是"追"事件的施事，又是"累"事件的感事，即例（17c）的合法解读。然而，例（17d）和例（26d）的不可解读性源自其不合法的重动句例（29）：

  （29）a. *李四追张三，张三累了。

     b. *李四追张三追累了张三。

  例（29b）的不合法性是该形式不仅是重动句而且是重宾语句，即重动重宾句。例（29a、b）所能表达的意义只能是例（30）：

  （30）李四追累了张三。

  然而例（30）和例（17）是完全颠倒的施受关系，两句用词完全相同，而意义完全相反。

  如此，我们揭示了动结式是重动句，"把"字句和被动句的一统论。正因为它是三个轻动词句的涵盖囊括综合形式，因此才有了它的"复杂"题元关系。我们这一"复杂"题元或者事件语义关系其实是简单的因果—致使关系。

第三节 动结式的主语和宾语有生性组合的认知层级

我们在上节已经论及动结式的歧义现象其实是动结式的主语和宾语 NP 的有生性，甚至人类性（［+Human］）的缘故。鉴于汉语主语和宾语的无选择性和汉语的轻动词句法，汉语动结式主语按有生性分为两类：施事和致事；宾语也可分为感事/当事及客体两类。施事和感事都是有生名词，而致事和客体都是无生名词。由于语言的转喻性，动结式的宾语还表现出可让渡性（alienability）规律。可让渡宾语是无生名词，如 "王华哭湿了手绢"，而不可让渡（inalienable）名词是转喻性的有生名词，如 "王华哭红了眼睛"。我们预测二语习得者表现出 "致事主语+ 动结式 + 不可让渡宾语" 的习得优势或偏好。

以往对动结式的研究主要关注的是施事性主语动结式，这类句子复杂的题元关系源自如 "张三追累了李四" 的施事主语和受事宾语动结式句，因为该类句子的歧义性（Y-FLi，1990，1995，1998；沈家煊，2004；Chao Li，2013 等）。

熊学亮、魏薇（2014）专门将致事性主语动结式称作倒置动结式，认为倒置动结式的致使义分为词汇致使和构式致使两种类型，构式致使又可按动词的及物性分为及物致使与不及物致使。其实，Y-F Li（1995：62）也曾给出了不及物动词做述语动词的倒置动结式的例子如例（31）和例（32），这些动结式中的主语看似没有充当任何题元角色，动词与结果都是不及物动词，都只有一个宾语论元：

(31) 陶陶的故事笑死我了。
(32) 那场饥荒饿死了很多人。

Y-F Li（1995）认为，类似构式的主语没有从动结复合词中获得任何题元角色仅是表面现象，实际上 "笑" "饿" 可以理解成具有 "使 X 笑" "使 X 饿" 意思的致使动词，因此主语可以理解成是动词的论元。其实，例（31）和例（32）中的主语 "陶陶的故事" 和 "那场饥荒" 就是致事（Causer），而宾语 "我" 和 "很多人" 都是役事。

（33）那个幽默故事笑弯了张三的腰。（Chao Li，2013：102）

例（33）里的役事论元"张三的腰"，存在着不可让渡性属格的论元转喻①情况，即它是结果"弯"的转喻人感事（Zhang，2015），而动词"笑"的施事是该属格结构中的所有者"张三"，这里也需通过转喻来理解。

第四节　动结式简单致事/役事题元关系

动结式表达的是一个复合致使事件。由于动结式是由两个动词或者述语（V-V 或者 V-R）组成的，每个动词或者述语都有其论元或者题元要求，因此，动结式的题元关系是复杂得出了名。然而，我们认为动结式 VV，VR 已构成一个不可分的整体，因此只有简单的题元关系：致事-役事（CAUSER-CAUSEE）。

克劳福特（Croft，1991，1998）指出，一个复合事件结构是由子事件的线性序列组成的，一个子事件与后一个子事件存在因果关系，或者因果链。子事件是根据因果、体态和其他质性属性在颗粒度的相关水平上个体化的。Chang（2001）提出，事件角色或者事件参与者处于子事件的开头或者终点，在这些地方，它们进入因果链。在事件的始发时涉及的角色被称作引发者（initiator）②，事件终点时涉及的角色被称为蒙受点（Locus of affect）③，即终点参与者（Endpoint participant）。换句话说，引发者是用来表示事件的起因（cause）或者诱因（instigation），而蒙受点角色是用来表示事件的有界性或者终点。因为动结式允许经历行为的事件角色在句法结构里显性地出现，这个角色被称作活动目标（Target of activity）。Change（2001）给这些事件角色的定义如例（34）：

---

① 宋文辉（2003），熊仲儒（2004），施春宏（2007），熊学亮、杨子（2010），熊学亮、魏薇（2014）和吴淑琼（2013）等都用转喻（metonymy）来解释事件结构中参与者（如施事、受事）转喻性地代替事件本身的现象，如：更有甚者，还有读书把人读糟了读坏了的。（曹文轩《闲话读书》）

② 引发者事件角色也被称作致事（causer），对手（antagonist，Talmy，1988b），发起者（originator，Borer，1994），射体（trajector，Langacker，1987）等。

③ 蒙受点事件角色同样也有不同的名称，如竞争者（agonist，Talmy，1988b），事件量度（event measure，Borer，1994），界标（landmark，Langacker，1987）或者界点（delimiter，Ritter and Rosen，1998）。

（34）事件角色定义

　　a. 引发者：在始发时所涉及的实体或者造成一个物体的实体。

　　b. 活动目标：经历一个行为的实体。

　　c. 蒙受点：在终点或者结果状态所涉及的实体。

（35）事件角色层级（Chang，2001）

引发者 > 蒙受点> 活动目标

当两个 NP 指代同一个实体时，在事件层级上更高的 NP 论元在句法上得以表述，而低层级的事件角色句法上不表达。

我们将 Change（2001）的事件结构和事件角色与实际语句相关联成：

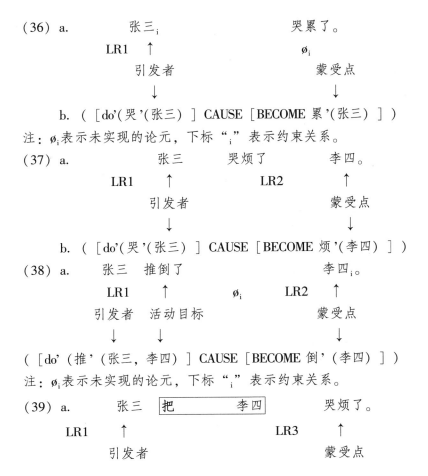

（36）a.　　　　　张三_i　　　　　　　哭累了。

　　　LR1　↑　　　　　　　　　ø_i

　　　　引发者　　　　　　　　蒙受点

　　　　　↓　　　　　　　　　　↓

　　b.　（［do'(哭 '(张三)］CAUSE［BECOME 累 '(张三)］）

注：ø_i 表示未实现的论元，下标 "i" 表示约束关系。

（37）a.　　　　张三　哭烦了　　李四。

　　　LR1　↑　　　　　LR2　↑

　　　　引发者　　　　　　　蒙受点

　　　　　↓　　　　　　　　　↓

　　b.　（［do'(哭 '(张三)］CAUSE［BECOME 烦 '(李四)］）

（38）a.　张三　推倒了　　　　　　　李四_i。

　　　LR1　↑　　　　ø_i　LR2　↑

　　　引发者　活动目标　　　　蒙受点

　　　　↓　　　↓　　　　　　　↓

（［do'(推 '(张三，李四)］CAUSE［BECOME 倒 '(李四)］）

注：ø_i 表示未实现的论元，下标 "i" 表示约束关系。

（39）a.　张三　　把　　　　李四　　哭烦了。

　　　LR1　↑　　　　　　　LR3　↑

　　　引发者　　　　　　　　　蒙受点

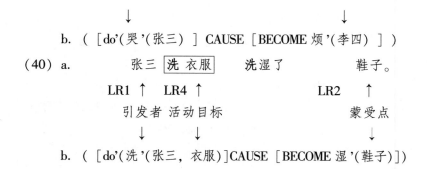

b.（［do'（哭'（张三）］CAUSE［BECOME 烦'（李四）］）

（40）a.　　　　　张三　洗 衣服　　洗湿了　　　　　鞋子。

LR1 ↑　LR4 ↑　　　　　　　　LR2　↑

引发者 活动目标　　　　　　　　　蒙受点

b.（［do'（洗'（张三，衣服)]CAUSE［BECOME 湿'（鞋子)])

　　Chang（2001）的事件角色分析中只涵盖施事性主语，即所有的事件的引发者都是有生命的 NP 论元，是"因"子事件的施事，没有包括致事性主语，即活动目标也可能与主语位置相连接的句子，如"这堆衣服洗湿了张三的鞋子"这类的句子。很明显，张三是洗这堆衣服的"施事"，该题元关系是通过其与蒙受点的所属关系显示的。而原来的活动目标，即传统上所称的"受事"变成了致事。

　　致事与主语位置相连接。Causer 与 Agent 是传统意义的称谓，而引发者（initiator）仅表示是 Agent。

　　致使结构的研究共识认为，动结式实际代表着一个复合事件，即致使事件。它由致使事件（causing event）和致果事件（caused event，也称结果事件）这两个子事件融合而成，分别由构成动结式的述语动词和补语动词来代表。两个子事件之间存在着一种致使关系或者因果关系。施春宏（2007）论述了致事类型的多样性及其语义基础。他将致事按来源的不同分为三类：由述语动词的施事提升上来的致事，显性致事（overt causer），如例（41）；由述语动词的受事提升上来的致事，隐性致事（covert causer），如例（42）；和由独立于述语动词和补语动词的参与者所充当的致事，外在致事（external causer），如例（43）：

（41）a. 爸爸点亮了油灯。

　　　b. 孩子读书读傻了。

　　　c. 孩子哭醒了妈妈。

（42）a. 这种书把孩子读傻了。

　　　b. 生冷食品吃坏了他的胃。

　　　c. 这批冒牌电脑倒赔了李四三万块钱。

（43）a. 这场饥荒饿死了很多人

　　　b. 几个月的大旱干死了所有的庄稼

　　　c. 恶梦哭醒了孩子

　　动结式的致事都来源于致使关系中使因事件的语义成分（施春宏，2007）。例（41）中的显性致事，就是我们一般意义的施事，即述语动词的施事。因此，我们将致使关系的引发者（Initiator）即致使者称作致事（Causer），致使关系的承受者即受使役者，或者 Chang（2001）的蒙受点（Locus of Affect）称作役事（Causee），以区别于底层动词（述语动词和补语动词）所支配的施事（agent）和受事（patient）。我们的致事和役事蕴含施事和受事关系。经典的施事和受事关系是典型的致事–役事关系。

　　我们还原动结式简单致事/役事题元关系。正因为动结式是"把"字句和重动句的一统形式，我们将原本认为动结式复合事件的语义结构涉及的复杂题元关系还原成简单的施事/致事与役事题元关系。

　　我们提出动结式简单致事/役事题元关系类似于詹卫东（2013）事件意义编码。詹卫东（2013）认为，现代汉语的述结式从事件语义学的角度来看实际上是一个复合事件的压缩编码形式例（44）：

事件1 事件2 复合事件（压缩编码形式）

（44）妈妈喂女儿。女儿饱了。妈妈喂饱了女儿。

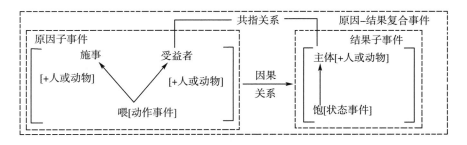

图 5.1　复合事件"喂饱"的事件语义结构图（马腾、詹卫东，2015）

　　在图 5.2 里，虚线框中的 N1，N2，N3 等表示 V1 和 V2 各自事件的参与成分，其中有若干是两个子事件共享的，用括号示意。图 5.2 中既标识了 V1、V2 自身的语义性质，也标识了二者之间的"原因—结果"事件

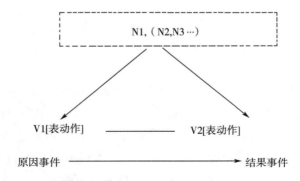

图 5.2　最典型的 VR 的复合事件语义结构（詹卫东，2013）

关系。在此基础上，VR 还可以扩展出更多的类型。例如 V1 也可能不是表动作的，而是表状态的。在实际生活中，可以是一个状态引发出下一个状态，即从状态 1 变化为状态 2，这样的 VR 结构的实例如"累—病、病—倒、酸—怕……"等。V2 也可以不是 V1 引发的自然结果，即事物变化达到的客观的状态，而是说话人对 V1 所造成的事物所处结果状态的评价，如"买贵""卖贱""去早"。

　　生活中，会发生多个"原因-结果"关系事件现象，每一个是单一的复合事件 VR，多个单一复合事件形成一个链条，V1R1->R1R2->R2R3，詹卫东（2103）将这种多个"原因-结果"关系事件称之为"链式 VR 组"："跑累"->"累病"->"病死"。这三个 VR 就表达了三个连续的"原因-结果"关系的大复合事件例（45）：

　　　　（45）戴宗跑累了。戴宗累病了。戴宗病死了。

　　Rothstein（2004）的述谓理论（Predication Theory）在解释结果构式和描写构式里所出现的次谓语（secondary predicate）现象时指出，次谓语与主事件的关系是通过事件的求和操作获得。该操作实现的条件为两个谓词之间需具有"时间-参与者相关性（相连性）"TPCONNECT（time-participant Connected）的关系。她认为，对次谓语的解释可以基于求和运作机制，然而求和并非普通意义上的简单相加和并列，求和的前提条件是子事件的 TP 关系，即时间的依赖性。具体来说，描写性构式里两个谓词之间是与 TPCONNECT 完全吻合的，而结果构式中两个谓词表示的事件之间的终结性关系。在描写构式里，TPCONNECT（e_1，e_2，y）表示两个原子事件发生的时间段相同，并且拥有共同的参与者"y"。与描写构式性质不同的是，结果构式里两个子事件发生时段总是不相同的。在结果构式里，TPCONNECT（Cul（e_1），e_2，y）表示事件 e_1 的终结点，表示作 Cul（e_1），它与事件 e_2 的发生时间一致，并且两个原子事件的参与者为 y，如例（46）：

（46）a. John painted the house$_i$ red$_i$. 约翰把房子漆成了红的。

b. $\exists e$ $[$ $\exists e_1$ $[$ $\exists e_2$ $[$ e $=$ $^s(e_1 \cup e_2)$ $\wedge$ Paint（e_1）$\wedge$ Agt（e_1）$=$ John $\wedge$ TH（e_1）$=$ the house $\wedge$ Red（e_2）$\wedge$ Agt（e_2）$=$ the house $\wedge$ TPCONNECT（Cul（e_1），e_2，the house）$\wedge$ Past（e）$]$ $]$ $]$

注：上标^{s}表示单积累性（S-cumulativity）。

例（46b）合取运算式表达的是例（46a）的两个原子事件是"John painted the house""the house became red"，后一个原子事件是前一个原子事件的结果，即约翰刷房子的事件是直到房子变成红色时候终结的。

动结式所表述的"致使"因果复合事件，致事是这个复合事件因果链的引发者，役事是这个复合事件因果链的终结点或者蒙受点。

第五节　构式"致使"语义突显层级

根据我们的动结式是"把"字句和重动句一统论，"把"字句和重动句（V1 NP V1R）都是显性轻动词构式，前者的轻动词是"把"而后者的轻动词是 V1，V1 在重动句里只起语法功能意义，而 SVO 句式的动结式是隐性轻动词。动结式的"致使"意义是隐性的轻动词 CAUS，little v，而"把"字句的轻动词是显性的轻动词"把"，重动句的轻动词也是显性的，拷贝 V1，被动句的轻动词是显性的"被""叫""让""给"，因此扩充我们的语义突显层级模式为例（47）：

（47）构式"致使"语义突显层级
动结式和"把"字句都是汉语的致使构式。与句法相关的"致使"在"把"字句里比在动结式里更突显,即"把"字句 > 动结式。

动结式是隐性的句法致使构式,其表现形式犹如英语的词汇使役形式,即词汇化的使役形式,Pesetsky（1995）的编码在词汇里的零位使因 zero CAUS,但不是词汇化的"致使",而是句法上的隐性轻动词 little v,或者构式隐性轻动词,其功能犹如"把"字句的轻动词"把"。该构式的"致使"语义突显层级在二语习得的反映是构式的"致使"语义突显层级假设,例（48）:

（48）构式"致使"语义突显层级假设

由于与句法相关的"致使"在"把"字句里比在动结式里更突显,即"把"字句 >动结式,因此对"把"字句动结式的二语习得要易于或等于 SVO 句动结式的。

第六节　结论

我们在这章提出并论证了动结式是"把"字句和重动句的一统形式。"把"字句和动结式都是汉语致使构式,前者是显性构式轻动词,后者是隐性构式轻动词。我们据此修订了我们的语义突显层级模式,补充了构式致使语义突显层级:与句法相关的"致使"在"把"字句里比在动结式里更突显,即"把"字句 > 动结式。

我们对汉语动结式的整体构式观,其致使关系的简单题元关系还原了"动结式"简单因果—致使事件语义关系或者题元关系。动结式的致使—因果题元关系和"把"字句的一样,涉及致事和役事。动结式的二语习得就是简单致事/役事因果—致使关系的习得。我们的语义突显层级模式对不同类型的动结式习得难度和习得先后能给出精准预测和合理解释。

第二部分
语言习得研究

第六章

操英语的汉语学习者动结式的二语习得

第一节　引言①

从前文"英汉动结式之参数差异"我们得知，根据 Lin（2001）的词汇化参数（Lexicalization Parameter）以及 Williams 的无论元理论（No Argument Theory），英汉动词在从词库提取出来进入句法前的词汇参数化是不一样的，英语已经经过完全的参数化，论元结构已经设定，具备 Williams 所称的 UPP 统一投射属性特征，在任何句法结构都是以动词的意义统一投射。而汉语的动词在词库里没有进行词汇化，从词库出来进入句法时没有论元，题元关系是句法语境中的动能范畴引入的。融合最近的研究发现，我们的与句法相关的语义原子 CAUSE 在词库里已经词汇化进动词里，在句法层面就是功能范畴轻动词 v，或者是 CAUS。就致使结构的二语习得研究中，Juffs（1996）的"词根语素使因/状态聚合参数"（Root Morpheme CAUSE/STATE Conflation Parameter）对英汉致使结构的这种差异进行了参数解释。但由于现代存在有类似的"复合使役动词"（王文斌、徐睿，2005，常辉，2011），如"激怒、感动"等，张京鱼（2003/2007）提出了"语义突显层级模型"（Semantic Salience Hierarchy Model）。根据该理论，致使结构的二语习得是对于句法相关的［致使意义］在实际语言中的表征突显度的反映，从而预测致使结构的习得顺序为：显性使役形式（使动句）的习得应该最好，隐性形式（词汇使役动词）的习得应该最差，缀化使役形式的习得应该介于两者之间。

语义突显层级模式为致使结构的二语习得做出了清晰的预测。因此，

---

① 这章报告的只是动结式 SVO 句的习得，术语和写作报告方式都与 Yuan & Zhao（2010）相同，可以单独阅读。

只要对英汉动结式的参数差异有了充分了解，验证它在动结式二语习得中的作用就成为可能。宏观地讲，缺乏 UPP，汉语动结式结构要比英语动结式结构复杂得多，尽管汉语动结式在汉语里很能产，操英语的汉语学习者对动结式的二语习得会遇到极大的困难，但习得是可能的，最先习得的是汉语里符合 UPP 要求的一类动结式，接下来就是非使役的一类，再就是句法语境使［致使意义］突显的一类，最难习得的是与句法相关的语义原子 CAUSE，或者功能范畴 CAUS 最模糊、最隐晦的句子。而反过来，英语动结式结构相对简单，尽管不那么能产，操汉语的英语学习者对动结式的二语习得相对要容易得多，习得情况也应该符合语义突显层级模式的预测。我们先综述常辉（2011）对外国留学生对汉语致使结构的二语习得，然后提供对 Yuan & Zhao（2010）对操英语的汉语学习者对动结式二语习得研究结果给予语义突显层级模式理论的解释，最后报告英美澳留学生对汉语动结式的二语习得研究。

第二节　美国留学生对汉语致使结构的二语习得

常辉（2011）对留学中国的美国学生的致使结构的二语习得研究给语义突显层级模式提供了证据和支持。他是通过翻译任务考察母语为英语的汉语学习者汉语致使结构的习得。测试句包括 2 个使动句（The news makes me very sad. The teacher lets me read the words），4 个由缀化使役动词构成的形态型致使结构（They have beautified their city. Their job is to purify water. The tiger horrified us. The cat frightened me），以及 2 个由转化使役动词构成的词汇型的致使结构（He angered his father. His decision surprises us）。与张京鱼（2005）相同的是，研究目的和问卷设计都在检验语义突显层级模式的预测性。他的研究结果表明，被试对汉语分析型致使结构的习得较好、较早，但由于他们的汉语水平及学习阶段较低，因此他们对汉语形态型和词汇型致使结构的掌握较差。由于常辉（2011）的研究中的动词也以心理动词为主，学习者的母语（英语）促进了汉语分析型致使结构的习得，但严重阻碍了与由英语心理使役动词构成的致使结构相对应的汉语结构的习得。因此，此研究与 Zhang（2003、2007）、张京鱼等（2004）等对中国学生对英语心理动词的习得研究结果相呼应，给语义突显层级模式提供了进一步的证据。

第三节　汉语动结式习得中句法与和题元
结构重构的不对称性

Yuan & Zhao（2010）和赵杨（2003）考察了汉语使动及其中介语的表征，研究的对象就是操英语的汉语学习者对动结式的二语习得。根据 Yuan & Zhao（2010）的研究，还没有研究关注二语习得中题元结构的重构可能会造成学习时的一个潜在的困难。因此，他们就试图考察母语为英语的人在学习汉语动结复合词中句法和题元关系重构所带来的困难度是否相同。

依据施瓦兹与斯普劳斯（Schwartz & Sprouse 1994，1996）的完全迁移/完全获得（Full transfer/full access）假设，L2 语法的初始状态是 L1 的最终状态，那么操英语的汉语学习者要习得汉语动结式就需要经历句法和题元两个方面的重构。句法上，要从非连续性的结果构式（V+O+XP），转换成连续体的动结式（V−R +O）。也就是他们必须将结果短语从结果述语里分离重构这一结构，目的是在他们的汉语动结式里手段述语（他们称作活动）总是明确地选择结果述语，使动词后的 NP 出现在手段和结果两个述语的右面。在题元关系上，他们必须在汉语动结结构中剔除活动述语受事限制和结果述语的受事限制，重构 L2 汉语语法的题元结构；也就是需要丢弃 L1 中的限制，将新的题元关系融合进他们的汉语结果构式里。他们根据 Huang（1992）和 Embick（2004）分别对汉英动结式的分析，将两个语言之间的在句法和题元之间的差异进行了归纳，如表 6.1：

表 6.1　　　　　　　　英汉动结式句法和题元结构对照

语言	英语	汉语
句法	活动述语选择结果 XP，宾语在其 Spec，结果短语在其核心位置	活动述语直接选择结果述语且两个一起提高到 vP 的核心位置
宾语与活动述语的题元关系	+受事/客体	+/−受事/客体；无关系
宾语与结果述语的题元关系	+受事/客体	+/− 受事/客体；+/− 施事；+/−感事；无关系
主语与结果述语的题元关系	无关系	+/−感事；无关系

他们采用了可接受判断测试，让受试依据 5 分量表（−2 表示完全不接受，−1 表示可能接受，0 表示不确定，+1 表示可能接受，+2 表示完全

接受）对每个句子的可接受性进行判断和标记。Yuan & Zhao 的测试问卷
里句子类型、所选动结复合词如例（1）：

（1）句子类型：

A 类：宾语 NP 是活动和结果述语之受事；A 类其他动词如"打
碎、踢破"：张三压断了李四的尺子。

B 类：宾语 NP 是活动述语的受事，结果述语之施事；B 类其他
动词如"骂哭、逗笑"：张三打哭了李四。

C 类：宾语 NP 是结果述语的受事，与活动述语无题元关系；C
类其他动词如"喊哑、走累"：张三哭湿了手绢。

D 类：宾语 NP 是结果述语的感事，与活动述语无题元关系；D
类其他动词如"吵烦、笑疼"：张三哭烦了李四。

E 类：宾语 NP 是活动的受事，与结果述语无题元关系，而主语
NP 是结果述语的感事；E 类其他动词如"吃腻、学烦"：张三听烦
了那首歌。

Yuan & Zhao 的研究没有考察主语 NP 与活动述语的题元关系的情况，
即在英语里一定是施事，而汉语还可以是致事，如"这瓶酒喝醉了李四"
句子。他们的考察范围限定在有生命有意愿的施事上，也没有考察汉语中
DOR 现象，即没有考察不及物的动结式如"张三走累了，冻病了，笑疯
了"的句子。

动词后的 NP 在题元关系上与手段述语相联系，如 A、B 和 E 类句
子，而在如 C 和 D 类句子的情形下又要将此关系分离。而且，在 A 和 D
类句中，操英语的汉语二语学习者的语法还得学会赋予动结复合词后的
NP 新的题元角色，如结果述语的施事或者感事。此外，他们还得学会结
果述语不必和动词后的 NP 有题元关系，反过来主语可以与结果述语形成
一个题元关系，作为结果述语的感事，如 E 类。

实验结果概述在表 6.2：

表 6.2   **各组对汉语动结式判断的平均值**

组别	A 类（压断）	B 类（打哭）	C 类（哭湿）	D 类（哭烦）	E 类（听烦）
低中组	0.65 **	0.18 **	0.35 *	−0.51 **	0.40 **

续表

组别	A 类（压断）	B 类（打哭）	C 类（哭湿）	D 类（哭烦）	E 类（听烦）
高中组	1.41*	0.36**	0.67*	−0.69**	0.08**
高级组	1.65	−0.61**	0.17**	−0.75**	0.92
母语控制组	2.00	1.79	1.44	1.04	1.64

注： * = 与母语控制组有显著差异 $p < 0.05$；** = 与母语控制组有显著差异 $p < 0.001$。

根据表 6.2 里的结果，各组都接受 A 类，高级组与控制组无差异，说明他们的动结式的句法已成功转换成词汇性的、连续体的。这说明学习者二语语法接受宾语 NP 既是活动述语也是结果述语的受事。这一结果只能是母语的迁移作用，因为英语里就有活动述语受事和结果受事限制。

对 B 类句子的判断二语各组都接近 0，高级组拒绝（−0.61）各组都与母语组有显著差异，高级组对 B 类的判断与对 A 类得判断形成鲜明对照，他们拒绝 B 类的原因是这类句子违反了母语里宾语 NP 须为结果述语的受事的限制，因为 B 类和 A 类句子的句法结果一样，但题元关系不一样。

C 类句子的结果与 B 类相似，尽管二语组都接受，但与母语组都有显著差异。与 A 类相比，其接受程度没有达到门槛水平 1，原因也可能是 C 类题元关系违反了母语里宾语是活动述语受事的限制，而 A 类没有违反。宾语"手绢"与活动述语"哭"没有题元关系，尽管它可以算结果述语"湿"有客事题元关系。

对 D 类句子的判断二语组都是负值，都与控制组存在显著差异，表明他们在剔除基于母语的活动兼结果述语受事的限制上有问题。

二语组对 E 类句子的判断有点与对 A 类的相似，高级组趋于接受这类句子（$M = 0.92$），统计分析也未发现高级组和控制组有显著差异。这一结果出乎意料，尽管"那首歌"是活动述语"听"的客事，而与结果述语"烦"没有任何题元关系。事实上，主语 NP 携带结果述语的感事角色，违反结果述语受事/客事的限制。尽管如此，高级组接受 E 类句子的行为与母语组相似。

以上结果说明操英语的汉语学习者在句法上，接受了汉语的动结结构，而在题元关系上，仍受母语宾语活动述语受事限制宾语结果受事限制。A 类句子题元关系英汉一样，不需要对题元关系的重构。B、C、D 类汉语句都违反英语的受事宾语限制，与预期相符，二语组都不接受，高级组也是如此。B 类句子"张三打哭了李四"中宾语"李四"既是活动述语"打"的受事，又是结果述语"哭"的施事，一身兼两个题元角色，受事和施事，违反了 Chomsky（1981）所提出的题元准则（theta criterion）：

> 题元准则：每一个论语扮演一个题元角色（θ-role），而且一个题元角色只能指派给一个论元。（Chomsky，1981：36）

但是，正像 Wechsler and Noh（2001）指出的英语里题元共享也是可能的，如 The gardener watered the tulips flat（那个园丁浇倒了那些郁金香）中，the tulips 由"浇"指派一个受事角色，又从 flat 得到一个客事角色。当然，正像 Goldberg（1995）以及 Goldberg & Jackendoff（2004）所称的，受事和客事相容，一统（unification）。照这么说，A 类句子中的"李四的尺子"也被指派了两个题元角色，一个是活动述语"压"，一个是结果述语"断"，因此学习者对 B 类句子的拒绝，依据 Yuan & Zhao，不能归因于此类句子里涉及的题元共享，C、D 类句子也如此。C 类句子遵守结果受事限制，但活动受事限制需要被剔除，而且"手绢"应该被允准和活动述语没有题元关系，二语学习者接受这类句子，但接受度与母语组有显著差异，说明题元关系的重构在 L2 汉语语法里是不易的。B、C 类句中的发现在 D 类句中也得到支持。D 类句子违反了活动受事和结果受事两个限制，"李四"不是活动述语"哭"的受事，也不是结果述语"烦"的受事，而是其"感事"，没有一组二语学习者接受此类句子，Yuan & Zhao 将此认定为证据，说明操英语的汉语学习者的汉语语法有困难重构动结式的题元关系。

在 B、C、D 类句子二语学习者重构动结式的题元关系有问题、有困难的发现面前，如何解释高级组学习者对 E 类句子接受？E 类句子遵守活动受事限制，但却违反结果受事的限制，因为"那首歌"与结果述语"烦"没有题元关系，反过来与活动述语"听"有感事的题元关系。尽管如此，高级组接受它们，表现出接近母语控制组的行为。这似乎说明，题元关系的重构在操英语的汉语二语里是可能的，至少是在 E 类句子上。然而，Yuan & Zhao 对操英语的学习者接受 E 类句子更近的检查显示这些学习者的行为很可能是基于他们母语英语的语法，因为英语允许以下的句子例（2）：

（2）a. Peter received the news of his mother's death, utterly shocked.

b. I listened to his endless boasting about himself, completely bored.

在例（2）里，结果述语，utterly shocked 和 completely bored 与各自句中的宾语 the news of his mother's death 和 his endless boasting about himself 没有题元关系，和它们形成题元关系的是各自句子的主语，相对的是 Peter 和 I。从操英语者母语迁移到二语汉语动结式的这样一个题元结构可能使他们的 L2 汉语语法可以接纳像 E 类那样的句子，原因是 E 类句与例（2）里的英语句子享有同样的题元角色。

操英语的汉语学习者在他们的 L2 汉语动结式的句法和题元结构重构中表现出不同和不对称现象。句法结构的重构没有问题，而题元关系的重构很成问题，但 L2 中与 L1 中具有相同题元关系句式是首批学会的，在二语习得中起到积极的作用。这一发现可以应用到汉语作为二语的语言教学，这样可以使我们的教学有的放矢，事半功倍。

第四节　语义突显层级模式对汉语动结式二语习得的解释

Yuan & Zhao（2010）对其结果的讨论没有提及 D 类和 E 类句子的对照：这两类句子的结果述语都是心理动词。D 类句式是致使结构，主语 NP 是致使，宾语 NP 是受事，或者感事，而 E 类句式及物结构，主语 NP 是感事，宾语 NP 是客事，或者受事，非致使的，与汉语的心理动词的典型句式是相同的，只是汉语的心理述语既可称作动词，原因是其后可加动词的完成体标记"了"，也可以叫作形容词，理据是其前可以加副词修饰语"很"如：

（3）a. 张三烦了/很烦。
b. 李四腻了/很腻。

　　与心理述语的一般句式不相同的是，结果述语为表心理状态的动结式增添了致使这一心理状态的手段（M），E 类句子地道的汉语是不及物句式，因为汉语是依靠语境的语言，语境可以填补事件的参与者在语句中省略；如果没有语境提供的背景，地道的汉语是重动句，一般要将 M 部分表述完整，即在动结式之前添加完整的 M，要回答"干啥干烦了"的问题，也就形成了"干啥干烦了"的句式。当然，也可以用一般的及物句式，如例（4）—例（5）：

　　　　（4）a. 张三听烦了。（张三听那首歌听烦了）
　　　　　　 b. 李四吃腻了。（李四吃烤鸭吃腻了）
　　　　　　 c. 王五学烦了。（王五学英文学烦了）
　　　　（5）a. 张三听烦了那首歌。
　　　　　　 b. 李四吃腻了烤鸭。
　　　　　　 c. 王五学烦了英语。

　　我们这样仔细地做语言分析的目的是将其和 D 类句子作对照。R 部分同样是心理述语，但 D 类动结式不及物句式语义上很古怪，如例（6）：

　　　　（6）a. 李四吵烦了。李四吵架吵烦了 = 李四吵烦了架。
　　　　　　 b.#诸葛亮哭烦了。诸葛亮哭周瑜哭烦了 ≠ 诸葛亮哭烦了周瑜。
　　　　　　 c.#/＊王五笑疼了。＊王五笑张三笑疼了。? 王五笑疼了张三。

　　例（6a）可以使用在不及物句式，似乎也可以回答"干啥干烦了"的问题，也可以将"架"置于动结复合词之后，意义不变，但"架"并非一般的 NP，它只和"打、骂、吵"组合，之间还可以加数次"一、二"等，意义和功能等同于英语的频数词"once，twice"等。汉语可以说"李四吵烦了二次"也可以讲"李四吵架吵烦了二次"，但不可以说"李四吵烦了二（次）架"。就是说"架"是"吵"修饰语，而非 NP。例（6b）语义很古怪：诸葛亮哭，哭得自己都烦了，那他一定是被迫地哭，假哭，否则不到他哭烦的时候，他就应该不哭了，因此"诸葛亮哭周瑜哭烦了"可以成立，但这和"诸葛亮哭烦了周瑜"的意义完全不同。例（6c）至少语义古怪，或者根本不合法。或许，它是汉语 DOR 的表现，"王五笑疼了自己"表达"王五笑得自己浑身疼"之意。如果真的如此，"王五笑疼了张三"也应该完全合法，但并非如此。D 类句子动结式的不及物用法的语义古怪性原因出自它们的 M "吵、哭、笑"在简单句式中都是不及物动词，而 E 类句子的 M "听、学、吃"在简单句式中都是及物动词，因此"干啥干烦了"和"干烦啥了"，以及"啥把 X 干烦了"的句式都合法。这两类句子的另一个差异是 E 类宾语 NP 全是无生（命）的名词，而 D 类宾语 NP 全是有生的名词：

（7）a. 李四吵烦了张三。
　　　b. 诸葛亮哭烦了周瑜。
　　　c. 王五笑疼了肚子。

　　细心的读者可能发现例.(7c) 里的宾语 NP "肚子"的有生性值得怀疑，这是 Yuan & Zhao 问卷设计上的一个瑕疵，但这不碍事，因为肚子是王五人体的一部分，用部分指涉整体的转喻在人类语言里比比皆是，"肚子"前加上"自己"可以完全可以，如果加上"张三的"就更妙了，如例（8）：

（8）王五笑疼了张三的肚子。①

　　E 类句子宾语 NP 都是无生的 N，只有主语是有生的，因此心理动词的感事一定是主语，这也符合汉语心理动词简单句典型句式和题元关系。E 类动结式在语义解析上要容易的多，心理结果述语 R 的定义就规定其语义的指向一定是有生的名词，而句子宾语位置上的名词是无生的，结果述语受事限制不可能，而主语 NP 是有生名词，结果述语的唯一语义指向，表达现实世界的真实有意义事件，因此接受度高。这一结果是 Zhang （2007）根据对英语词汇使役动词词汇化分析发现的与有生

---

　　①　这句和"王五笑疼了肚子"及"王五笑弯了腰"都是汉语的习惯表达，"肚子笑疼了和腰笑弯了"也是如此。"王五笑疼/弯了张三"从转喻的角度看，完全合法，只是表达不够形象，人们不这么说罢了。

性相关的语义突显层级有生性假设（Semantic Salience Hierarchy with Animacy）所预测的零位使因的语义突显层级与致使结构的习得有密切的关系，Zhang（2007）的与名词有生性相关的语义突显层级就预测零位使因给习得所构成的难度在例（9a）要比在例（9b）大得多，因此例（9b）可接受性要显著地高于例（9a）的，习得也在先、在前。实证的结果证实了此预测的正确性。

(9) a. John worries his mother. 张三使其母亲很担心。
b. John's behavior worries his mother. 张三的行为使其母亲很担心。

同样，Zhang 的有生性假设也预测 D 类动结式句子因为主语和宾语都是有生的名词，句式里触发词根移位的轻动词 v，或者功能语义原子 CAUSE 要比 E 类只涉及一个有生名词的句子隐秘的，当然 E 类句子是及物句，非致使句式，有所不同。但 E 类句子动结复合词完全可以出现在致使句式里，我们把主语和宾语颠倒一下便可以（更地道的汉语句式是"把"字句），如例（10）：

(10) a. 这首歌听烦了张三。（那首歌把张三听烦了）
b. 烤鸭吃腻了李四。（烤鸭把张三吃腻了）
c. 英语学烦了王五。（英语把王五学烦了）

(10) 的句式与英语的词汇使役心理动词的句式和语序一样，感事出现在宾语的位置，而致事是无生的名词。可惜的是赵杨（2006）和 Yuan & Zhao（2010）的问卷中没有设计这类句式。而 D 类句子都是致使句式，和及物句式同形但不同质，就和英语的例（11）一样：

(11) a. John Likes Mary. 约翰喜欢玛丽。
b. Mary pleases John. 玛丽令张三很高兴。

由于主语和宾语都是有生的名词，动结式结果述语的语义既可指向宾语也可指向主语，而正如上文分析的，指向主语，会违反语义选择限制，出现怪异；指向宾语，而宾语又和 M "哭" 建立不了任何题元关系，而 "烦" 在现代汉语里，除了 "烦人"，"别烦 X 了" 古汉语的残留外，是没有致使之意，如例（2），在没有习得汉语动结式的题元关系是句法结构语境指派或者之前，英语的动词统一投射属性（UPP）的约束都会导致此类句式语义上的崩塌，因此他们才会拒绝。

原来 Yuan & Zhao 的 C 类句子只涉及可让渡的关系。我们考虑到可让渡性可能与英语为母语的汉语动结式的二语习得有关，原因自然还是英语的 UPP 特征要求英语中宾语必须是动词的客体或者受事。领属关系分两种：不可让渡的领属关系（unalienable possession）和可让渡的领属关系（alienable possession）。前者指身体部位和亲属关系，后者指其他领有物。不可让渡的领属关系中身体部位或器官与主体（施事）之间是部分与整体的关系，如例（12b），因此我们把它称作借喻人（metonymic human/human by metonymy，Zhang，2015）的关系，如例（12）：

（12）a. 张三哭湿了手绢。(手绢和张三是可让渡关系)
　　　b. 张三哭红了眼睛。(眼睛和张三是不可让渡关系)

我们觉得英语为母语的学习者对 C 类句的不接受性可能与其可让渡领属关系有关，因此我们假设可能对不可让渡的领属关系的句子会好于可让渡的。

因此本研究的假设，除 Yuan & Zhao（2010）的假设外还有如下的：

假设 1：致事类动结式会难于施事式动结式；
假设 2：有生致事动结句会难于无生致事动结句；
假设 3：C 类句不可让渡领属关系会比可让渡领属关系更准确。

第五节　实证研究

一　受试实验结果

本书的受试是 23 位来自英国、美国和澳大利亚的在陕西师范大学国际汉学院的留学生。他们的年龄在 20—28 岁之间，平均年龄 23.8 岁。他们在华生活和学习半个月以上。母语控制组有 30 名西安科技大学的非英语专业的大二学生组成。

二　实验工具

实验工具有二，汉语水平测试和句子可接受性测试。绝大部分问卷是用汉语简写字体书写，有两份汉语拼音问卷。汉语水平测试我们使用赵杨（2006）的问卷。该问卷由两小段完形填空试题组成。两段小文中由 25 个空，每个空要求受试按语境填一个汉字。

句子可接受测试问卷：我们扩展了 Yuan & Zhao（2010）和赵扬（2009）测试句子，即在他们问卷的基础上增添了我们要考察的句子。我们的问卷由 96 个句子组成，增加了对应的"把"字句，并引入了主语和宾语的可让渡性，以及主语有生性等变量。各类句子类型例句见表 6.3，我们的排列是按主语名词的题元角色进行的：

表 6.3　　　　　　　　　　**句子可接受性测试中的句子类型**

类型	主语/外元题元角色	例句
A	施事	张三压断了李四的尺子
B	施事	张三打哭了李四
C	可让渡施事	张三哭湿了手绢
	可让渡致事	妈妈的葬礼哭湿了珍妮的手绢（定语施事）
	不可让渡施事	张三哭红了眼睛
	不可让渡致事	这件事哭红了张三的眼睛（定语施事）
D	施事 & 致事	刘备哭烦了周瑜（宾语是感事）
E	施事 & 感事	张三听烦了那首歌
F	致事	这首歌听烦了张三（宾语是施事 & 感事）
G	有生致事	地主累病了几个民工
	无生致事	农活累病了几个民工
H	致事 & 受事	那些排骨砍钝了两把刀（隐性施事，宾语工具）

我们的句子可接受性测试的量表也是 5 点标尺，同 Yuan & Zhao（2010）。

三 实验步骤

实验是付费的。由一英语为母语的印度籍学生收发问卷。受试在空闲时间完成，无时间限制。两个问卷也没有时间顺序上的指示。母语控制组是在英语课堂上进行的，他们所花时间在 20 分钟左右。

第六节 结果

一 整体结果

我们对二语受试组和母语控制组的各个句子类型的接受数据进行了独立 t 检验测试，描述性结果概述于表 6.4，推断性结果概述于表 6.5。表中的数据不含对应"把"字句的数据，仅为 SVO 主谓宾式句子的数据。表 6.4 中的黑体以二语受试组接受率低于 0.5 门槛值为限，表示习得有问题，接受率低的句子类型。表 6.5 的黑体仅表示方差方程的 Levene 检验假设方差相等的情况，其余都是假设方差不相等的情况。

表 6.4　　　受试各类句子可接受性判断对比描述性结果

句子类型–主语题元角色	受试组别	N	均值	标准差	均值的标准误
A–施事	母语控制组	30	1.911	0.276	0.050
	二语组	23	1.029	0.803	0.168
B–施事	母语控制组	30	1.900	0.199	0.036
	二语组	23	1.145	0.642	0.134
C–可让渡施事	母语控制组	30	1.811	0.299	0.055
	二语组	**23**	**0.435**	**0.699**	**0.146**
C–可让渡致事	母语控制组	30	1.828	0.259	0.047
	二语组	**23**	**0.203**	**0.815**	**0.170**
C–不可让渡施事	母语控制组	30	1.344	0.406	0.074
	二语组	23	0.942	0.686	0.143
C–不可让渡致事	母语控制组	30	1.622	0.485	0.089
	二语组	23	0.986	0.615	0.128

续表

句子类型-主语题元角色	受试组别	N	均值	标准差	均值的标准误
D-施事 & 致事	母语控制组	30	1.356	0.487	0.089
	二语组	**23**	**0.217**	**0.749**	**0.156**
E-施事 & 感事	母语控制组	30	1.856	0.312	0.057
	二语组	23	1.159	0.610	0.127
F-致事	母语控制组	30	0.956	0.399	0.073
	二语组	**23**	**−0.536**	**0.968**	**0.202**
G-有生致事	母语控制组	30	1.556	0.364	0.067
	二语组	**23**	**0.029**	**0.460**	**0.096**
G-无生致事	母语控制组	30	1.867	0.225	0.041
	二语组	23	0.826	1.039	0.217
H-受事 & 致事	母语控制组	30	1.189	0.408	0.074
	二语组	**23**	**0.130**	**0.702**	**0.146**

表 6.5　　二语受试组和母语控制组各类句子可接受性判断 t 检验结果

句子类型-主语题元角色	F	p	t	df	p	均值差值
A-施事	14.334	0.000	5.042	25.996	0.000	0.882
B-施事	20.976	0.000	5.443	25.243	0.000	0.755
C-可让渡施事	18.832	0.000	8.837	28.185	0.000	1.376
C-不可让渡致事	11.171	0.002	9.231	25.249	0.000	1.625
C-可让渡施事	12.580	0.001	2.710	33.015	0.011	0.434
C-不可让渡致事	1.453	0.234	4.214	51	0.000	0.637
D-施事 & 致事	7.464	0.009	6.331	35.703	0.000	1.138
E-施事 & 感事	17.215	0.000	4.994	30.750	0.000	0.696
F-致事	25.037	0.000	6.954	27.737	0.000	1.492
G-有生致事	0.265	0.609	13.493	51	0.000	1.527
G-无生致事	24.652	0.000	6.954	27.737	0.000	1.492
H-受事 & 致事	4.132	0.047	6.448	33.173	0.000	1.058

　　如表 6.5 所示，两组受试的 t 检验结果都有显著差异。而表 6.4 中的黑体句子类型表明二语习得者还没有过 0.5 门槛值的句子类型，它们分别

是 C 类可让渡施事、C 类可让渡臻事、D 类施事 & 致事、F 类致事、G 类有生致事和 H 类受事 & 致事句子。Yuan & Zhao（2010）没有考察 C 类句子的可让渡性，F 类致事句，G 类致事句和 H 类致事句。我们的研究结果表明 A、B 类施事句子和 E 类句子学习都没有问题，有问题的是 C 类施事句和 D 为施事句。

二　C 类主语和宾语可让渡领属关系

由于受事对原来 Yuan & Zhao 的 C 类句接受率在 0.5 的门槛值之下，我们对这类句子的个体动词进行了个案分析，同时我们与对应的"把"字句结果也作一对照。"把"字句是汉语致使结构的主要形式，与它对照可以确保学生明白各语句的意义，如例（13）：

> （13）a. 妈妈的葬礼上，张三哭湿了手绢。（SVO）
> 　　　a'妈妈的葬礼上，张三把手绢哭湿了。（"把"字句）
> 　　　b. 妈妈的葬礼哭湿了珍妮的手帕。（SVO）
> 　　　b'妈妈的葬礼把珍妮的手帕哭湿了。（"把"字句）

动词个体结果概述于表 6.6：

表 6.6　　　　　二语受试 C–主语施事可让渡性类型 SVO 和
"把"字句句子个体动词结果

C 类句主-宾语可让渡性	平均值	哭湿		跑烂		写秃	
施事 SVO	0.435*	0.739	(0.864)	**1.261**	(0.864)	-0.696*	(1.396)
施事 "把" 字句	1.000*	0.783	(0.778)	**1.174**	(0.636)	1.043*	(0.955)
致事 SVO	0.203	-0.043	(1.551)	**0.957**	(1.065)	-0.304	(1.295)
致事 "把" 字句	0.246	-0.391	(1.206)	**1.13**	(1.034)	0	(1.383)

注：表中数值无括弧为均值，括弧内数值为标准差；　*$p<0.05$ 有显著差异。

如表 6.6 所示，C 类主语宾语可让渡领属关系主语施事句 SVO 句和"把"字句有显著差异，"把"字句好于 SVO 句，而主语致事句 SVO 和"把"字句之间没有差异。在主语施事和致事句中，"写秃"的 SVO 句二语学习者都是拒绝的，而施事"把"字句是接受的，且均值为 1.043，致事句为 0 不确定。三个动词中"跑烂"施事和致事接受都没有问题。"哭湿"施事句 SVO 和"把"字句都超过了 0.5 门槛值，而致事句的 SVO 基本是不确定（-0.043），"把"字句趋于拒绝（M=-0.391）。致事句习得低于施事句，但两者 SVO 句没有显著差异。这一动词个体结果表明二语学习过程中可能存在基于用法（Usage-based）的习得情况。

三　D 类句子的动词个体结果

我们对 D 类句子的三个动词的 SVO 和"把"字句也进行了配对 t 检验，检验结果概述在表 6.7：

表 6.7　　　　　　　　　D 类句子的动词个案分析结果

D 施事	平均值	哭烦		唱烦		吵烦	
SVO	0.217 **	−0.217	(1.347)	0.174	(1.527)	0.696 *	(1.020)
"把"字句	0.899 **	0.565	(1.080)	0.783	(1.085)	1.348 *	(0.714)

注：表中数值无括弧为均值，括弧内数值为标准差；* $p<0.05$，** $p<0.001$ 有显著差异。

如表 6.7 所示，三个动词的"把"字句的接受率明显高于对应的 SVO 句式的（$p<0.001$）。不论是 SVO 句式还是"把"字句接受性递增顺序都是哭烦→唱烦→吵烦。我们在讨论中回到这个议题。

四　致事的有生性差异

致事句涉及致事的有生性 E 和 F 句外，我们所增加的 C 句和 G 类都涉及致事的有生性问题。我们对 C 类可让渡致事和施事句以及 G 类有生致事和无生致事句都进行了配对 t-检验，结果概述于表 6.8：

表 6.8　　　C 类可让渡性致事和施事以及 G 类有生致事和无生致事的对比结果

句子类型	主语	均值	标准差	均值差	t	df	p
C-可让渡	施事	0.435	0.699	0.232	0.992	22	0.332
	致事	0.203	0.815				
C-不可让渡	施事	0.942	0.686	−0.043	−0.207	22	0.838
	致事	0.986	0.615				
G-致事	有生	0.029	0.460	−0.797	−3.753	22	0.001
	无生	0.826	1.039				

如表 6.8 所示，二语学习者只在 G-致事句的有生和无生致事两类句

子的接受性都有显著差异，表现出对无生致事的偏爱，为语义突显层级模式的有生性假设预测提供直接证据。而 C 类致事和施事不论主语和宾语是领属关系可让渡性上无差异，但受试还是接受不可让渡的施事和致事句，对可让渡的致事和施事句只是趋于接受。

五　H 类隐性重动句的致事性

H 类句子主语致事句比较特别，主语 NP1 是活动述语的受事或者客体又是整体 MR 的致事，而 NP2 是活动述语的工具，或无题元关系，这类句子其实是隐性的重动句，如（14）：

（14）（隐性施事 V）NP1 VR NP2
  a.（张三 砍）那些排骨砍钝了两把刀。
  b.（张三 擦）那几扇窗户擦脏了三块抹布。
  c.（张三 洗）衣服洗湿了一双鞋。

H 类受事 & 致事主语句的动词个体结果概述于表 6.9：

表 6.9　H 类（受事 & 致事主语）动词个案 SVO 和 "把" 字句对比结果

H 受事 & 致事	平均值	砍钝		擦脏		洗湿	
SVO	0.130	0.870*	(1.392)	0.304	(1.146)	−0.783**	(1.126)
"把" 字句	0.377	−0.174*	(1.072)	0.652	(0.885)	0.652**	(0.935)

注：表中数值无括弧为均值，括弧内数值为标准差；* $p<0.05$，** $p<0.001$ 有显著差异。

如表 6.9 所示，三个动词是有 "擦脏" SVO 和 "把" 字句是正值，"把" 字句接受率高于 SVO 句，SVO 句没有到 0.5 的门槛值。"洗湿" 和 "砍钝" SVO 和 "把" 字句之间有显著差异，二语习得者接受 "洗湿" "把" 字句，却拒绝其 SVO 句；接受 "砍钝" 的 SVO 句，却趋于拒绝其 "把" 字句。H 类受事 & 致事句的接受率都在 0.5 的门槛值之下，表明学习较困难。三个动词个体结果不一，也显示基于用法的习得现象。

第七节　讨论

在汉语动结式结构中主语外元都是 VOICE 引入的，小 v 负责引入致使事件，习得中表现出基于宾语的习得机制向基于主语的习得机制转换的倾向。我们的安排是基于动结式都是致使性的，致事是 VOICE 引入的，而致使是小 v 句法框架产生的。因此，我们句子分类与 Yuan & Zhao 按宾语的题元角色分类不同，我们是按照主语外元的题元角色来排列的。与 Yuan & Zhao （2010） 结果相同，A 类和 E 类句子接受率较高，习得没有问题。我们的受试对 B 类习得也没有问题，接受率都在 1 以上。Yuan & Zhao （2010） 只考察主语为施事的动结结构，我们添加了致使动结结构 F，E 类施事 & 感事的致事对应句 F，二语受试组的习得顺序与我们语义突显层级模式的预测相符：施事好于致事及施事 & 致事共享，后者好于致事，图解为例 （15）：

　　（15） 施事 > 施事和致事 　> 致事
　　1 （A，B，E） 0. 435 （C） >0. 435 （C） 0. 217 （D） > − 0. 536 （F）

　　A，B，E 句的主语都是 MR 的外元，是 M/V 的施事，而宾语是 MR 整体或者 M 的客体/受事 （A/B），或者是 R 的施事 （B）；E 类句子主语是 M 的施事，R 的感事，而宾语是 M 的客体/受事。宾语都满足英语的内元客体/受事性，因此习得的顺序与母语 UPP 特征要求一致。

　　C 类施事句的宾语涉及可让渡性，主语是 M 的施事，是 MR 的致事，因此，外元涉及题元共享：施事 & 致事。其宾语是 R 的受事，而宾语和主语施事无题元关系，也不存在不可让渡性，即 "手绢" 并非施事的一部分。

　　D 类动词主语是 M 的施事，是 MR 的致事，也涉及题元共享：施事 & 致事；宾语是 R 或者 MR 的感事。由于汉语感事极少在内元位置，尽管英语宾语感事 （OE） 动词很多，感事处于宾语内元位置，可能语言输入的正面证据使学习者认为汉语和英语心理事件的表达有别。

　　F 类句子是 E 类句子的主语和宾语的颠倒，主语位置是无生命的 "这首歌"，原来是 MR 的受事/客体，现在是外元位置，变成了致事。宾语变成了隐性的施事和感事，施事 & 感事在宾语内元位置共享非常离奇，它在 D 类句涉及宾语感事语言差异基础上，由增加了 "这首歌使人听而且使其烦" 的解释，与人们世界百科知识不符，因此拒绝最大，习得最难。

　　英语为母语的汉语二语学习者由于其母语的 UPP 特征，SVO 句式要求动词的宾语内元是动词的客体/受事，他们汉语动结式语法构式的习得是从这里开始的。这符合 Schwartz & Sprouse（1994，1996）的完全迁移/完全获得（Full transfer/full access）假设的预测，L2 语法的初始状态是 L1 的最终状态，那么操英语的汉语学习者习得汉语动结式时依据母语的 UPP 特性重构汉语动结式的题元关系。

　　我们再来看我们添加的其他语句的习得情况是否支持我们语义突显层级模式的预测。我们新加了 G 类和 H 类主语致事句。G 类还分为有生致事和无生致事。H 类致事句主语是受事 & 致事题元共享，如"这些排骨"在"这些排骨砍钝了两把刀"里是 M 砍的受事/客体，因为它处于外元位置，又是 MR 的致事。我们将这三个句子纳入原来的 6 类句子，9 类句子接受判断的数据的单因素方差分析 Scheffe 多重比较形成 4 个同类子集，结果见表 6.10，句子排列顺序按均值从小到大依次排列：

表 6.10　　9 类句子均值 Scheffe 多重比较同类子集结果（α<0.05）

子集	1	2	3	4
句子类型	F, G+A, H, D	G+A, H, D, C, G−A	D, C, G−A, A	C, G−A, A, B, E

注：A 是 Animate 有生的缩写，G+A 为 G 类有生致事，G−A 为 G 类无生致事。

　　如表 6.10 所示，四个子集中有不少句子在两到三个子集出现，我们去掉 2 和 3 子集，9 类句子习得明显分裂为两个格局或者阵营，具体图式为（16）：

　　　　（16）F，G+A，H，D　　　　　C，G−A，A，B，E
　　致事/有生施事/受事 & 致事/施事 & 致事< 施事 & 致事/无生致事/施事/施事 & 感事

　　从例（16）中不难发现两个子集中差异最小的 D 和 C 在例（15）处于同一个阵营，均值都在 0 以上，0.5 门槛值以下，主语外元都是施事和致事共享。习得有困难的都是致事句，包括有生致事，受事和致事，施事和致事共享。习得较容易的是施事句和无生致事句。致事句中无生致事好于有生致事句，即 G+A < G−A，为我们的语义突显层级模式理论中的有生性假设提供了直接的证据。

　　介于习得格局中间的 C 类和 D 类动词值得详细的讨论。我们研究结果发现受试对 C 类不同句子的接受性与宾语名词与主语名词的领属关系有关：施事句和致事句中不可让渡的领属关系好于可让渡的关系（均值对比分别是 0.942>0.435 和 0.986>0.203）。不可让渡的领属关系使隐性的施事或者致事题元关系更突显，使事件中语义关系更明了，如例（17）和例（18）的对比：

　　（17）哭→眼泪→眼睛；喊→声音→嗓子；（大而长）笑→面部/腹部肌肉→肚子；

　　　　　　哭→眼睛红；喊→嗓子哑；（大而长）笑→肚子疼（腹部肌肉痉挛）

　　（18）哭→眼泪→手绢；跑→光脚/穿鞋；写→用钢笔/毛笔（工具）

　　　　　　哭→?手绢湿了；跑→?鞋烂了；写→?钢笔秃了；

　　主语和宾语不可让渡关系句致事和施事句的接受都接近 1。致事和施事句之间没有差异如何解释？致事句"这件事哭红了张三的眼睛"中的宾语前有定语"张三"张三是这个致使事件的隐性施事，"这件事"在句中是"致事"，在这句话的语义解读"由于/因为这件事，张三哭红了眼睛"或者"这件事让张三哭红了眼睛"中所扮演的角色非常清楚，因此和施事句"张三哭红了眼睛"没有区别。而在"张三哭红了眼睛"中眼睛虽然不是哭的受事/客体，却是红的受事/客体，因此也没有违反母语 UPP 特征，因此，习得问题也不大。

　　D 类致事句与标记理论：D 类动词的主语是施事 & 致事，而宾语是 R 或者 MR 的感事。不论是典型的 SVO 句式还是"把"字句接受性递增顺序都是哭烦→唱烦→吵烦。在这一学习顺序中，"吵烦"好于"哭烦"和"唱烦"似乎和日常生活经历频率有关系。"吵"和"烦"更匹配；"哭"和"悲伤"和"怜惜"联系更紧；"唱"和"快乐"和"开心"更容易联系在一起。也就是说，"吵烦"是常见的没有标记的情况，而"哭烦"和"唱烦"是特殊的，有标记的情况。对于"哭烦"和"唱烦"之间的差异我们没有解释，两个都涉及"过多"的地步，只是前者似乎有"爱哭"的习性，才会使别人烦。

我们将 G 类致事句分解为有生致事和无生致事两类以验证语义突显层级模式有生性假设："致使"在无生致事句中比在有生致事中更突显，因此无生致事句比有生致事句习得接受率更高。本研究为此假设提供了直接证据：有生致事（M＝0）＜ 无生致事（M ＝ 0.826）。这些无生致事句接受如此高的原因有二：原因一是汉语动结式的 M 是词汇使役形式：饿＝使 Y 饿，累＝使 Y 累，醒＝使 Y 醒。原因二是 MR 动结式的宾语是感事 & 受事，满足英语的 UPP 特征要求，如"农活累病了几个民工"中"累病"＝"农活使几个民工累病了"的意义。这一题元重构的路径也是依据母语语言参数进行的，是一种深层次的母语迁移表现。

第八节　结论和对教学的启示

本书在语义突显层级模式理论框架下分析了汉语致使结构二语习得研究（常辉，2011）和动结式二语习得（Yuan & Zhao，2010），前者的研究选用心理动词和缀合使役动词，对语义突显层级模式理论提供了支持；而后者中出乎研究者预料之外的结果在语义突显层级模式理论下得到了更合理的支持，显示了该理论的解释力。语义突显层级模式准确地预测了致使结构的二语习得。我们对高级水平的英美澳留学生汉语动结式进行了句子可接受测试，结果稍微与 Yuan & Zhao（2010）的有所不同。Yuan & Zhao 发现他们的受试题元关系的重构很成问题，仅 A 和 E 类句子在 0.5 的门槛值以上，而我们发现 B 和 C 类句子的不可让渡对应句习得也没有问题，但 L2 中与 L1 中具有相同题元关系句式是首批学会的结论是一致的。我们还发现他们接受不涉及句法致使的动结式（如张三打哭了李四，王五听烦了这首歌），拒绝含有句法致使句子（如这首歌听烦了王五）。主语和宾语的领属关系在动结式习得中也有作用。二语习得者接受不可让渡的和不可让渡的施事句和致事句，却不愿接受可让渡的施事句和致事句。这说明句法致使是可以习得的，因为他们接受像"这件事哭红了翠花的眼睛"的句法致使句。题元分离和题元共享在习得中都不成问题，但留学生仍然依赖活动和结果动词来重构其题元关系，而非依据句法语境。

汉语动结式的二语习得是句法致使的敏感度问题，是一个基于主语的习得机制。汉语致使句中，主语由 VOICE 引入，题元角色为施事或者致事。二语习得的基本顺序是先施事后致事，因为施事与英语致使句相同。句法致使的习得和有生性层级有密切关系，支持语义突显层级模式的预测。我们在施事和致事类动结式的习得研究中，同样发现 L2 中与 L1 中具有相同题元关系句式是首批学会的，即学生还是依据母语中 UPP 特征构建汉语动结式的论元和语义关系，这是我们称作深度的母语迁移的正面作用，为完全迁移/完全获得假设提供了证据。这一发现应该对汉语作为二语的语言教学有重大启示。我们对汉语致使结果的教学要做到有的放矢，事半功倍，必须使学生了解汉语和英语致使结构上的参数性差异。教学的安排和讲解先从两种语言相同的施事动结式开始，逐渐向致事句过渡，如先 A，B，E，后 F，G，H。就 C 类句而言，从含不可让渡的领属关系致使句向含可让渡的领属关系的致使句扩展。致事句从无生致事句向有生致事句蔓延，如先 G-A，后 G+A。

第七章

英语结果构式的二语习得

第一节　引言

　　本章将讨论中国学生对英语结果构式的二语习得。在了解了英汉动结式的参数差异基础上，考察语义突显层级模式在动结式二语习得中的预测作用就成为可能。宏观地讲，缺乏 UPP，汉语动结式结构要比英语结果构式结构复杂得多，而由于有 UPP 特征，英语结果构式结构相对简单，汉英动结式存在超集–子集关系。再者，英语结果构式与汉语动结式相较不那么能产，操汉语的英语学习者对结果构式的二语习得相对要容易得多，习得情况也应该符合语义突显层级模式的预测。

第二节　语义突显层级模式与英语结果
构式的二语习得研究

　　如前文所述，英语结果构式基本上是一个线性的结构 V+O+R，或者活动述语 + 宾语 + 结果述语。我们借鉴 Embick（2004）对英语结果次要述语的句法结构分析。Embick 在其"英语结果分词的结构"一文中分析了像"the metal is hammered/flattened"中如 hammered/flattened 一样的指涉起因于一个先前事件的状态的分词。传统意义上分词二分为的动词被动式（verbal passives）和形容词被动式（adjectival passives）。它们的区分其实是体态词素 Asp 粘贴在 v 之上，还是直接粘贴在词根短语上。动词被动式的结构如（1）：体态短语 AspP 和词根短语$\sqrt{\ }$RootP 之间有个 vP， v 的［AG］特征①赋予其事件性的解读。

(1) 动词被动式 (verbal passives)

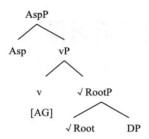

结果式的结构如例 (2)，与例 (1) 很相似，只是例 (2) 中的 v 的特征只是［FIENT］，为 fentive 的缩写，义同 inchoative 表起动。根据 Embick，［FIENT］特征指涉一个向另一个状态移动的过度事件 (transition event)：

(2) 结果式 (resultative)

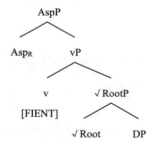

结果分词的结构有三大特点：

(1) Asp$_R$总是携带以［FIENT］为中心词的补足语；

(2) v［FIENT］总是携带一个状态补足语；

(3) v［FIENT］允准方式副词并给予状态变化之释解。

v［FIENT］在去形容词化的动词上表现为使役词缀–en，因此，从例 (3) 中可以看到在形态学上的 fientive (inchoative 起动) 中心词：

（3）flat-en -ed

　　rootFIENT Asp

Embick（2004）用结果分词的结构例（4）来解释去形容词化的动词和结果次要谓词的结构，因为这两个的结构都涉及以 v［FIENT］为中心词的 vP：

（4）英语结果构式的结构

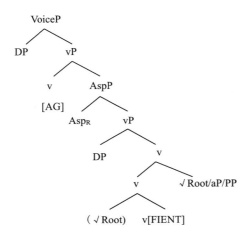

英语中在致使事件中的施事性解读与 v 上的［AG］特征有关。汉语中在致使事件中的致使性/施事性解读与 v 上的［CAUS］／［AG］特征有关。Embick（2004）对英语结果分词、去形容词化的动词和结果次要述语的统一句法解释归结于一个统一子成分，即包含一个以 v［FIENT］为中心词的 vP 的结构。这一结构将英语结果构式的解释收编其中，详情如下：

Simpson（1983）指出结果述语的控制项是活动述语的宾语 NP，不论它是像例（5a/b）及物动词的表层宾语，还是像被动句例（5c）和非宾格动词例（5d）的深层宾语，还是如例（5e）中宾语是一个假自反代词：

（5）a. The smith$_j$ pounded/hammered ［the metal$_i$ flat$_{i/ *j}$］. 及物结

构/结果构式

    b. The smith$_j$ flattened ［the metal$_i$］. 及物结构

    c. The metal$_i$ was pounded/hammered ［e$_i$flat$_i$］被动句

    d. The bottle$_i$ broke ［e$_i$open$_i$］. 非宾格结构

    e. The kids$_i$ laughed ［themselves$_i$ hoarse$_i$］. 作格动词/结构

    Levin & Rappaport（1995）把这一发现称作直接宾语限定条件（Direct Object Restriction，缩写为 DOR）。Rappaport Hovav & Levin（2001）指出 DOR 的动因来自及物和不及物结果构式。DOR 是说结果次要述语只能以宾语为其语义指向，而非主语或者间接宾语。Embick（2004）提出 DOR 的限制是源自 v［FIENT］结构的一个条件例（6）：

    （6）v［FIENT］特征之条件：

    v［FIENT］的补语述说的必须是在 v［FIENT］标定语位置上的一个 DP 或者 NP。

    这一条件强制 v［FIENT］在其紧邻位置，即其标定语位置，拥有一个 DP/NP 论元的要求将 DOR 效应纳入其中。

    因此，对英语结果构式的二语习得涉及对例（4）结构的习得。在例（4）里，上面的 vP 表述的致使事件，下面的 vP 表达的是结果事件。在致使事件中关键是致使（CAUS），而结果事件的核心是 v［FIENT］，它要求其标定语位置必须有一个 DP 或者 NP，它上移到 v［AG］的位置。

    由于英语结果构式中致使事件表达的动词既有及物动词，也有不及物动词，而前者为词汇使役形式，因此对英语结构构式的二语习得也可以纳入语义突显层级模式假说的理论框架下解释。再者，结构构式的出现频率远低于典型的主谓结构，尽管它的线性分离表述与汉语动结复合式相异，意义表述更清晰，但我们语义突显层级模式预测结果构式（下称动结式）的习得也会差于使动句的。

    本书是在语义突显层级模式假说的理论框架下进行的。实验采用了可接受性判断测试考察来自三个不同层次英语水平的 95 名中国大学生对英语动结构式、典型结果句式和使动句的习得情况。由于英汉语都有结果构式，而且结果构式有形式上的异同，在中国学生对英语结果构式的二语习得中无疑会收到母语结果构式的影响，因此本书也兼考察习得中的母语迁移问题。汉语动结式要比英语动结式复杂得多，MR 或者 VR 复合词构式整体也可以投射论元，因此汉英动结式构成一个超集和子集关系。子集原则（Wexler & Manzini，1987）是第一语言的学习原则，它指出学习者往往以子集语法规则为起点，先构建比较保守的语法；之后，在正面证据的作用下，逐渐接纳超集中的语法规则。怀特（White，1989）认为，如果母语和二语语法之间存在超集/子集的关系，对二语习得也会有一定的影响。White（1991）将这方面的影响分两种情况。第一种情况，母语语法是子集，二语语法是超集，二语输入中的正面证据能够促使中介语语法重新设定参数，使之与二语语法相一致。第二种情况，母语语法是超集，二语语法是子集，由于母语迁移的影响，学习者往往首先采用超集的语法结构和规则。本研究的母语迁移就是对二语习得中子集原则的考察。

研究假设：我们依据语义突显层级模式理论的预测，提出以下四个假设：

假设 1：中国学生对典型结果句式的接受会比动结构式的更准确；

假设 2：中国学生对使动句的接受率会比对动结构式的更准确；

假设 3：中国学生对词汇使役形式的接受准确率会优于或者等于对动结构式的；

假设 4：中国学生会 V + XP DP/NP 的接受率会比对动结构式的更准确。

假设提出的理据：假设 1 的理据：我们的语义突显层级模式只涉及单句的动词论元结构，没有涉及因果复句（不论是并列还是主从关系）的预测。因此，我们首先需要解释典型结果句式在我们语义突显层级模式中的身份和选择的理据和动因。结果构式的语言学研究最初出自韩礼德（Halliday1967）的例（7），Rappaport Hovav & Levin（1998）将动结式的事件结构图解为例（8）：

（7）He painted the door green. （Halliday，1967：63）

（8）Event structure 事件结构

Subevent$_{Causing}$ 致使子事件　　Subevent$_{Result}$ 结果子事件

例（7）在其他语言里对应形式可以解释为例（9），如汉语的对应表达是"他把那个门漆成了绿色"，完全相应的动结复合式不合法（＊他漆绿了那个门）：

　　　　（9）He painted the door and as a result the door became green.

像例（9）的句子就是我们的典型因果句式，整句是一个并列复合句，前句为因，后句为果，中间还有连结短语 as a result（结果），因果事件分离，因果关系更清晰。我们选择典型的结果句式用意有二，一是作为相应动结式的释解，二是通过它能检查学生对英语对应动结构式的理解和习得做一致性检验。典型式因果子事件分离表达，尤其是致使子事件的"致使"表达呈显性。英语动结构式 M 方式和 R 结果也是分离的，但 M 具有词汇使役的形式，及其"致使"呈隐性。因此，我们预测中国学生对典型结果句式的接受会比动结构式的更准确。需要指出的是本假设是辅助性的，因为我们的语义突显层级模式不直接针对因果复句。

假设 2 和假设 3 的理据是动结构式中都涉及词汇使役动词，词汇使役动词中的"致使"词素是隐性的，而使动句中的致使是显性的"make/cause"动词；再者，动结构式的线性分离表述与汉语动结复合式相异，意义表述更清晰，我们语义突显层级模式预测动结构式（下称动结式）的习得也会差于使动句，而与词汇使役形式相当。假设 4 检测母语迁移的影响。

第三节　实验

一　受试

我们的受试是 95 位在校大学生：30 名陕西教育学院数学专业一年级学生，31 名培华学院英语专业二年级学生，34 位陕西师范大学英语专业三年级学生。在我们的实验里，每位受试都一个完形填空水平测试。在二语习得文献里，完形填空是一个可靠的测量学生水平的测试（Fotos，1991），三组学生英语水平有显著差异，表 7.1 里是受试英语水平测试成绩和年龄均值：

表 7.1　　　　　　　　　　受试英语水平测试成绩和年龄均值

受试	N	水平测试 成绩			年龄		
		Mean	最低分	最高分	Mean	最小	最大
低中组	30	38. 13	20	60	19. 23	18	21
中级组	31	57. 55	36	80	20. 16	18	21
高级组	34	87. 76	80	100	20. 82	19	23

二　实验工具

我们实验的工具是这本书里经常使用的句子可接受性判断。我们报告的这个研究是致使结构研究的一部分，问卷共有 80 个句子。我们将根据所测试的假设来陈述这些句子的设计。

我们的句子类型主要有四类：动结式、典型的结果复句（下称典型式），使动句和错误句干扰项，如例（10）和例（11）。其中，典型式的致使关系是通过句子把两个事件联系起来的因果关系，不是动结结构。

（10）动结式：The gardener watered the flowers flat.

典型式：The gardener watered the flowers too much that they became flat.

使动句：The gardener made the ground wet by watering the flowers.

错句干扰项：＊The gardener watered the plants the ground wet.

（11）动结式：The critics laughed the play off the stage.

典型式：The critics laughed at the play and it disappeared from the stage.

错句干扰项＊The critics disappeared the play by laughing.

使动句：The critics made the play disappear from the stage by laughing.

我们在涉及动结式句子时，考虑到了主要谓词及物动词和不及物动词的平衡，如例（10）是及物动词 water，而例（11）里的动词 laugh 是不及物动词，因为及物和不及物动词都可以进入英语的 V+O+R 动结式致使结构中。

由于我们的假设涉及考察习得中母语迁移现象，我们还设计了一些对应的 VRO 错句，如例（12）中例句：

（12） a. * Julie swept clean the room.

b. * Eric whistled down the house.

三 实验步骤

我们的实验是在三个学校的三个不同年级的自然班的上课时间，由其代课老师实施的。每个年级做问卷之前都没有预先通知，他们也没有被告知实验的研究目的。我们的水平测试规定了时间，而句子可接受性判断测试没有时间限制，两个测试都在一个小时内完成。句子可接受判断任务的指南都是用汉语书写的，而且我们还将问卷设计成 A、B 两种版本，以确保实验的效度。

第四节 结果

一 假设 1 结果

我们选择典型动结构式来检验对假设 1 的预测。我们又将这类结果式按其活动主要谓词分为及物的结果构式和不及物非作格的结果构式。及物动词的结果构式有四组谓词让受试判断：活动主要谓词是 paint，kiss，buy 和 eat；而结果次要述语分别是 red，breathless，empty 和 poor。我们对三组受试的相关数据进行了配对 t 检验来对比他们对动结构式和典型结果句的接受率情况是否与我们的预测一致，其结果概述于表 7.2：

表 7. 2   及物动词的结果构式和典型结果句式 t–检验结果

受试组别	结构类型	均值（标准差）	均值差	t	df	p
高级组	动结式	1. 007（0. 506）	−0. 346	−2. 747	33	0. 01
	典型式	1. 353（. 500）				
中级组	动结式	0. 285（0. 667）	−0. 462	−3. 231	30	0. 003
	典型式	0. 74（0. 679）				

续表

受试组别	结构类型	均值（标准差）	均值差	t	df	p
低中组	动结式	0.017（0.645）	−0.372	−3.347	29	0.002
	典型式	0.389（0.513）				

　　如 7.2 表中所示，三组受试对结果构式和典型结果句的接受对比都有显著差异，典型结果句式的接受率优于结果构式，因而验证了我们的预测。

　　不及物非作格的结果构式有四组谓词让受试判断：活动主要谓词是 freeze、roll、kick 和 swing；而结果次要述语分别是 solid、down、free 和 shut。我们同样对三组受试的相关数据进行了配对 t 检验来对比他们对结果构式和典型结果句的接受率情况是否与我们的预测一致，其表述性结果见表 7.3：

表 7.3　　　不及物动词的结果构式和典型结果句式 t−检验结果

受试组别	结构类型	均值（标准差）	均值差	t	df	p
高级组	动结式	1.177（0.471）	−0.228	−2.297	33	0.028
	典型式	1.404（0.511）				
中级组	动结式	0.583（0.635）	0.341	2.014	30	0.035
	典型句式	0.242（0.737）				
低中组	动结式	0.208（0.517）	0	0	29	1
	典型式	0.208（0.640）				

　　如 7.3 表中所示 t 检验结果只显示高级和中级两组在对两个构式的判断上有显著的差异，高级组的典型结果句式优于结果构式，而中级组正好相反，典型结果句式劣于结果构式，部分支持我们的预测。中级组对两类动词结果构式的判断有异，对非作格动词的接受率还高于对及物动词的（均值分别是 0.583 和 0.285）。假设 1 没有得到完全的验证。

二　假设 2 结果

　　针对假设 2 的 8 个句子也间接地验证了假设 1。我们对三组受试对两组 4 个句子的判断的数据进行了单因素方差分析，结果表述在表 7.4 和表 7.5：

表 7.4　　　　　　　动结式和使动句的比较（*water the flowers flat*）

	低中组	中级组	高级组
动结式	0.07（1.41）	0.81（1.25）	0.44（1.33）
典型式	0.43（1.43）	0.48（1.24）	1.41（0.78）
使动句	0.53（1.46）	1.26（1.24）	1.76（1.02）
错句干扰项	−0.07（1.23）	−0.74（1.37）	−0.47（0.43）
ANOVA	无差异	$F(3, 120) = 14.047$, $p<0.0001$ 干扰项的缘故	$F(3, 132) = 38.244$, $p<0.0001$，使动句和典型式无差异

表 7.4 的结果显示中级组和高级组都偏爱使动句，高级组不大接受动结式（M＝0.44），典型式和使动句无差异。中级组趋向接受动结式（M＝.81），动结式和使动句之间没有差异。与假设 1 中结果一致，中级组对典型式的接受率低于对动结式的，而高级组的判断正好相反。

表 7.5　　　　　　　动结式和使动句的比较（*laugh the playoff the stage*）

	低中组	中级组	高级组
动结式	−0.100（1.125）	0.032（1.329）	0.471（1.169）
典型式	0.133（1.432）	0.452（1.524）	0.412（1.209）
使动句	0.633（1.066）	0.613（1.283）	1.059（.952）
错句干扰项	0.3（1.264）	0.581（1.385）	−0.281（1.250）
ANOVA	无差异	无差异	$F(3, 136) = 7.916$, $p<0.0001$，干扰项和使动句差异的缘故

表 7.5 的结果显示除使动句外学习者不接受不及物的 Laugh 致使关系，各种句式的接受性都低于 0.5 门槛值，不确定。中级组对错句干扰项 * The critics disappeared the play by laughing. 较低接受（M＝0.581）可能受汉语相关使动句 The critics made the play disappear from the stage by laughing. 的影响（M＝0.613）。

三　假设 3 结果

我们假设 3 的预测是中国学生对词汇使役形式的接受准确率会优于或者等于对动结构式的。我们将验证假设 3 的动结式的句子分成两组使役形式和非使役形式，因为英语使役形式的动结式形式是 V+O+R，而非使役的动结式形式与汉语相同，都是 V+R。使役动词和使役动结式例句如例（13）：

（13）a. The strong wind suddenly awoke the bear.

b. Every morning at 6 o'clock，Elaine's dog barks her awake.

三组受试对词汇使役动词与使役动结式的句子接受情况配对 t 检验结果概述于表7.6：

表7.6　　　　　使役动词和使役动结式对比各组对比结果

受试组别	结构类型	均值（标准差）	均值差	t	df	p
高级组	动结式	1.049（.672）	-0.897	-4.203	33	0.0001
	词汇使役	1.578（0.564）				
中级组	动结式	0.839（0.969）	0.032	0.147	30	0.884
	词汇使役	0.807（0.709）				
低中组	动结式	0.233（0.707）	-0.178	-1.362	29	0.184
	词汇使役	0.411（0.861）				

高级组对两个结构接受判断有显著差异（$t=4.203$，$p<.0001$），支持我们的预测，而中级和低级组没有差异。

非使役动结式的形式类似汉语动结式的形式，都是 V+R，如例（14）：

（14）a. The snow storm froze the pond. 暴风雪使池塘冻结了。

b. After the snow storm，the pond froze solid. 暴风雪之后，池塘冻结了（字面意义：冻结成固体了）。

各组对词汇使役动词 freeze 与非使役动结式 freeze solid 的接受情况配对 t 检验结果概述于表7.7：

表7.7　词汇使役动词 freeze 与非使役动结式 freeze solid 的各组对比结果

受试组别	结构类型	均值（标准差）	均值差	t	df	p
高级组	动结式	1.125（0.963）	-0.206	-1.070	33	0.292
	词汇使役	1.471（1.022）				

续表

受试组别	结构类型	均值（标准差）	均值差	t	df	p
中级组	动结式	0.710（1.039）	−0.032	−0.126	30	0.884
	词汇使役	0.742（1.125）				
低中组	动结式	0.300（1.149）	0.067	0.193	29	0.901
	词汇使役	0.233（1.406）				

　　非使役动结式和词汇使役动词句子的接受对比各组都没有差异。这三组受试词汇使役动词和动结式的习得都随着英语水平的提高而提高。中低组对两种形式的接受都低于 0.5，而中级组和高级组都有稳步提高。假设3得到验证。

四　假设 4 结果

　　假设 4 我们考察中国学生在习得英语结果构式中的母语迁移现象。首先我们考察他们对英语结果构式 DOR 条件的习得状况，因为英语需要伪宾语自反代词才能满足 DOR 的限制条件，而汉语没有这一制约，如例（15c）：

　　（15）a. The little girl had just lost her dog and she finally cried herself to sleep.

　　　　b. The little girl had just lost her dog and she cried and cried and finally fell asleep.

　　　　c. The little girl cried to sleep. （小女孩哭睡着了）

　　我们对像例（15）的三个句子分组进行了单因素方差分析，结果描述于表 7.8：

表 7.8　　　　　三组受试对 DOR 限制条件习得中母语迁移结果

受试组别	动结式	典型式	迁移错句	F	p
高级组	1.015（0.883）	1.735（0.554）	−1.397（0.587）	9.259	0.0001
中级组	0.581（0.923）	0.774（1.210）	−0.048（0.961）	5.312	0.007
低级组	0.767（0.917）	0.317（0.960）	−0.017（1.163）	4.464	0.014

如表7.8所示，三组受试三个结构对比都有差异。令人吃惊的是高级组的受试接受违反 DOR 的限制条件迁移错句，而中、低两组受试都拒绝没有自反代词的错句，尽管他们的拒绝都只是不确定的程度。Scheffe 多项对比发现高级组学生典型结果句式接受程度最高，迁移错句次之，而对动结式接受程度最低，但接受均值都超过了1。动结式和迁移错句的之间达到了边缘性差异（ $p = 0.079$ ），动结式和典型式有显著差异。中级组 Scheffe 多项对比发现动结式和迁移错句有边缘性差异（ $p = 0.064$ ），典型式和迁移错句有显著差异（ $p = 0.010$ ）。中级组对动结式的均值超过了0.5门槛水平（ $M = 0.581$ ），他们拒绝迁移错句（ $M = -0.048$ ）。低级组 Scheffe 多项对比发现动结式和迁移错句有边缘性差异（ $p = 0.014$ ），接受动结式而拒绝迁移错句。

我们还通过两个个案分析来检验中国学生英语结果构式的习得中母语迁移问题。案例1中动结式的动词是及物动词 sweep，涉及的句子如例（16），分为动结式、典型式和汉语式英语动结式 V+R O 错句三种形式：

（16）a. Julie swept the room clean.

b. Julie made the room clean by sweeping it.

c. * Julie swept clean the room.

对三组受试的三个句子的接受数据进行了单因素方差分析，结果描述于表7.9：

表7.9　　及物动词 sweep 动结式、典型式和 VRO 错句的习得结果

	低中组	中级组	高级组
动结式	0.2（1.400）	0.774（1.383）	1.735（0.567）
典型式	0.133（1.456）	0.258（1.460）	1.677（0.535）
VRO 错句	−0.5（1.306）	−0.355（1.624）	−0.118（1.409）
ANOVA	无差异	$F(2, 90) = 4.446$, $p = 0.014$，VRO 错句与动结式和有显著差异（ $p < 0.015$ ）	$F(2, 99) = 43.636$, $p < 0.0001$，VRO 错句与动结式和使动句都有显著差异（ $p < 0.0001$ ）

三组受试有不接受 VRO 错句，而拒绝率随英语水平的提高逐渐降低，而对动结式的接受率稳步提高。

　　案例 2 动结式的动词是不及物动词 whistle，涉及的句子如例（17），分为动结式、典型式和汉语式英语动结式 V+R O 错句三种形式。

　　　　（17）a. The bullets whistled past the house. （子弹在那个房子边呼啸而过）

　　　　　　　b. The bullets passed the house whistling.

　　　　　　　c. * Eric whistled down the house. （#埃里克鸣笛鸣倒房子了）

表 7. 10　　不及物动词 whistle 动结式、典型式和 VRO 错句的习得结果

	低中组	中级组	高级组
动结式	0. 233 （1. 251）	0. 742 （0. 452）	0. 118 （1. 552）
典型式	0. 269 （1. 311）	1. 182 （1. 457）	1. 324 （0. 945）
VRO 错句	0. 167 （0. 956）	0. 903 （1. 399）	1. 029 （1. 243）
ANOVA	无差异	无差异	F （2, 99） $= 8. 320$, $p<0.001$），动结式与典型式和 VRO 错句都有显著差异

　　三组受试者都接受 VRO 错句，接受程度随英语水平提高而提高，动结式的接受中低组到中级组也有稳步提高，而高级组却基本上不确定（M =. 118）。

第五节　讨论

　　本章考察中国学生对英语结果构式或者动结构式的习得。我们的英汉动结参数差异分析发现动词投射和结构语境引入是构建题元关系的两种基本机制，语言之间的不同在于对这两种构建模式的选择不同。英语选择的是动词投射的构建方法，动词在词库里已就其论元结构进行了词汇化过程，具备统一投射属性（UPP），而汉语动词在词库里没有词汇化，没有词汇论元，缺乏 UPP 特征，论元是句法结构中的功能范畴引入的。这样的参数差异以及在二语习得中所涉及的参数值重新建构具体体现在动结构式的形式上的转换，即 V （M）R+O 向 V （M）+O +R 的转换，以及对 DOR 限制等的遵守上。汉英动结式还存在超集和子集的关系，子集原则所涉及的母语迁移也是本研究的重点之一。

　　首先，我们不能忘记我们的假设 1 是辅助性的，因为语义突显层级模式只涉及单句的动词论元结构，没有涉及因果复句（不论是并列还是主从关系）的预测。我们三组受试对及物动词动结式的习得都显著地低于其对应的典型复合结果句式，高级组对不及物动词的动结构式的接受也低于其对应的典型式，低中组两种构式没有差异，只有中级组对动结式的接受高于其对应的典型式，假设 1 没有得到完全验证。三组受试对两个结果构式（单句的 MOR 和因果复句）整体的接受状况符合语义突显层级模式的精神，语义关系越清晰，习得起来越容易。

　　假设 2 预测中国学生对使动句的接受率会比对动结构式的更准确得到完全验证。不论是在对及物动词动结式 water the flower flat 还是在对不及物动词动结式 laugh the play off the stage 可接受性判断中，三组受试对使动句的接受率都高于对应的动结式的。

　　假设 3 的预测是中国学生对词汇使役形式的接受准确率会优于或者等于对动结构式的。高级组对使役和非使役动结式的习得中动结式的接受率都显著地低于词汇使役形式的，而中级组和低中组两组对动结式和词汇使役形式的接受没有显著差异也支持了语义突显层级模式的预测。

　　假设 4 考察中国学生英语动结构式习得的母语迁移，本研究的母语迁移也是对二语习得中子集原则的考察。三组受试对动结式的接受率与其英语水平的提高一致，但是他们对 DOR 限制的敏感度与英语水平的提高不一致：中、低两组受试都拒绝没有自反代词的错句，而令人吃惊的是高级组的受试接受违反 DOR 的限制条件迁移错句。而且，我们对及物动词动结式 sweep the room clean 个案的分析中发现三组受试有不接受 VRO 错句，而拒绝率随英语水平的提高逐渐降低，而对动结式的接受率稳步提高。

　　这些结果似乎说明母语迁移并非只是学习起初阶段所出现的现象，在中高级阶段也可能出现母语的语言形式。在起初阶段，因为学习者有限的二语知识不能满足表达的需要，有意无意地借助母语的语言形式。就本研究而言，中低级组的学习者可能了解英语和汉语有关代词省略方面有所不同：汉语可以省略主语和宾语，而英语不可以省略主语和宾语，具体在本研究中的宾语 O，因此拒绝不含伪自反代词的动结式错句。由于动结式在他们的语言接触中（主要是教材中）的出现频率比较低，他们对动结式的接受程度比较低。高级组对动结式的接受都在 1 以上，而英语动结式中也有类似汉语的动结式现象，如例（18）：

（18）a. They drank the pub dry. 他们把酒吧喝干了。

　　　b. The kettle boiled dry. 壶烧干了。

　　　c. We yelled oueselves hoarse. 我们喊哑了（自己）。

　　　例（18a）的动词 drink 和动结式的宾语 O（the pub）没有题元上的选择关系，the pub 并非动词 drink 的客体或者受事。（18b）英汉形式完全一样。（18c）汉语有完全对应的形式，也可以省略"自己"。由于汉语可以省略自己，英语动结式也有汉语类似的语句，随着他们对动结式正面证据的增加，他们似乎在修正过去对英语和汉语动结式截然不同的判断，对错误形式的容忍度增加。我们将高级水平这种母语迁移现象称作母语回归（L1 Return）。母语回归是学习者在语言学习初期注重语言的差异，而随着语言输入的增加，发现语言之间的差异逐渐缩小的结果。

　　　三组学生对不及物动词 whistle 动结式的习得涉及对名转动的 whistle，三组动词都错误地接受 * Eric whistled down the house #埃里克鸣笛鸣倒房子了，而且接受率随英语水平的提高而稳步增高。他们可能将 whistle down 当成动词短语，如例（19）里的 turn down 一样。

（19）a. She turned down every offer of help. 她拒绝了别人提出的所有帮助。

　　　 b. She asked herson to turn down the radio. 她请求邻居把收音机关小点声。

　　　我们对高级组为何对"The bullets whistled past the house. 子弹在那个房子边呼啸而过。"接受程度如此之低（M = 0.118）没有解释。

第六节　结论与对教学的启示

　　　我们在语义突显层级理论下考察了中国学生对英语结果构式的二语习得。整体而言，很明显三组学生对结果式的习得/接受是随英语水平提高而逐渐递增的。学生们对使动句的接受率高于典型式，对典型式的接受率又高于结果式，即使动句>典型式>动结式。三组受试对词汇使役形式的接受程度高级组高于动结式，中、低两组接受程度相当也验证了语义突显层级模式的预测。我们在考察中国学生对英语动结式 DOR 敏感度是发现高级组受试所表现的母语回归现象。母语回归是学习中后期的母语迁移，它是不完整正面证据作用下的迁移。这个发现对教学的启示有二。启示一是英语教学应高度重视英汉语言类型学或者参数上差异，英语是严格的主谓型（subject-predicate）语言，句子不能省略主语和宾语，即 Pro-drop/Null Subject 参数的参数值为负，而汉语的参数值为正。启示二是对结果构式和典型结果复合句教学的结合。典型因果复句在课堂教学中有一席之地，而英语动结构式在课堂上很少提及，因为教材和语法书都很少论及。这个结果习得所出现的母语回归，就是输入频率增加所形成的对语言之间参数差异的弱化。换句话说，英语动结构式应该进英语语法和英语教材。

第八章

维吾尔族大学生对动结式的二语习得

第一节　引言

　　继第四章维吾尔语结果构式和汉语动结式对比研究，本章报告维吾尔族大学生对动结式的二语习得实证研究。在了解维吾尔语结果构式和汉语动结式的语言差异和对动结式致使/使因事件"V1"表征参数的差异基础上，考察语义突显层级模式在动结式二语习得中的预测作用就能有的放矢。

　　维吾尔语的结果构式形式上也是由 V1-V2 组成，V1 通过-（i）p 词缀嫁接于 V2，V2 是此结果构式的中心，其后可以加否定、时态、体态等后缀，而 V1 是非限定形式，即不可后附否定、时态、体态等后缀。V1 后带的-（i）p 词缀传统上被看成副词的核心词，它的补语就是它所依附的动词短语 VP（力提甫·托乎提，2012；木再帕尔，2014），而在此-（i）p 词缀是功能投射 FP 的核心词，嫁接在 νP 上，我们跟随塔西与舒格（Tash & Sugar 2018）将其叫作 LINK（连接）。也就是说，维吾尔语的结果构式是由 V1P 嫁接到 V2P 所形成的结构。V1 和 V2 都可以编码一个结果状态蕴涵意义，而另一个动词指定动作或行为的方式。不论哪种情况，V2 必须与其内部论元结合形成一个有终点的骨架。维吾尔语有个结果词中缀-wät、-wet、-iwät、-uwät、-üwät 等，当它附加在动词的词根上时，它表示完结（COMPL）体态概念，强调"结果"。维吾尔语是一个典型的形态性语言，对其 V1-（i）pV2 结果构式的内元要求更严格，即 NP 一定携带宾格-ni。

　　操维吾尔语的汉语学习者对动结式的二语习得情况应该符合语义突显层级模式的预测。这些预测就构成了我们的研究假设。我们的假设具体如下：

假设1：致事主语动结式句难度要大于施事主语动结式句，即学习者对接受施事主语动结式句，而拒绝致事主语动结式句。

假设2：在当动结式的宾语是有生名词时，致事主语比施事主语的接受度要高。维吾尔族学生对动结式的习得或者接受度会直接反映在他们根据动结式与其搭配组合的主语和宾语的有生性上，即遵循有生性层级所提示的"致使"因果事件语义突显层级，"致使"语义越突显的，接受度越高，习得程度越好。

假设4：动结式宾语按其名词的有生性也可分为感事/当事及客体两类。施事和感事都是有生名词，而致事和客体都是无生名词。由于语言的转喻性，动结式的宾语还表现出可让渡性规律。可让渡宾语是无生名词，如"王华哭湿了手绢"中的"手绢"，而不可让渡名词是转喻性的有生名词，如"王华哭红了眼睛"中的"眼睛"。由于表达"致使"因果事件语义关系的直接性上，不可让渡宾语比可让渡宾语更直接，因而对动结式的"致使"因果题元关系突显度更高，因而二语习得者表现出"致事主语+动结式+不可让渡宾语"的习得优势或偏好。

假设3就是构式致使语义突显层级假设：由于与句法相关的"致使"在"把"字句里比在动结式里更突显，即"把"字句＞动结式，因此对"把"字句动结式二语习得要易于或等于SVO句动结式的。"把"字句由于其构式的致使"处置"意义在表征"致使"因果关系上比SVO主谓宾基本句式更突显，因此，学习者对动结式"把"字句接受度要高于或者等于动结式SVO句的。

第二节　受试

本研究的受试是45位来自乌鲁木齐市某大学的维吾尔族大学生。他们的年龄在19—24岁之间，平均年龄22.6岁。这45位维吾尔族大学生根据汉语水平测试成绩分成两个水平组：高级组和中高组。高级组22位学生，中高组23位学生。汉语水平测试问卷由两小段完形填空试题组成，详细描述见下节实验工具。母语控制组有30名西安科技大学的非英语专业的大二学生组成，与母语为英语的留学生的母语控制组相同。

第三节　实验工具

　　实验工具有二，汉语水平测试和句子可接受性测试。汉语水平测试，我们使用赵杨（2006）的问卷。该问卷由两小段完形填空试题组成。两段小文中有25个空，每个空要求受试按语境填一个汉字。

　　句子可接受测试问卷：我们扩展了 Yuan & Zhao（2010）和赵扬（2009）测试句子，即在他们问卷的基础上增添了我们要考察的句子。我们的问卷由96个句子组成，增加了对应的"把"字句，并引入了主语和宾语的可让渡性（C 类句子），以及主语有生性等变量（G 类句子）。由于实验的句子数量多，我们只增加了12个填充句子。各类句子类型例句见表8.1，我们的排列是按主语名词的题元角色进行的：

表 8.1　句子可接受性测试中的句子类型

类别	主语	SVO 句	"把"字句
A 类	施事	张三压断了李四的尺子 王五踢破了学校的足球 李四打碎了赵六的花瓶	张三把李四的尺子压断了 王五把学校的足球踢破了 李四把赵六的花瓶打碎了
B 类	施事	李四骂走了王五 张三打哭了李四 赵六逗笑了玛丽	李四把王五骂走了 张三把李四打哭了 赵六把玛丽逗笑了
C 类	施事	马珊写秃了钢笔 张三哭湿了手绢 刘翔跑烂了鞋子	马珊把钢笔写秃了 张三把手绢哭湿了 刘翔把鞋子跑烂了
C2 可让渡	致事	这本书写秃了马珊的钢笔 妈妈的葬礼哭湿了珍妮的手帕 长跑训练跑烂了刘翔的鞋子	这本书把马珊的钢笔写秃了 妈妈的葬礼把珍妮的手帕哭湿了 长跑训练把刘翔的鞋子跑烂了
C3 不可 让渡	施事	王五笑疼了肚子 李四喊哑了嗓子 张三哭红了眼睛	王五把肚子笑疼了 李四把嗓子喊哑了 张三把眼睛哭红了
C4 不可 让渡	致事	这件事哭红了张三的眼睛 这场比赛喊哑了李四的嗓子 这个笑话笑疼了王五的肚子	这件事把张三的眼睛哭红了 这场比赛把李四的嗓子喊哑了 这个笑话把王五的肚子笑疼了

类别	主语	SVO 句	"把"字句
D 类	致事	张三吵烦了李四	张三把李四吵烦了
		刘备哭烦了周瑜	刘备把周瑜哭烦了
		王五唱烦了赵六	王五把赵六唱烦了
E 类	施事	王五学厌了法语	#王五把法语学厌了
		张三听烦了那首歌	#张三把那首歌听烦了
		李四吃腻了烤鸭	#李四把烤鸭吃腻了
E2	施事	孙楠唱红了这首歌	孙楠把这首歌唱红了
		姐姐洗累了这些衣服	#姐姐把这些衣服洗累了
		李四喝醉了茅台酒	#李四把茅台酒喝醉了
F1	致事	法语学厌了王五	法语把王五学厌了
		烤鸭吃腻了李四	烤鸭把李四吃腻了
		这首歌听烦了张三	这首歌把张三听烦了
F2	致事	这些衣服洗累了姐姐	这些衣服把姐姐洗累了
		这首歌唱红了孙楠	这首歌把孙楠唱红了
		这瓶茅台酒喝醉了李四	这杯酒把李四喝醉了
F3	致事	几扇窗户擦脏了三块抹布	几扇窗户把三块抹布擦脏了
		这一大盆衣服洗湿了一双鞋	这一大盆衣服把一双鞋洗湿了
		那些排骨砍钝了两把刀	那些排骨把两把刀砍钝了
G1	有生致事	地主累病了几个民工	地主把几个民工累病了
		孩子惊醒了王华	孩子把王华惊醒了
		他饿死了几个学生	他把几个学生饿死了
G1	无生致事	孩子的哭声惊醒了王华	孩子的哭声把王华惊醒了
		饥荒饿死了几千人	饥荒把几千人饿死了
		农活累病了几个民工	农活把几个民工累病了

　　注：类别里 A 类、B 类、C 类、D 类、E 类，即标记为带类的都是 Yuan & Zhao（2010）的原实验用句子，而字母后不带的，如 C2、C3、C4、F1、F2、F3、G1 和 G2 都是我们增加的实验句子。#表示该"把"字句语义怪异性。

　　句子可接受判断任务的指南都是用汉语书写的，而且我们还将问卷设计成 A、B 两种版本，以确保实验的效度。句子可接受性判断测试的目的是了解受试对下列汉语句子的可接受性的判断。为了确保他们对句子的判断是根据自己的感受，我们用文字对其进行明确的说明。说明如下：

我们这一测试的目的是了解你们对下列汉语句子的可接受性的判断。我们只想了解你们对这些句子的感受，即它们听起来是否是汉语中可接受的或正确的句子，而不是其他人对此已说了什么或者会说些什么。

我们采用 5 点标尺，同 Yuan & Zhao（2010）的一样。我们还在文字解释下用了百分比解释"完全""可能"和"不能确定"意义，Zhang（2007）[1] 证明这种解释方法更清楚。

−2	−1	0	+1	+2
完全不可接受	可能不可接受	不能确定	可能可以接受	完全可以接受
100%不能接受	75%不能接受	50%不能 50%可接受	75%可接受	100%可接受

我们对此 5 点量表的使用给受试用实例进行了举例说明，以确保受试会用此量表来标记他们对每个句子的判断。举例如下：

你所要做的就是将你对每个句子的判断通过在相应的数字上**画圈**表示出来。

举例：（1）我每天早晨七点起床。 −2　−1　0　　+1　 $\boxed{+2}$

（2）每天早晨七点我起床。 −2　−1　0　 $\boxed{+1}$ 　+2

（3）我七点每天早晨起床。 −2　 $\boxed{-1}$ 　0　+1　+2

（4）我七点早晨起床每天。 −2　−1　0　+1　+2

例（1）是合乎汉语语法句子，完全可以接受，因此你应该在"+2"上画圈。例（2）基本符合汉语语序，在特定语境下说，因此选"+1"。例（3）时间状语在一起，但语序不符合汉语习惯，因此选"−1"。例（4）的语序完全不符合汉语语法，完全不能接受，因此，你应该选择−2。

我们让发放问卷的维吾尔语老师代为叮咛学生要仔细阅读问卷前部分的说明或者指令，以确保受试明白要完成的判断任务和如何使用五点量表标记自己的判断。

---

① 文献里通常使用的解释语是语词性的，如"完全（completely）"等，然而，在 Zhang（2007a）的一个试验性研究中发现，用语词和百分比来解释 5 分量表上标记可接受性的数值，二者之间没有显著差异，因此我们相信像"很可能"或者"稍微地""不确定""不能决定"等语词，对受试来讲可能不如百分比解释语更自明一些，因此，在此项研究里，我们采用了语词和百分比两种解释语。

第四节　实验步骤

由维吾尔族教师向维吾尔族大学生收发问卷。受试在空闲时间完成，无时间限制。两个问卷也没有时间顺序上的指示。母语控制组是在英语课堂上进行的，他们所花时间在 25 分钟左右。

第五节　数据分析

在句子可接受性判断任务中，我们让受试依据 5 点尺度去标记他们对一个句子可接受性的判断。该尺度从－2（100% 不能接受）到+2（100% 可以接受），中间值为 0（一半可以接受，一半不能接受，即不能确定），因此，数据中负值表示拒绝，而正值代表接受。

第六节　实验结果

一　总体结果

我们对维吾尔族两组受试所做的句子可接受性判断进行了单因素方差分析（ANOVA），方差分析的描述性结果概述于表 8.2：

表 8.2　维吾尔族大学生各类动结式 SVO 和 "把" 字句的描述性结果

类型	受试组	N	SVO 均值	标准差	把字句均值	标准差
A 类	母语控制组	30	1.911	0.276	1.944	0.154
	维吾尔语高级组	22	1.318	0.498	1.394	0.648
	维吾尔语中高祖	23	0.754	0.911	1.116	0.874
B 类	母语控制组	30	1.900	0.199	1.944	0.197
	维吾尔语高级组	22	0.561	1.031	0.682	0.940
	维吾尔语中高祖	23	0.580	0.877	0.812	0.974
C 类施事可让渡	母语控制组	30	1.811	0.299	1.900	0.279
	维吾尔语高级组	22	0.621	0.933	0.773	0.779
	维吾尔语中高祖	23	0.696	0.791	0.623	0.787

续表

类型	受试组	N	SVO 均值	标准差	把字句均值	标准差
C 类施事 不可让渡	母语控制组	30	1.822	0.259	1.889	0.202
	维吾尔语高级组	22	0.667	0.720	0.318	0.923
	维吾尔语中高祖	23	0.609	0.827	0.203	0.796
C 类致事 可让渡	母语控制组	30	1.344	0.406	1.222	0.535
	维吾尔语高级组	22	0.409	0.727	0.303	0.762
	维吾尔语中高祖	23	0.565	0.670	0.536	0.857
C 类致事 不可让渡	母语控制组	30	1.622	0.485	1.633	0.528
	维吾尔语高级组	22	0.712	0.779	0.924	0.741
	维吾尔语中高祖	23	0.928	0.893	0.867	0.897
D 类	母语控制组	30	1.356	0.487	1.633	0.365
	维吾尔语高级组	22	0.561	0.730	0.303	0.809
	维吾尔语中高祖	23	0.275	0.967	0.290	0.741
E 类	母语控制组	30	1.856	0.312	1.733	0.414
	维吾尔语高级组	22	1.152	0.688	0.894	0.646
	维吾尔语中高祖	23	1.159	0.724	1.029	0.724
F 类	母语控制组	30	0.956	0.399	1.111	0.563
	维吾尔语高级组	22	−0.379	0.869	−0.227	0.928
	维吾尔语中高祖	23	−0.073	0.990	0.174	1.193
F2 类	母语控制组	30	1.367	0.542	1.444	0.423
	维吾尔语高级组	22	−0.333	1.049	0.258	0.854
	维吾尔语中高祖	23	−0.073	0.990	0.942	0.903
F3 类	母语控制组	30	1.189	0.408	1.289	0.427
	维吾尔语高级组	22	−0.167	1.048	0.197	0.901
	维吾尔语中高祖	23	−0.174	0.909	0.087	0.719
G 类 有生致事	母语控制组	30	1.556	0.365	1.756	0.315
	维吾尔语高级组	22	−0.107	0.819	0.121	0.900
	维吾尔语中高祖	23	−0.087	0.906	0.464	0.920
G 类 无生致事	母语控制组	30	1.867	0.225	1.844	0.227
	维吾尔语高级组	22	1.091	0.627	0.697	0.626
	维吾尔语中高祖	23	0.609	0.973	0.928	0.85255

　　表 8.3 是维吾尔族两组受试和母语控制组对各类动结式句子可接受性判断的单因素方差分析的结果：

表 8.3　维吾尔族大学生各类动结式可接受性判断单变量方差分析结果

动结式类型	平方合	均值平方	F 值	p 值	η^2
SVO	17.570	8.785	24.616	0.000	0.406
A 类"把"字句	9.503	4.752	13.011	0.000	0.265
B 类 SVO	31.827	15.913	28.368	0.000	0.441
B 类"把"字句	25.950	12.975	23.049	0.000	0.390
C 类施事可让渡 SVO	23.944	11.972	24.882	0.000	0.409
C 类施事可让渡"把"字句	26.332	13.166	33.109	0.000	0.479
C 类施事不可让渡 SVO	25.322	12.661	32.716	0.000	0.476
C 类施事不可让渡"把"字句	47.952	23.976	52.294	0.000	0.592
C 类致事可让渡 SVO	13.450	6.725	18.807	0.000	0.343
C 类致事可让渡"把"字句	12.132	6.066	11.912	0.000	0.249
C 类不可让渡 SVO	12.042	6.021	11.682	0.000	0.245
C 类致事不可让渡"把"字句	9.812	4.906	9.460	0.000	0.208
D 类 SVO	16.845	8.422	15.686	0.000	0.303
D 类"把"字句	32.180	16.090	39.031	0.000	0.520
E 类 SVO	8.821	4.410	13.076	0.000	0.266
E 类"把"字句	10.888	5.444	15.513	0.000	0.301
F 类 SVO	32.723	16.362	33.344	0.000	0.481
F 类"把"字句	24.930	12.465	15.322	0.000	0.299
F2 类 SVO	44.945	22.473	30.426	0.000	0.458
F2 类"把"字句	17.879	8.940	16.750	0.000	0.318
G 有生致事类 SVO	49.119	24.560	49.138	0.000	0.577
G 有生致事类"把"字句	39.649	19.825	37.082	0.000	0.507
G 无生致事类 SVO	21.424	10.712	25.253	0.000	0.412
G 类无生致事"把"字句	19.680	9.840	27.580	0.000	0.434
H 类 SVO	33.257	16.629	25.989	0.000	0.419
H 类"把"字句	23.864	11.932	25.500	0.000	0.415

如表 8.3 的 ANOVA 结果显示，两组维吾尔族大学生受试组合母语控制组在各类动结式句子的接受性判断上都有显著差异。据此，我们又做了 Scheffe 多重比较测试，结果概述于表 8.4：

表 8.4　　　维吾尔族受试组与母语控制组对动结式习得的 Scheffe 多重比较结果

因变量	(I) 组别	(J) 组别	均值差（I–J）	标准误	显著性 p
A 类 SVO	母语组	高级组	0.593（＊）	0.168	0.003
	母语组	中高祖	1.158（＊）	0.166	0.000
	高级组	中高祖	−0.565（＊）	0.178	0.009
A 类"把"字句	母语组	高级组	0.551（＊）	0.170	0.007
	母语组	中高祖	0.829（＊）	0.167	0.000
	高级组	**中高组**	**−0.278**	**0.180**	**0.310**
B 类 SVO	母语组	高级组	1.339（＊）	0.210	0.000
	母语组	中高祖	1.320（＊）	0.208	0.000
	高级组	**中高组**	**0.019**	**0.223**	**0.996**
B 类"把"字句	母语组	高级组	1.263（＊）	0.211	0.000
	母语组	中高祖	1.133（＊）	0.208	0.000
	高级组	**中高组**	**0.130**	**0.224**	**0.846**
C 类施事可让渡 SVO	母语组	高级组	1.190（＊）	0.195	0.000
	母语组	中高祖	1.116（＊）	0.192	0.000
	高级组	**中高组**	**0.074**	**0.207**	**0.937**
C 类施事可让渡 "把"字句	母语组	高级组	1.127（＊）	0.177	0.000
	母语组	中高祖	1.277（＊）	0.175	0.000
	高级组	**中高组**	**−0.150**	**0.188**	**0.730**
C 类施事 不可让渡 SVO	母语组	高级组	1.156（＊）	0.175	0.000
	母语组	中高祖	1.214（＊）	0.172	0.000
	高级组	**中高组**	**−0.058**	**0.186**	**0.952**
C 类施事不可让渡 "把"字句	母语组	高级组	1.571（＊）	0.190	0.000
	母语组	中高祖	1.686（＊）	0.188	0.000
	高级组	**中高组**	**−0.115**	**0.202**	**0.850**

续表

因变量	（I）组别	（J）组别	均值差（I-J）	标准误	显著性p
C 类致事可让渡 SVO	母语组	高级组	0.935（＊）	0.168	0.000
	母语组	中高祖	0.779（＊）	0.166	0.000
	高级组	**中高组**	**0.156**	**0.178**	**0.683**
C 类致事可让渡 "把"字句	母语组	高级组	0.919（＊）	0.200	0.000
	母语组	中高祖	0.686（＊）	0.198	0.004
	高级组	**中高组**	**0.233**	**0.213**	**0.551**
C 类不可让渡 SVO	母语组	高级组	0.910（＊）	0.202	0.000
	母语组	中高祖	0.695（＊）	0.199	0.004
	高级组	**中高组**	**0.215**	**0.214**	**0.605**
C 类致事不可让渡 "把"字句	母语组	高级组	0.709（＊）	0.202	0.003
	母语组	中高祖	0.764（＊）	0.200	0.001
	高级组	中高组	−0.056	0.215	0.968
D 类 SVO	母语组	高级组	0.795（＊）	0.206	0.001
	母语组	中高祖	1.080（＊）	0.203	0.000
	高级组	中高组	−0.285	0.219	0.431
D 类 "把"字句	母语组	高级组	1.330（＊）	0.180	0.000
	母语组	中高祖	1.344（＊）	0.178	0.000
	高级组	中高组	−0.013	0.191	0.998
E 类 SVO	母语组	高级组	0.704（＊）	0.163	0.000
	母语组	中高祖	0.696（＊）	0.161	0.000
	高级组	中高组	0.008	0.173	0.999
E 类 "把"字句	母语组	高级组	0.839（＊）	0.166	0.000
	母语组	中高祖	0.704（＊）	0.164	0.000
	高级组	中高组	0.135	0.177	0.748
F 类 SVO	母语组	高级组	1.334（＊）	0.197	0.000
	母语组	中高祖	1.361（＊）	0.194	0.000
	高级组	中高组	−0.027	0.209	0.992
F 类 "把"字句	母语组	高级组	1.338（＊）	0.253	0.000
	母语组	中高祖	0.937（＊）	0.250	0.002
	高级组	中高组	0.401	0.269	0.334

续表

因变量	（I）组别	（J）组别	均值差（I-J）	标准误	显著性 p
F2 类 SVO	母语组	高级组	1.700（＊）	0.241	0.000
	母语组	中高祖	1.439（＊）	0.238	0.000
	高级组	中高组	0.261	0.256	0.598
F2 类"把"字句	母语组	高级组	1.187（＊）	0.205	0.000
	母语组	中高祖	0.502	0.202	0.052
	高级组	中高组	0.685（＊）	0.218	0.010
G 有生致事类 SVO	母语组	高级组	1.662（＊）	0.198	0.000
	母语组	中高祖	1.643（＊）	0.196	0.000
	高级组	中高组	0.019	0.211	0.996
G 有生致事类"把"字句	母语组	高级组	1.634（＊）	0.205	0.000
	母语组	中高祖	1.292（＊）	0.203	0.000
	高级组	中高组	0.343	0.218	0.297
G 无生致事类 SVO	母语组	高级组	0.776（＊）	0.183	0.000
	母语组	中高祖	1.258（＊）	0.181	0.000
	高级组	中高组	−0.482	0.194	0.052
G 类无生致事"把"字句	母语组	高级组	1.148（＊）	0.168	0.000
	母语组	中高祖	0.917（＊）	0.166	0.000
	高级组	中高组	0.231	0.178	0.437
H 类 SVO	母语组	高级组	1.356（＊）	0.225	0.000
	母语组	中高组	1.363（＊）	0.222	0.000
	高级组	中高组	−0.007	0.239	1.000
H 类"把"字句	母语组	高级组	1.092（＊）	0.192	0.000
	母语组	中高祖	1.203（＊）	0.190	0.000
	高级组	中高组	−0.110	0.204	0.865

注：＊均值差有显著差异（p 值均小于 0.05）。

表 8.4 Scheffe 多重比较结果显示，维吾尔族两组二语学习者受试和母语控制组都有显著差异，而维吾尔族高级组和中高组学习者对几乎所有类型动结式，不论是 SVO 句还是"把"字句，都没有差异。两组二语学习者唯一的差异表现在对 F2 类动结式"把"字句接受度上（$p = 0.010$），中高组接受度显著低于高级组。维吾尔族高级组学习者对这类动结式的"把"字句用法的接受度与母语控制组的也达到了边缘线差异的程度

（$p=0.052$）。对 G 类动结式的无生致事类 SVO 句子的接受性上两组二语
受试也达到了边缘线显著差异的程度（$p=0.052$），高级组的接受度高于
中高组。这一边缘性显著差异是他们汉语程度高低的结果，这一类型的动
结式是可习得的，汉语程度越高，习得程度越高。这一类动结式可以成为
动结式教学的一个突破口。

二　假设 1 的结果

我们的假设 1 预测致事主语动结式句难度要大于施事主语动结式句。
实证表现是学习者对接受施事主语动结式句的接受度要高于对致事主语动
结式句，甚至会拒绝致事主语动结式句。我们分量小结分别报告他们对施
事主语和致事主语动结式句的可接受性判断。

（一）施事类主语动结式的习得结果

我们将维吾尔族两组 L2 汉语学习者对 5 类施事主语动结式的习得结
果展示于图 8.1。

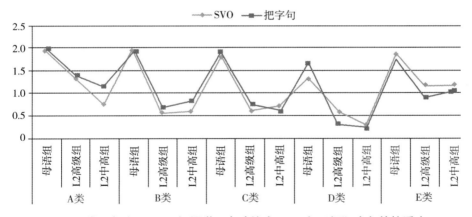

图 8.1　维吾尔族两组 L2 汉语学习者动结式 SVO 和"把"字句的接受度

如图 8.1 所示，两组维吾尔族二语学习者对 A、B、C、D、E5 类动
结式的接受度除 D 类句子外，都过了门槛值（均值＝0.05），只有 D 类句
子中高组受试的接受度低于门槛值，但都在 0 以上。B 类和 C 类动结式的
习得略逊色于 A 类和 E 类的动结式，这与 Yuan & Zhao（2010）的研究结
果一致。D 类动结式是 5 类动结式中习得程度最低的，但高级组对 SVO
句的接受度也过了门槛值，说明汉语动结式是可以习得的。操维吾尔语的
汉语二语习得者已成功地重建了动结式"复杂"的题元关系，或者说能

成功地构建其"复杂"的语义事件结构。这说明动结式二语习得中（复杂的）题元关系重建是可以实现的。

（二）致事类主语动结式的习得结果

图 8.2 展示的是维吾尔族两组 L2 汉语学习者对 3 类施事主语动结式的习得结果。

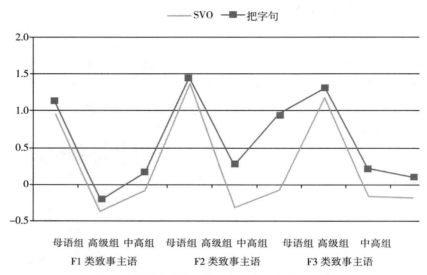

图 8.2　维吾尔族 L2 学习者致事性主语接受度

如图 8.2 显示，维吾尔语两组 L2 学习者对拒绝接受 F1、F2 和 F3 类致事性主语动结式 SVO 句用法。他们对"把"字句的接受度都略高于 SVO 句。高级组对 F1 和 F2 的 SVO 拒绝度相当，但"把"字句用法的接受度 F2 要高于 F1。F3 类拒绝度两组都最低。中高组对三类动结式的拒绝度相当，F3 类拒绝度稍大一点，与高级组判断有所不同。高级组对 F1 和 F2 的拒绝度相当，对 F3 的拒绝度最低，与中高组的拒绝度持平。从两组 L2 学习者对三类动结式的"把"字句接受度看，F2 类是接受度最高的，F1 仍然是最难接受的动结式。

在对待 F2 动结式致事的接受度上，维吾尔族学习者表现出对动结式的偏爱，他们接受"把"字句的用法，而趋于拒绝 SVO，接受和拒绝程度都是中高组比高级组高或者大，出现了习得过程中的"U"形的发展路径（U-shape developmental pattern，Oshita 2001）。中高组受试对 F2 类致事"把"字句的接受度（均值＝0.942）显著地强于高级组的（均值＝

0. 258），对 F2 类致事 SVO 句的拒绝度（均值＝－0. 073）弱于高级组的
（均值＝－0. 333）。这一表现说明，句法致事是最终可以习得的，因为低
汉语水平的学习者已表现出了很好的接受性。

　　对照图 8. 1 和图 8. 2，维吾尔语两组汉语学习者接受 5 类施事类动结
式的句子，而拒绝 3 类施事类的句子。请注意我们的 F1 就是 E1 的主语和
宾语调换形成的句子。我们 E2 类和 F2 类句子就是为了确保我们的预测
经得起更多动结式的考验。我们对 E2 类数据和 E1 整合到一起，作 E 类
表述结果。假设 1 得到完全验证。

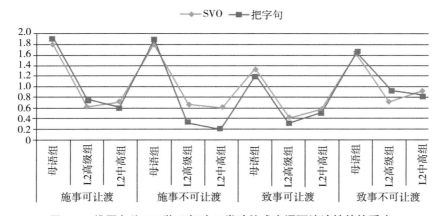

图 8. 3　维吾尔族 L2 学习者对 C 类动结式宾语可让渡性的接受度

三　假设 2 的结果

　　我们的假设 2 预测当动结式的宾语是有生名词时，致事主语比施事主
语的接受度要高。假设 2 的预测实际上是我们的语义突显层级与有生性假
设：与无生致事结合的零位使因比与有生的致事结合的零位使因更为突
显。维吾尔族学生对动结式的习得或者接受度会直接反映在他们根据动结
式与其搭配组合的主语和宾语的有生性上，即遵循有生性层级所提示的
"致使"因果事件语义突显层级，无生致事句的"致使"语义比有生致事
句更突显，因此接受度应更高，习得程度更高。我们是通过 G 类动结式
的判断来验证这一假设的。我们将两组维吾尔语 L2 学习者对 G 类动结式
句的习得状况展示于图 8. 4。

　　如图 8. 4 所示，维吾尔族两组学习者接受 G 类动结式无生致事，而
拒绝其有生致事的 SVO 句；两组受试的"把"字句也表现出对无生致事

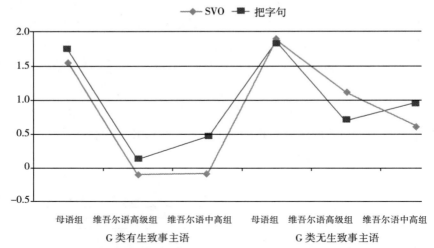

图 8.4　维吾尔语 L2 汉语学习者 G 类动结式致事有生性接受度

主语的偏好，中高组"把"字句的接受度都高于高级组的，这可能是受母语语序的"启动"作用影响。中高组学习者表现出对"把"字句的偏好更强、更明显，因为有生和无生两种致事"把"字句接受度都高于对应 SVO 句的接受度。而高级组的接受度却以致事主语的有生性为分界标，拒绝有生致事，而接受无生致事。两组受试对有生致事句的拒绝度一样，而对无生致事的接受度，高级组显著地比中高组的高。二组受试对有生致事的接受度显著地低于对无生致事的，这一一致的表现完全与我们语义突显层级模式致使有生性层级的预测一致，进一步证实了语义突显层级模式。鉴于二语习得中的"U"形发展规律，中高组对有生和无生两种致事"把"字句的接受说明两点：第一，中高组更多表现母语语序的影响，高级组更接近母语组的表现；第二，对有生性致事动词的习得是可能达到的。

四　假设 3 的结果

我们的假设 3 预测：在动结式与主语和宾语的所有搭配中，宾语名词的可让渡性也会对动结式的"致使"因果事件语义关系或者题元关系有不同的突显作用。我们对 C 类句子进行了分解，将其施事主语扩展增加了致事主语，宾语也扩充成两类可让渡和不可让渡宾语，这样我们就有 4 组组合例（1）：

（1）主语（施事/致事）+ 动结式 + 宾语（±可让渡性）

    a. 施事主语+动结式+可让渡宾语

    b. 施事主语　 +　动结式 +　不可让渡宾语

    c. 致事主语+动结式+可让渡宾语

    d. 致事主语　 +　动结式 +　不可让渡宾语

由于在表达"致使"因果事件语义关系的直接性上，不可让渡宾语比可让渡宾语更直接，因而对动结式的"致使"因果题元关系突显度更高。因而，二语习得者表现出"致事主语+ 动结式 + 不可让渡宾语"的习得优势或偏好。图 8.5 展示操维吾尔语的 L2 学习者对 C 类动结式施事/致事主语与宾语可让渡性的接受度。

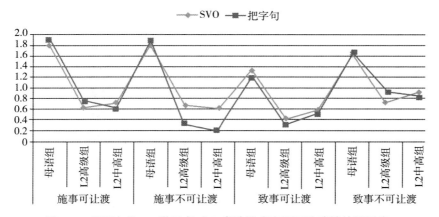

图 8.5　维吾尔族 L2 学习者对 C 类动结式宾语可让渡性的接受度

如图 8.5 所示，维吾尔族两组大学生对与致事主语搭配的宾语的接受度，不可让渡宾语的接受度明显高于可让渡宾语的，SVO 句和"把"字句均如此，没有句式偏好。而对于与施事主语搭配的宾语的接受度而言，差异却表现在句式上。宾语的可让渡性在 SVO 句子上无差异，而在"把"字句的可接受性上表现出明显的差异：可让渡的宾语高于不可让渡的宾语。维吾尔族两组学习者对施事主语 SVO 句子的接受度已过了门槛值（均值=0.05），却不大喜欢 C 类施事主语的"把"字句用法例（2）：

（2）张三把眼睛哭红了。李四把嗓子喊哑了。赵六把肚子笑疼了。

维吾尔族两组 L2 学习者对宾语的可让渡性在事件语义结构中的作用还有一个有趣的习得表现：对致事主语 SVO 句宾语可让渡性的接受度是与其相应的汉语水平相反的，不论是可让渡的还是不可让渡的宾语，高级组的接受度都低于中高组的。而对 C 类动结式施事主语"把"字句宾语可让渡性的接受度与其相应的汉语水平是相一致的，不论是可让渡的还是不可让渡的宾语，高级组的都稍高于中高组的。换句话说，在施事主语句里宾语的可让渡性在两组维吾尔族学习者对 SVO 句的接受中没有差异反应，接受度都在 0.06 左右，而差异却反应在对应的"把"字句中，可让渡宾语的接受度高于不可让渡宾语的，即可让渡宾语优势。施事主语句中，宾语可让渡性表现在 SVO 句子里，不可让渡宾语的接受度高于可让渡的宾语，即不可让渡宾语优势。我们的假设 3 得到了部分验证。

五　假设 4 的结果

我们构式致使语义突显层级假设由于与句法相关的"致使"在"把"字句里比在动结式里更突显，即"把"字句 > 动结式，因此对"把"字句动结式二语习得要易于或等于对 SVO 句动结式的。有关假设 4 的结果，其实我们在报告假设 1 至假设 3 的结果时已经有所报告。我们从图 8.5 维吾尔族 L2 学习者对 C 类动结式宾语可让渡性的接受度可以看出来，维吾尔族两组学习者对施事主语 SVO 句子的接受度已过了门槛值（均值 = 0.05），而他们却都不大喜欢 C 类施事主语的"把"字句用法例（3）：

(3) 张三把眼睛哭红了。李四把嗓子喊哑了。赵六把肚子笑疼了。

这一结果正好是构式"致使"语义突显层级假设的反面。然而，我们对这两个组受试的 C 类施事主语"把"字句和 SVO 所做的配对 t 检验没有发现显著差异。我们对维吾尔族大学生为什么不喜欢这类动结式"把"字句一无所知，没有解释。我们的配对 t 检验只发现维吾尔族大学生在 F2 类致事主语句的"把"字句和 SVO 有显著差异（$p < 0.05$），对"把"字句接受度显著地高于对 SVO 句。因此，我们的构式"致使"语义突显层级假设也得到基本验证。

第七节　结论

　　语义突显层级模式准确地预测了动结式的二语习得。我们对中高级和高级水平维吾尔族汉语二语学习者的动结式习得进行了句子可接受测试，结果与 Yuan & Zhao（2010）结果稍微有所不同。Yuan & Zhao 发现他们的受试题元关系的重构很成问题，仅 A 和 E 类句子在 0.5 的门槛值以上，而我们发现维吾尔族高级汉语水平的大学生对 ABCDE 类施事主语句的接受度都超过了门槛值，中高组也仅在 D 类动结式的接受度在门槛值之下。与施事主语动结式相比，致事主语的接受度明显低，维吾尔族大学生拒绝致事类动结式，完全验证了我们假设 1 的预测。我们发现他们接受不涉及句法致使的动结式（王五听烦了这首歌），拒绝含有句法致使句子（如这首歌听烦了王五）。

　　两组维吾尔族大学生二语学习者对 A、B、C、D、E5 类动结式的接受度除 D 类句子外，都过了门槛值（均值＝0.05），只有 D 类句子中高组受试的接受度低于门槛值，但都在 0 以上，说明汉语动结式是可以习得的。操维吾尔语的汉语二语习得者已成功地重建了动结式"复杂"的题元关系，或者说能成功地构建其"复杂"的语义事件结构。这说明动结式二语习得中（复杂的）题元关系重建是可以实现的。

　　致事主语动结式句难度要大于施事主语动结式句，操维吾尔语的大学生 L2 学习者对接受施事主语动结式句，而拒绝致事主语动结式句。在当动结式的宾语是有生名词时，致事主语比施事主语的接受度要高。维吾尔族两组学习者接受 G 类动结式无生致事，而拒绝其有生致事的 SVO 句；两组受试的"把"字句也表现出对无生致事主语的偏好。这些都符合语义突显层级模式所做的预测。

　　动结式宾语按其名词的有生性也可分为感事/当事及客体两类。施事和感事都是有生名词，而致事和客体都是无生名词。由于语言的转喻性，动结式的宾语还表现出可让渡性规律。可让渡宾语是无生名词，如"王华哭湿了手绢"中的"手绢"，而不可让渡名词是转喻性的有生名词，如"王华哭红了眼睛"中的"眼睛"。由于表达"致使"因果事件语义关系的直接性上，不可让渡宾语比可让渡宾语更直接，因而对动结式的"致使"因果题元关系突显度更高，因而二语习得者表现出"致事主语＋动

结式 + 不可让渡宾语"的习得优势或偏好。

　　"把"字句由于其构式的致使"处置"意义在表征"致使"因果关系上比 SVO 主谓宾基本句式更突显，因此，我们预测学习者对动结式"把"字句接受度要等于或者高于动结式 SVO 句。我们这一预测基本得到验证。我们的配对 t 检验只发现维吾尔族大学生在 F2 类致事主语句的"把"字句和 SVO 由显著差异（$p<0.05$），对"把"字句接受度显著地高于对 SVO 句。因此，我们的构式致使语义突显层级假设也得到基本验证。维吾尔族两组学习者对施事主语 SVO 句子的接受度已过了门槛值（均值=0.05），却都不大喜欢 C 类施事主语的"把"字句用法，如"张三把眼睛哭红了""李四把嗓子喊哑了"和"赵六把肚子笑疼了"。

　　我们这一系列的发现应该对汉语作为二语的语言教学有重要启示。我们对汉语致使结果的教学要做到有的放矢，事半功倍，必须使学生了解汉语和维吾尔语致使结构上的参数性差异。教学的安排和讲解先从两种语言相同的施事动结式开始，逐渐向致事句过渡，如先 A，E，B，后 C，D，F，G。C 类句，从含不可让渡的领属关系致使句向含可让渡的领属关系的致使句扩展。致事句从无生致事句向有生致事句蔓延，如先 G-A，后 G+A。把动结式 SVO 基本句和动结式地"把"字句一起进行教学，将有效提高动结式的教学效率。

第九章

二语习得结果与语义突显层级模式讨论

第一节　引言

　　本章主要报告操维吾尔语和英语的汉语学习者对动结式的二语习得对比研究的结果，并就习得研究的结果与语义突显层级模式的关系进行讨论。我们在第六章专门报告了母语为英语留学生对动结式的二语习得结果，而且只报告了传统上的 SVO 句的动结式习得结果。在第六章的习得研究报告是针对 Yuan & Zhao（2010）的研究设计而做的，Yuan & Zhao（2010）的实验里没有涉及动结式的"把"字句习得。因此，有必要再将母语为英语的留学生对"把"字句动结式的习得情况报告出来。我们母语为英语的受试的汉语水平按照汉语水平测试属于高级水平，因此我们用其与维吾尔族大学生二语高级组进行对比，结果能进一步揭示动结式的可习得性问题和规律。由于研究的问题和所提假设，以及实验的受试和工具在前面已经报告，本章只报告结果。

第二节　操英语留学生和维吾尔族大学生动结式二语习得结果

一　总体结果

　　我们对维吾尔族大学生和母语为英语的留学生两组受试所做的句子可接受性判断进行了单因素方差分析（ANOVA），方差分析的描述性结果概述于表 9.1：

表 9.1　　　　操维吾尔语和英语的 L2 学习者对动结式 SVO 和
"把"字句的描述性结果

类型	受试组	N	SVO 均值	标准差	把字句均值	标准差
A 类	母语控制组	30	1.911	0.276	1.944	0.154
	L2 维吾尔语组	22	1.318	0.498	1.394	0.648
	L2 英语组	23	1.029	0.804	0.710	0.986
B 类	母语控制组	30	1.900	0.199	1.944	0.197
	L2 维吾尔语组	22	0.561	1.031	0.682	0.940
	L2 英语组	23	1.145	0.642	1.188	0.744
C 施事可让渡	母语控制组	30	1.811	0.299	1.900	0.279
	L2 维吾尔语组	22	0.621	0.933	0.773	0.779
	L2 英语组	23	0.435	0.699	1.000	0.560
C 施事不可让渡	母语控制组	30	1.822	0.259	1.889	0.202
	L2 维吾尔语组	22	0.667	0.720	0.318	0.923
	L2 英语组	23	0.942	0.686	0.696	0.953
C 致事可让渡	母语控制组	30	1.344	0.406	1.222	0.535
	L2 维吾尔语组	22	0.409	0.727	0.303	0.762
	L2 英语组	23	0.203	0.815	0.246	0.754
C 致事不可让渡	母语控制组	30	1.6222	0.485	1.633	0.528
	L2 维吾尔语组	22	0.712	0.779	0.924	0.741
	L2 英语组	23	0.986	0.615	1.000	0.551
D 类	母语控制组	30	1.356	0.487	1.633	0.365
	L2 维吾尔语组	22	0.561	0.730	0.303	0.809
	L2 英语组	23	0.217	0.749	0.899	0.507
E 类	母语控制组	30	1.856	0.312	1.733	0.414
	L2 维吾尔语组	22	1.152	0.688	0.894	0.646
	L2 英语组	23	1.159	0.610	1.000	1.025
F1 类	母语控制组	30	0.956	0.399	1.111	0.563
	L2 维吾尔语组	22	-0.379	0.869	-0.227	0.928
	L2 英语组	23	-0.536	0.968	0.000	0.759

续表

类型	受试组	N	SVO 均值	标准差	把字句均值	标准差
F2 类	母语控制组	30	1.367	0.542	1.444	0.423
	L2 维吾尔语组	22	−0.333	1.049	0.258	0.854
	L2 英语组	23	0.362	0.658	0.826	0.481
F3 类	母语控制组	30	1.189	0.408	1.289	0.426
	L2 维吾尔语组	22	−0.167	1.048	0.197	0.901
	L2 英语组	23	0.130	0.702	0.377	0.571
G 有生致事	母语控制组	30	1.556	0.364	1.756	0.315
	L2 维吾尔语组	22	−0.106	0.819	0.121	0.900
	L2 英语组	23	0.029	0.460	0.826	1.039
G 无生致事	母语控制组	30	1.867	0.225	1.844	0.227
	L2 维吾尔语组	22	1.091	0.627	0.697	0.625
	L2 英语组	23	0.435	0.982	1.275	0.468

表 9.2 是维吾尔族两组受试和母语控制组对各类动结式句子可接受性判断的单因素方差分析（ANOVA）的结果：

表 9.2　操维吾尔语和英语的 L2 学习组与母语组 ANOVA 结果

动结式类型	平方合	均值平方	F 值	p 值	η^2
SVO	10.817	5.408	18.005	0.000	0.333
A 类 "把" 字句	19.838	9.919	23.116	0.000	0.391
B 类 SVO	23.336	11.668	25.829	0.000	0.418
B 类 "把" 字句	21.019	10.510	23.748	0.000	0.397
C 类施事可让渡 SVO	30.121	15.061	34.264	0.000	0.488
C 类施事可让渡 "把" 字句	18.983	9.492	31.209	0.000	0.464
C 类施事不可让渡 SVO	19.390	9.695	30.092	0.000	0.455
C 类施事不可让渡 "把" 字句	35.771	17.886	32.977	0.000	0.478
C 类致事可让渡 SVO	19.975	9.987	23.593	0.000	0.396
C 类致事可让渡 "把" 字句	16.218	8.109	17.697	0.000	0.330
C 类不可让渡 SVO	11.523	5.761	14.873	0.000	0.292
C 类致事不可让渡 "把" 字句	8.154	4.077	11.167	0.000	0.237
D 类 SVO	18.274	9.137	21.620	0.000	0.375

续表

动结式类型	平方合	均值平方	F 值	p 值	η^2
D 类 "把" 字句	22.933	11.467	35.486	0.000	0.496
E 类 SVO	8.821	4.410	15.156	0.000	0.296
E 类 "把" 字句	11.224	5.612	10.967	0.000	0.234
F 类 SVO	36.309	18.155	31.835	0.000	0.469
F 类 "把" 字句	27.470	13.735	24.761	0.000	0.408
F2 类 SVO	37.977	18.989	33.208	0.000	0.480
F2 类 "把" 字句	18.095	9.047	25.460	0.000	0.414
F3 类 SVO	27.073	13.536	25.181	0.000	0.412
F3 类 "把" 字句	18.364	9.182	22.419	0.000	0.384
G 有生致事类 SVO	45.859	22.930	73.099	0.000	0.670
G 有生致事类 "把" 字句	34.806	17.403	28.717	0.000	0.444
G 无生致事类 SVO	27.063	13.531	31.492	0.000	0.467
G 类无生致事 "把" 字句	16.823	8.412	41.740	0.000	0.537

　　如表 9.2 的 ANOVA 结果显示, 维吾尔族大学生和英美澳留学生受试组及母语控制组在各类动结式句子的接受性判断上都有显著差异。据此, 我们又做了 Scheffe 多重比较测试, 结果概述于表 9.3:

表 9.3　操维吾尔语和英语的 L2 学习者单变量检验 Scheffe 多重比较结果

因变量	(I) 组别	(J) 组别	均差 (I-J)	标准误	显著性 p
A 类 SVO	母语组	维吾尔语组	0.593 (＊)	0.154	0.001
	母语组	英语组	0.882 (＊)	0.152	0.000
	维吾尔语组	英语组	0.289	0.163	0.216
A 类 "把" 字句	母语组	维吾尔语组	0.551 (＊)	0.184	0.015
	母语组	英语组	1.234 (＊)	0.182	0.000
	维吾尔语组	英语组	0.684 (＊)	0.195	0.003
B 类 SVO	母语组	维吾尔语组	1.339 (＊)	0.189	0.000
	母语组	英语组	0.755 (＊)	0.186	0.001
	维吾尔语组	英语组	−0.584 (＊)	0.200	0.018
B 类 "把" 字句	母语组	维吾尔语组	1.263 (＊)	0.187	0.000
	母语组	英语组	0.756 (＊)	0.184	0.001
	维吾尔语组	英语组	−0.507 (＊)	0.198	0.044

续表

因变量	(I) 组别	(J) 组别	均差 (I-J)	标准误	显著性 p
C 类施事可让渡 SVO	母语组	维吾尔语组	1.190 (＊)	0.186	0.000
	母语组	英语组	1.376 (＊)	0.184	0.000
	维吾尔语组	英语组	−0.186	0.198	0.643
C 类施事可让渡"把"字句	母语组	维吾尔语组	1.127 (＊)	0.155	0.000
	母语组	英语组	0.900 (＊)	0.153	0.000
	维吾尔语组	英语组	0.227	0.165	0.390
C 类施事不可让渡 SVO	母语组	维吾尔语组	1.156 (＊)	0.159	0.000
	母语组	英语组	0.880 (＊)	0.157	0.000
	维吾尔语组	英语组	0.275	0.169	0.273
C 类施事不可让渡"把"字句	母语组	维吾尔语组	1.571 (＊)	0.207	0.000
	母语组	英语组	1.193 (＊)	0.204	0.000
	维吾尔语组	英语组	0.378	0.220	0.235
C 类致事可让渡 SVO	母语组	维吾尔语组	0.935 (＊)	0.183	0.000
	母语组	英语组	1.142 (＊)	0.180	0.000
	维吾尔语组	英语组	−0.206	0.194	0.571
C 类致事可让渡"把"字句	母语组	维吾尔语组	0.919 (＊)	0.190	0.000
	母语组	英语组	0.976 (＊)	0.188	0.000
	维吾尔语组	英语组	−0.057	0.202	0.961
C 类不可让渡 SVO	母语组	维吾尔语组	0.910 (＊)	0.175	0.000
	母语组	英语组	0.637 (＊)	0.172	0.002
	维吾尔语组	英语组	0.273	0.186	0.343
C 类致事不可让渡"把"字句	母语组	维吾尔语组	0.709 (＊)	0.170	0.000
	母语组	英语组	0.633 (＊)	0.167	0.001
	维吾尔语组	英语组	0.076	0.180	0.916
D 类 SVO	母语组	维吾尔语组	0.795 (＊)	0.182	0.000
	母语组	英语组	1.138 (＊)	0.180	0.000
	维吾尔语组	英语组	−0.343	0.194	0.216
D 类"把"字句	母语组	维吾尔语组	1.330 (＊)	0.160	0.000
	母语组	英语组	0.735 (＊)	0.158	0.000
	维吾尔语组	英语组	−0.596 (＊)	0.170	0.003

因变量	（I）组别	（J）组别	均差（I-J）	标准误	显著性 p
E 类 SVO	母语组	维吾尔语组	0.704（＊）	0.151	0.000
	母语组	英语组	0.696（＊）	0.150	0.000
	维吾尔语组	英语组	0.008	0.161	0.999
E 类"把"字句	母语组	维吾尔语组	0.839（＊）	0.201	0.000
	母语组	英语组	0.733（＊）	0.198	0.002
	维吾尔语组	英语组	0.106	0.213	0.884
F 类 SVO	母语组	维吾尔语组	1.334（＊）	0.212	0.000
	母语组	英语组	1.492（＊）	0.209	0.000
	维吾尔语组	英语组	−0.157	0.225	0.784
F 类"把"字句	母语组	维吾尔语组	1.338（＊）	0.209	0.000
	母语组	英语组	1.11（＊）	0.206	0.000
	维吾尔语组	英语组	0.227	0.222	0.595
F2 类 SVO	母语组	维吾尔语组	1.700（＊）	0.212	0.000
	母语组	英语组	1.004（＊）	0.210	0.000
	维吾尔语组	英语组	0.696（＊）	0.226	0.011
F2 类"把"字句	母语组	维吾尔语组	1.187（＊）	0.167	0.000
	母语组	英语组	0.618（＊）	0.165	0.002
	维吾尔语组	英语组	0.569（＊）	0.178	0.008
F3 类 SVO	母语组	维吾尔语组	1.356（＊）	0.206	0.000
	母语组	英语组	1.059（＊）	0.203	0.000
	维吾尔语组	英语组	0.297	0.219	0.402
F3 类"把"字句	母语组	维吾尔语组	1.092（＊）	0.180	0.000
	母语组	英语组	0.912（＊）	0.177	0.000
	维吾尔语组	英语组	0.180	0.191	0.643
G 有生致事类 SVO	母语组	维吾尔语组	1.662（＊）	0.157	0.000
	母语组	英语组	1.527（＊）	0.155	0.000
	维吾尔语组	英语组	0.135	0.167	0.722
G 有生致事类"把"字句	母语组	维吾尔语组	1.634（＊）	0.219	0.000
	母语组	英语组	0.930（＊）	0.216	0.000
	维吾尔语组	英语组	0.705（＊）	0.232	0.013

因变量	（I）组别	（J）组别	均差（I-J）	标准误	显著性 p
G 无生致事类 SVO	母语组	维吾尔语组	0.776（＊）	0.184	0.000
	母语组	英语组	1.432（＊）	0.182	0.000
	维吾尔语组	英语组	-0.656（＊）	0.195	0.005
G 类无生致事"把"字句	母语组	维吾尔语组	1.148（＊）	0.126	0.000
	母语组	英语组	0.569（＊）	0.124	0.000
	维吾尔语组	英语组	0.578（＊）	0.134	0.000

注：＊均值差有显著差异（p 值均小于 0.05）。

表 9.3 的 Scheffe 多重比较结果显示，维吾尔语和英语两组二语学习者受试和母语控制组都有显著差异，而维吾尔语 L2 高级组和英语 L2 学习者之间对 C 类、E 类、F1 类和 F3 类动结式的接受性，不论是 SVO 句还是"把"字句，都没有差异。

操维吾尔语和操英语 L2 学习者之间在 A 类的 SVO 句动结式上无差异，而在"把"字句动结式的接受度上维吾尔族大学生比英语 L2 学习者显著地高（p = 0.003）。而对 B 类动结式，英语留学生在 SVO 和"把"字句两种句式上的接受度上都边缘性显著地高于维吾尔族大学生，p 值分别是 0.018 和 0.044，前者都在 1 之上，而后者都在 0.5 以上。维吾尔族大学生对 B 类动结式的接受度都只过了门槛值，均值 SVO 句是 0.561，"把"字句是 0.682，说明 B 类动结式对他们有一定困难。

在 D 类动结式的接受度上，两个二语高级组学习者在 SVO 句子上无差异，而在"把"字句的接受度上，维吾尔族大学生显著地低于英语 L2 学习者（p = 0.003）。维吾尔族大学生对 SVO 句接受均值是 0.562，对"把"字句的接受均值是 0.303，更趋于接受 D 类动结式 SVO 句，而英语 L2 学习者对 SVO 句接受均值是 0.271，对"把"字句的接受均值是 0.899，更趋于接受 D 类动结式的"把"字句，表现出不同的偏好。

两组二语学习者的另一个差异表现在对 F2 类动结式 SVO 和"把"字句两类句子上，p 值分别是 0.011 和 0.008。维吾尔族大学生对 SVO 句和"把"字句的接受均值分别是 -0.333 和 0.258，趋于拒绝 SVO 句而趋于接受"把"字句。而操英语 L2 学习者对 SVO 句和"把"字句的接受均值分别是 0.362 和 0.826，他们趋于接受 F2 类动结式的 SVO 句，而更喜欢或接受其"把"字句。

　　在 G 类动结式有生致事 SVO 句子的接受度上，两组二语学习者没有差异，维吾尔族大学生趋于拒绝（M = −0.106），而英语留学生不确定（M = 0.029），而他们在"把"字句上有显著差异（p = 0.013），维吾尔族大学生略有接受倾向（M = 0.121），而英语留学生是接受（M = 0.826）。在对 G 类动结式无生致事 SVO 和"把"字句两个句子的接受度上两组二语学习者均有差异，p 值分别是 0.005 与 0.0001。两组受试都趋于接受或接受 SVO 句和"把"字句，维吾尔族大学生比英语留学生更偏爱 SVO 句，均值分别是 M = 1.091 和 M = 0.435；而英语留学生比维吾尔族大学生更偏爱"把"字句，均值分别是 M = 1.275 和 M = 0.697。

二　假设 1 的结果

　　我们的假设 1 预测致事主语动结式句难度要大于施事主语动结式句。实证表现是学习者对施事主语动结式句的接受度要高于对致事主语动结式句，甚至会拒绝致事主语动结式句。我们分两小节分别报告他们对施事主语和致事主语动结式句的可接受性判断。

（一）施事类主语动结式的习得结果

　　我们将操维吾尔语的大学生和操英语的留学生两组 L2 汉语学习者对 5 类施事主语动结式的习得结果展示于图 9.1：

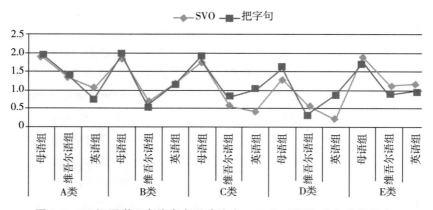

图 9.1　L2 汉语学习者施事主语动结式 SVO 和"把"字句的接受度

　　如图 9.1 所示，操维吾尔语和操英语的 L2 学习者对 A、B、C、D、E 类动结式的接受度除 D 类句子外，都过了或者接近门槛值（均值 = 0.05），只有 D 类句子两个语言 L2 学习者的接受度低于门槛值。B 类和 C

类动结式的习得略低于 A 类和 E 类的动结式，这与 Yuan & Zhao
（2010）的结果一致。D 类动结式是各类动结式中接受度最低的，这点也
与 Yuan & Zhao（2010）的结果一致，操维吾尔语 L2 学习者对"把"字
句，操英语 L2 学习者对 SVO 句的接受度在门槛值以下，但他们各自的另
一种对应句式的接受度都在门槛值以上，说明 D 类动结式也是可以习得
好的。操维吾尔语和操英语 L2 汉语学习者对最困难的 D 类动结式的接受
性表现说明汉语动结式是可以习得的，并不像 Yuan & Zhao（2010）的结
果显示的汉语动结式的二语题元重构很成问题，因为我们的操维吾尔语和
操英语高级组二语习得者已成功地重建了动结式"复杂"的题元关系，
或者说能成功地构建其复杂的语义事件结构。汉语动结式"复杂"的题
元关系二语重构是可及的。

概言之，我们的研究结果说明这些类动结式是可以习得的，D 类是最
难习得的一类动结式，是因为它们涉及心理谓词，整体复合事件结果是宾
语指向，符合英语结果构式和维吾尔语的相应表达的直接宾语限制
（DOR）。

（二）致事类主语动结式的习得结果

图 9.2 展示的是操维吾尔语和操英语的 L2 汉语学习者对 3 类致事主
语动结式的习得结果。

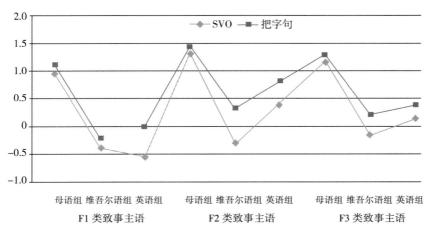

图 9.2　L2 汉语学习者致事性主语动结式接受度

如图 9.2 所示，操维吾尔语和操英语的 L2 学习者三组致事主语句接
受度都是"把"字句一致地稍高于 SVO 句。母语为英语的 L2 学习者对这

三组致事主语动结式的接受度分成两类，F1 独自一类，F2 和 F3 形成一类，他们趋于接受 F2 和 F3，而拒绝 F1，拒绝的程度也过了门槛值（均值＝−0.05）。

维吾尔语组拒绝三组 F 类致事动结式的 SVO 用法。但是他们对"把"字句的接受度也分两类：趋于拒绝 F1 组的动结式，而趋于接受 F2 和 F3 组的，这和操英语的 L2 学习者接受格局一致。

对照图 9.1 和图 9.2，操维吾尔语和操英语两组汉语学习者接受 5 类施事类动结式的句子，而拒绝 3 类施事类的句子。母语为英语和维吾尔语的二语学习者对施事和致事类动结式的接受和拒绝数据完全验证我们假设 1 的预测。

三 假设 2 的结果

假设 2 的预测实际上是我们的语义突显层级与有生性假设：与无生致事结合的零位使因比与有生的致事结合的零位使因更突显。无生致事句的"致使"语义比有生致事句更突显，因此接受度应更高，习得程度更高。我们是通过 G 类动结式的判断来验证这一假设的。图 9.3 展示操维吾尔语和英语的 L2 学习者对 G 类动结式句的习得状况：

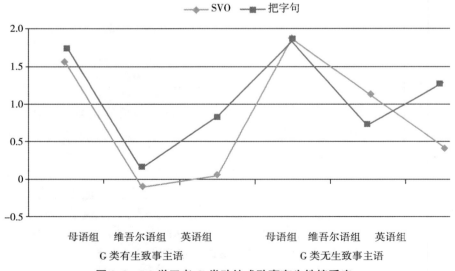

图 9.3   L2 学习者 G 类动结式致事有生性接受度

如图 9.3 所示，操维吾尔语和英语的两组 L2 学习者都接受 G 类动结式无生致事，而拒绝其有生致事的 SVO 句。操英语 L2 学习者表现出对"把"字句的偏好更强、更明显：有生和无生两种致事"把"字句接受度都高于对应 SVO 句的接受度。这为我们的假设 3 提供了证据。

操维吾尔语 L2 学习者的接受度确以致事主语的有生性为分界标：拒绝有生致事，而接受无生致事。母语为英语和维吾尔语的二语学习者对有生致事的接受度显著地低于对无生致事的，这一一致的表现完全与我们语义突显层级模式致使有生性层级的预测一致，验证了我们的假设 2，进一步证实了语义突显层级模式。

四　假设 3 的结果

我们假设 3 主要考察主语性质与宾语可让渡性在动结式题元重建中的作用。我们对 C 类句子进行了分解，将其施事主语扩展增加了致事主语，宾语也扩充成两类：不可让渡和不可让渡宾语，这样我们就有 4 组组合（1）：

> （1）主语（施事/致事）＋动结式＋宾语（±可让渡性）
> a. 施事主语+动结式+可让渡宾语
> b. 施事主语　＋　动结式　＋　不可让渡宾语
> c. 致事主语+动结式+可让渡宾语
> d. 致事主语　＋　动结式　＋　不可让渡宾语

由于在表达"致使"因果事件语义关系的直接性上，不可让渡宾语比可让渡宾语更直接，因而对动结式的"致使"因果题元关系突显度更高。因而，二语习得者表现出"致事主语+ 动结式 + 不可让渡宾语"的习得优势或偏好。图 9.4 展示操维吾尔语的 L2 学习者对 C 类动结式施事/致事主语与宾语可让渡性的接受度：

如图 9.4 所示，维吾尔语和英语 L2 学习者对致事主语的接受度，不可让渡明显高于可让渡的，SVO 和"把"字句均如此，没有句式偏好。而对施事主语动结式的接受度而言，维吾尔语和英语 L2 学习者表现出明显的不同格局。他们的差异主要表现在句式上：维吾尔语学习者宾语的可让渡性在 SVO 句子上无差异，而在"把"字句的可接受性上表现出明显的偏好：可让渡的宾语的接受度明显高于不可让渡的宾语。维吾尔语 L2

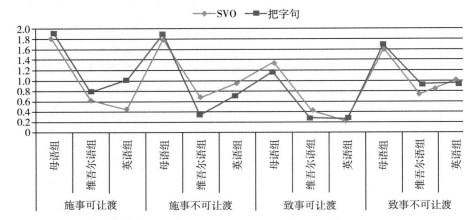

图 9.4　L2 学习者对 C 类动结式（施事/致事主语和宾语可让渡性）的接受度

学习者对施事主语 SVO 句子的接受度已过了门槛值（均值 = 0.05），却不大喜欢 C 类施事主语和不可让渡组合的"把"字句用法，如"张三把眼睛哭红了""李四把嗓子喊哑了""赵六把肚子笑疼了"。

　　维吾尔语和英语 L2 学习者对宾语的可让渡性在动结式事件语义结构或者题元关系重构上的作用还有一个有趣习得表现：对致事主语 SVO 句宾语可让渡性的接受度表现出相同的偏好，都偏爱不可让渡的宾语，即对不可让渡宾语的接受度都高于可让渡宾语的。但是，维吾尔语和英语 L2 学习者在对致事与可让渡宾语组合的接受性略高于英语 L2 组的，而对致事和不可让渡宾语的组合句的接受度上却低于英语 L2 组的。

　　然而，在对待施事主语和宾语可让渡性的搭配组合的"把"字句判断上，英语组的接受度明显地都高于维吾尔语的。不论是可让渡的还是不可让渡的宾语，英语 L2 组的都稍高于维吾尔语 L2 组。英语 L2 学习者对 SVO 句偏爱是一致的，即不可让渡宾语优势，不论主语是施事还是致事。而维吾尔语 L2 学习者，只在致事主语句中表现出对不可让渡宾语优势。在对"把"字句的判断中，维吾尔语和英语 L2 学习者都表现出对施事主语句可让渡宾语优势或者偏好。

　　换句话说，对施事主语 SVO 句，维吾尔语对宾语的可让渡性的接受中没有差异反应，接受度都在 0.06 左右，而差异却反映在对应的"把"字句中，可让渡宾语的接受度高于不可让渡宾语的，即可让渡宾语优势。

　　施事主语句中宾语可让渡性问题，英语 L2 学习者 SVO 和"把"字句表现的偏爱是不一致的：SVO 句子里，不可让渡宾语的接受度高于可让渡的宾语，即不可让渡宾语优势。而在"把"字句里，却表现出可让渡宾语优势，不可让渡宾语的接受度低于可让渡的宾语，在这点上与维吾尔语 L2 学习者的偏好是一致的。在致事主语句中，两个二语组接受度相当。

SVO 句，英语 L2 学习者表现出对不可让渡宾语的偏爱，不论是施事主语还是致事主语，而维吾尔语 L2 学习者仅在致事主语句中表现出这种偏爱。而施事主语句"把"字句的偏好与 SVO 句相反，两个 L2 组相同。假设 3 得到基本验证。

五　假设 4 的结果

我们构式致使语义突显层级假设由于与句法相关的"致使"在"把"字句里比在动结式里更突显，即"把"字句 > 动结式，因此对"把"字句动结式二语习得要易于或等于 SVO 句动结式的。有关假设 4 的证据其实我们在报告假设 1 至假设 3 的结果时已间接地有所报告。我们对操英语和操维吾尔语的二语学习者对各类动结式的"把"字句和 SVO 的接受度进行了配对 t-test 检验，发现了 6 组有显著差异的动结式，这一结果概述于表 9.4。

表 9.4　　　　　　　　配对 t-test 检验有显著差异的动结式结果

受试组	动结式	SVO 均值	标准差	"把"字句均值	标准差
英语 L2 组	D 类	0.217*	0.749	0.899*	0.507
	F1 类	−0.536*	0.968	0.000*	0.759
	F2 类	0.362*	0.658	0.826*	0.481
	G 有生	0.029*	0.459	0.826*	1.039
	G 有生	0.434*	0.982	1.275*	0.468
维吾尔语 L2 组	F2 类	−0.333*	1.049	0.258*	0.854

注：* = $p < 0.05$。

如表 9.4 所示，所有由显著差异的动结式都是"把"字句的接受度高于 SVO，为我们假设 4 提供了支持。维吾尔族大学生高级组仅在 F2 类一类动结式上有"把"字句偏爱。操英语的留学生在 D 类，F1 和 F2，以及 G 类有生致事和无生致事的动结式上都有差异，而这些类动结式是习得较有问题的。F 类和 G 类是致事类动结式，以及 D 类都是致事或者致事 & 施事类动结式。操英语的二语习得者基本上拒绝或者趋于不接受动结式的 SVO 句，但却接受或者对动结式的"把"字句不确定。这一发现不仅支持我们构式致使语义突显层级假设，而且对我们语义突显层级模式应用到动结式和"把"字句的教学，以及把动结式和"把"字句的教学结合起来进行的建议提供了支持。

我们从图 9.4 维吾尔族 L2 学习者对 C 类动结式宾语可让渡性的接受度可以看出，维吾尔族 L2 学习者对施事主语 SVO 句子的接受度已过了门槛值（均值 = 0.05），却不大喜欢 C 类施事主语和不可让渡组合的"把"字句用法，如"张三把眼睛哭红了""李四把嗓子喊哑了""赵六把肚子笑疼了"。这一结果虽然是构式致使语义突显层级假设的反证。然而，我们对这两个组受试的 C 类施事主语"把"字句和 SVO 所做的配对 t 检验没有发现显著差异。我们对维吾尔族大学生为什么不喜欢这类动结式"把"字句一无所知，没有解释。我们的配对 t 检验只发现维吾尔族大学生在 F2 类致事主语句的"把"字句和 SVO 由显著差异（$p < 0.05$），对"把"字句接受度显著地高于对 SVO 句。

六　结果小结

致事主语动结式句难度要大于施事主语动结式句，操维吾尔语和操英语的 L2 学习者接受施事主语动结式句，而拒绝致事主语动结式句。在当动结式的宾语是有生名词时，致事主语比施事主语的接受度要高。

操维吾尔语和操英语的 L2 学习者对致事主语 SVO 句宾语可让渡性的接受度表现出相同的偏好：都偏爱不可让渡的宾语，即对不可让渡宾语的接受度都高于可让渡宾语的。对施事主语 SVO 句，维吾尔语对宾语的可让渡性的接受中没有差异反应，接受度都在 0.06 左右，而差异却反映在对应的"把"字句中，可让渡宾语的接受度高于不可让渡宾语的，即可让渡宾语优势。施事主语句中宾语可让渡性问题，操英语 L2 学习者 SVO 句和"把"字句表现的偏爱是不一致的：SVO 句子里，不可让渡宾语的接受度高于可让渡的宾语，即不可让渡宾语优势。而在"把"字句里，却表现出可让渡宾语优势，不可让渡宾语的接受度低于可让渡的宾语，在这点上与维吾尔语 L2 学习者的偏好是一致的。

动结式宾语按其名词的有生性也可分为感事/当事及客体两类。施事和感事都是有生名词，而致事和客体都是无生名词。由于语言的转喻性，动结式的宾语还表现出可让渡性规律。可让渡宾语是无生名词，如"王华哭湿了手绢"中的"手绢"，而不可让渡名词是转喻性的有生名词，如"王华哭红了眼睛"中的"眼睛"。由于表达"致使"因果事件语义关系的直接性上，不可让渡宾语比可让渡宾语更直接，因而对动结式的"致使"因果题元关系突显度更高，因而二语习得者表现出"致事主语+ 动结式 + 不可让渡宾语"的习得优势或偏好。

　　"把"字句由于其构式的致使"处置"意义在表征"致使"因果关系上比 SVO 主谓宾基本句式更突显，因此，我们预测学习者对动结式"把"字句接受度要等于或者高于动结式 SVO 句。我们这一预测基本得到验证。操英语 L2 学习者都接受 G 类动结式无生致事，而拒绝其有生致事的 SVO 句。操英语 L2 学习者表现出对"把"字句的偏好更强、更明显：有生和无生两种致事"把"字句接受度都高于对应 SVO 句的接受度。这为我们的假设 3 提供了证据。

第三节　讨论

一　动结式的主语和宾语有生性组合的认知层级

　　我们在第五章论证动结式是"把"字句和重动句的一统论时已经论及动结式的歧义现象其实是动结式的主语和宾语 NP 的有生性，甚至人类性（［+Human］）的缘故。鉴于汉语主语和宾语的无选择性和汉语的轻动词句法，汉语动结式主语按有生性分为两类：施事和致事；宾语也可分为感事/当事及客体两类。施事和感事都是有生名词，而致事和客体都是无生名词。由于语言的转喻性，动结式的宾语还表现出可让渡性（alienable）规律。可让渡宾语是无生名词，如"王华哭湿了手绢"，而不可让渡（inalienable）名词是转喻性的有生名词，如"王华哭红了眼睛"。二语习得者表现出"致事主语+ 动结式 + 不可让渡宾语"的习得优势或偏好。操英语和操维吾尔语的二语学习者对"致事+动结式+感事"组合的接受度显著地高于"施事+动结式+感事"的组合。这一结果进一步为语义突显层级模式的有生性层级假设提供了支持和证据。

二　动结式简单致事/役事题元关系

我们操英语的留学生受试和维吾尔族大学生都接受 Yuan & Zhao
(2010) 考察的 A、B、C、D、E 类动结式的施事主语句，说明了汉语动
结式是可以习得很好的。我们的两组受试，尤其是操英语的留学生接受或
趋于接受 F 和 G 动结式致事主语的"把"字句说明即使难度最大的动结
式也是可以习得的。之所以可以习得，是因为动结式不仅是简单句法，也
是简单题元关系。

我们还原动结式简单致事/役事题元关系。正因为动结式是"把"字
句和重动句的一统形式，我们将原本认为动结式复合事件的语义结构涉及
的复杂题元关系还原成简单的施事/致事与役事题元关系。动结式的因
果—致使题元关系和"把"字句的一样，涉及致事和役事。动结式的二
语习得就是简单致事/役事因果—致使关系的习得。动结式二语习得中
"题元关系重构难"现象是缺乏语言学习事实的，因为它忽视了无数汉语
二语学习者"汉语通"的存在，如相声演员"大山"和央视主持人"小
尼"等，前者的母语是英语，后者的母语是维吾尔语。由于动结式在汉
语中的能产性和高使用率，它的二语习得是必然和已然的问题。我们对汉
语动结式的整体构式观，其致使关系的简单题元关系还原了"动结式"
简单因果—致使事件语义关系或者题元关系。我们的语义突显层级模式对
不同类型的动结式习得难度和习得先后能给出精准预测和合理解释。

三　动结式"致使"表征参数

我们的实证研究结果表明动结式的习得是对隐性轻动词的敏感度问
题，其教学应借助显性轻动词之力。根据语义突显层级模式的预测，显性
轻动词比隐性轻动词更容易习得。因此，根据我们的动结式是"把"字
句和重动句一统论，"把"字句和重动句（V1 NP V1R）都是显性轻动词
构式，前者的轻动词是"把"而后者的轻动词是 V1，V1 在重动句里只起
语法功能意义，而 SVO 句式的动结式是隐性轻动词，或者隐性因果 [使
因]。SVO 句中的动结式要比"把"字句的动结式更难习得，因而接受度
低。这个预测基本上只在致事主语句中得到验证。这个结果也是可以理解
的，毕竟致事性（无生）主语句比施事性（有生）主语隐性致使或者使
因性更模糊、更隐蔽，因而更难习得。另外，"把"字句还有其自身的习

得问题，动结式和其他类型动词在"把"字句里的难易度也不一样。尽管如此，我们对动结式是"把"字句和重动句的一统论和显性致使比隐性致使更容易感知和学习是有语言事实理据的，对动结式的教学有指导意义。动结式应和其"把"字句和重动句一起来对比着教学。

我们从维吾尔语结果构式与汉语动结式和英语结果构式的对比分析中抽离除结果构式的"使因"表征参数。此参数指出结果事件是结果构式的核心，在构式的表达是必要条件，而使因事件的表达有语言类型差异：在形态变化匮乏语言是必要条件，在形态变化丰富的语言如维吾尔语是可选条件，在形态变化相对贫乏的语言如英语里介于必要条件和可选条件之间。

结果构式的"使因"表征参数在第二语言习得中会有后果。维吾尔语和英语汉语二语习得者对使因事件 V 的强制必要表征反应迟钝，会出现不表达现象。

四　动结式"致使"表征参数之重设问题

我们的动结式简单句法和简单题元关系观，即简单句法和题元观（simple syntax & thematic relation）真正地反映了动结式整体构式观。复杂题元关系观明显的是建立在动结式的组合"动作述语"和"结果述语"两个子谓词的题元关系的重组上。这个重组不仅是复杂的，而且是不可实现的，因为有些动结式的宾语论元根本就和"动作述语"没有题元关系，也就是说，"动作述语"是不及物动词，本身就不能带宾语，它能在动结式里带宾语完全是动结式构式压制作用。例如"刘翔跑破了鞋子"英语和维吾尔语也有对应形式说明动结式构式的增加配件效应。

拉蒂尔（Lardiere，2007）提出的特征重组假设充分考量了二语习得者如何发挥母语知识在二语习得中的作用。该假设假定学习者会运用其词汇形态能力（morphological competence），对比分析母语和二语特征的对应之处，并按二语要求拆分母语特征，并将其重置于二语词项之上。这意味着学习者在二语习得中需要首先习得词汇形态能力，即学习者具备依据具体情况决定何种句法形式与何种特征准确匹配的知识（Lardiere，2008：111）。同一特征在不同的句法结构中可能有不同意义。因此，习得者必须不遗余力地学习该特征在不同的结构中能否出现、必须出现的情况以及使用的限制条件。

　　学习者在二语习得过程中会基于母语与二语之间的特征对比分析，从语义、句法两方面在母语中寻找与二语词汇形态的对应之处（Lardiere，2009a：191），以备形态句法习得（戴曼纯，2011：95）。

　　特征重组假设的这样处理对语言习得逻辑问题的求解并不妥当（Montrul & Yoon，2009：292），因为这挑战二语习得中 UG 还是语言输入起决定作用的问题。如果中际语受普遍语法制约，那么二语习得势必不受二语输入决定。怀特（White，2003：23）指出二语习得绝不是通过纯粹观察二语输入来完成，包括不以出现频率、类比与教学为基础的统计推导等为前提。这意味着抽象、隐性的特征是通过对比分析的方式从二语输入中获得不来的。例如，英语词汇使役动词如 please，delight 中的隐性使因CAUSE 仅从二语输入中是很难习得的，尽管该词在二语输入里使用频率高，出现早。"认识/见到你高兴"对应的不论是简短的形式 Nice to meet/see you. Pleased to meet/see you. 还是完整的形式 It's very nice to meet you. I'm very pleased to meet you. 在二语的输入里出现极早，频率也颇高，但学习者对 pleased 一词和与其对应的 pleasing，以及它们两个词的派生源please 一词的词汇特征知识的习得借助对比分析是很难完成的。

　　芒楚尔与雍（Montrul & Yoon，2009），斯拉波考瓦（Slabakova，2009）和 White（2009）等人认为二语习得受制于参数的演绎作用（deductive consequences of parameters），即二语习得亦为原则指导下确定语法参数值的过程。我们赞同 Montrul & Yoon（2009），Slabakova（2009）和White（2009）有关二语习得是在原则指导下的参数值重设过程。操英语和维吾尔语二语习得者对动结式的习得，以及他们实际的语言产出就是在UG 原则的指导下对结果构式里使因事件即致使事件 V1 表征参数的重新设定，就维吾尔语来说就是对 V1 - (i) p LINK（连接）从可选（optional）条件变成必要条件。

　　操维吾尔语和操英语的习得者对使因事件 V 的强制必要表征反应迟钝，会出现不表达现象。这解释了动结式二语习得中介语中经常出现的"空缺"动词述语的现象，其实这一现象是结果构式的"使因"表征参数母语迁移，还没有重现设定（reset）的表现。这一发现给二语习得理论建设中参数重设（parameter resetting）和特征重组（Feature Re-assembly）之争提供折中调和（reconciliation）的证据。

　　Lardiere（2009）的特征重组假设认为学习者在二语习得过程中会基

于母语与二语之间的**特征对比**分析，从语义、句法两方面在母语中寻找与二语词汇形态的对应之处，以备形态句法习得（戴曼纯，2011：95）。特征重组强调的是习得"过程"（process），参数重新设定强调的是习得"结果"或者最终"产品"（product），过程论对"习得"进行了更精细化指定而已。我们提出参数重设假设：学习者在二语习得过程中会基于母语与二语之间的**形态特征对比**分析，从语义、句法两方面在母语中寻找与二语词汇形态的对应之处，以备参数重设。我们在 Lardiere 的"特征对比"增加了"形态"这一修饰限定语，因为正是这个"形态"联系了 CAUS 和 CAUSE，即将句法和语义连接成一体，句法与语义的接口。

五　动结式"致使"表征参数重设之证据

我们对动结式二语习得的参数重设假设也与乔（Qiao 2008）参数设定途径是一致的。Qiao（2008）考察母语为英语的学习者对动结式终结性标记的习得。其研究目的是识别或鉴别影响二语语法习得的因素以及二语习得过程中的参数重设的可能性。研究问题有二：操英语的学习者是否能够完全习得动结式语言特有的信息包装方式和在动结式的二语习得中终结性标记参数的效应。受试包括 12 名高级水平学习者，6 名中级水平学习者和 6 名初学者，以及 6 名汉语母语者作为控制组。该研究实验工具是故事理解任务，要求受试完成一个故事理解任务来评估对汉语终结性标记的知识习得情况。结果显示低水平的学习者在确定状态变化意义是动结式的核心所在上有困难。这一困难的原因是英语母语缺乏这样的结构。研究发现中级和高级组有能力对这些结构做不同区分。在这些学习者中，他们对终结和非终结解读的知识随着语言水平的提高，准确性也随之提高。这些结果表明学习者在接触目标语特定的时间就能够习得母语中没有的新结构。这一研究还表明对这些结构的掌握和学习者整体语言水平之间存在正相关关系。

乔（Qiao，2008）的发现和我们的一致，动结式是可以习得的，学习者对动结式的习得和其二语学习水平有直接正相关关系。动结式语言特有的信息包装方式就是我们动结式"致使"表征参数，"动结"一体，即致使与致果一体的表征方式。动结式中动作与状态变化的编码方式，或者词汇化方式还有泛化的倾向（陈与艾 Chen & Ai，2009）。Chen & Ai（2009）调查了跨语差异对习得二语汉语运动和状态变化编码的影响。他们在 10 位将汉语作为外语学习的操英语学生中采用诱发描述运动事件和状态变化事件实验，结果显示学生对汉语编码运动和状态变化事件的特定方式有敏感性。研究还发现学习者趋于过度使用目标语里对运动和状态变化词汇化主要方式。

姚娇娇（Yao，2022）的半诱发式产出任务、语法判断任务和理解任务的结果也与我们的结果一致，27 位母语为葡萄牙语的中级和高级水平汉语二语学习者在对使役性动结式的理解和产出上表现出一般正向发展趋势，Yao 将此看作 UG 可及的证据。有些学习者在半诱发式产出任务和理解任务上表现出接近母语者（native-like）的行为，说明参数设定的可达性（attainability）。

格鲁沃（Grover 2015）就专门考察了动结式的 V2 和动词末"了"在汉语二语学习者中介语中的竞争现象，即 Qiao（2008）的动结式终结性标记参数的问题，动词后"了"是终结性标记。操英语的二语学习者理解必须使用动结式来表达状态变化的事件。然而，他们不会习惯地将完成体标记"了"当成结果标记。统计分析的结果支持学习者将"了"当成了过去式的时态标记。Grover（2015）发现母语英语中事件聚合中状态变化子事件的表达对他们理解动结式 RVC-了与 V1-了组合的差异。

张（Jie Zhang，2011）基于母语为英语的汉语二语学习者语料库研究发现动结式的句法和语义特征在相当早的习得阶段就可以掌握，而动结式的词汇层面看起来是习得的困难点所在。这一发现说明在汉语动结式的二语习得中，词汇层面的掌握并不与其句法或者语义层面的掌握并行发展。词汇层面的习得更具挑战性，比句法或者语义层面需要正常时间去习得掌握。这就解释了我们在动结式习得文献综述里发现的一个有趣的研究悖论：二语习得者在口语产出任务中明显地趋于过低使用动结式（如 Wen，1995，1998；Christensen，1997；Duff & Li，2002；Jie Zhang，2011 等），学习者又在句子可接受性判断中表现出理解动结式组合性本质和意义（如 Qiao，2008；赵杨，2003；Yuan & Zhao，2011 等）。Jie Zhang（2011）研究发现不仅说明了动结式是可以习得的，而且其句法语义接口或者映射是很早就可以掌握的，也就是说，动结式的题元关系重建不是个问题，与 Yuan & Zhao（2011）的发现正好相反。Yuan & Zhao（2011）发现动结式的句法层面没有习得困难，而其复杂题元关系重建是动结式二语习得的一个严重挑战。高级水平学习者对此都有很大困难，难以重建动结式的题元关系。我们动结式的简单致使-因果事件语义，或者致事/役事简单题元观揭示了动结式不仅是简单句法，也是简单题元关系，句法语义二语习得或者句法题元重建都不是不可获得的，而是可以获得的。我们的研究结果与 Jie Zhang（2011）的发现一致，动结式的句法语义层面习得都是可以获得的，是与学习者的语言水平正相关的。

六　构式致使语义突显层级假设

我们在动结式是"把"字句和重动句一统论的基础上，发现构式的致使意义，据此为我们语义突显层级模式增添了构式致使语义突显层级假设：由于与句法相关的"致使"在"把"字句里比在动结式里更突显，即"把"字句 > 动结式，因此对"把"字句动结式二语习得要易于或等于 SVO 句动结式的。

操英语的留学生在较难习得的 D 类，F1 和 F2，以及 G 类有生致事和无生致事动结式"把"字句的接受度显著地高于 SVO 句的，而在较容易习得的 ABCE 类动结式的"把"字句和 SVO 句之间没有接受度上的差异。D、F 和 G 类动结式都是致事或者致事 & 施事动结式。这一习得表现是语义突显层级模式认知突显性的反映。他们拒绝或者趋于不接受动结式的 SVO 句，但却接受或者对动结式的"把"字句不确定。这一发现给语义突显层级模式应用到动结式和"把"字句的教学，以及把动结式和"把"字句的教学结合起来进行的建议提供了理据。

与操维吾尔语的二语习得者相比，操英语的二语习得者表现出对"把"字句的更大喜爱，这一点出乎我们意料，毕竟英语是 SVO 语序，而维吾尔语是 SOV 语序。这一结果可能是二语学习者对目标语和母语之间差异或者距离的判断所致。操维吾尔语的二语学习者觉得汉语与维吾尔语很不同，应该多用 SVO 句，而不是和母语语序相同的"把"字句。操英语的二语学习者觉得汉语和英语很不同，因此应该多用于母语不同的"把"字句。

姚娇娇（Yao，2022）的 27 位操葡萄牙语中级和高级水平的二语学习者对"把"字句的接受度显著地高于对 SVO 句，而 27 位汉语母语控制组受试对"把"字句和 SVO 句的动结式的判断没有差异。事实上，操葡萄牙语的中级和高级水平的二语习得者接受"把"字句（$M_{中级组}$ = 3.25；$M_{高级组}$ = 3.22），而拒绝 SVO 句（$M_{中级组}$ = 2.50，$M_{高级组}$ = 2.00）[1]。葡萄牙语是罗曼语族语言，Snyder 的复合参数设定为负，没有形容词结果构式。与操维吾尔语的二语学习者相同，操葡萄牙语的二语学习者对 SVO 句和"把"字句的习得数据为我们的构式致使语义突显层级假设提供了进一步的支持。

---

　　① Yao（2022）使用的是 1-5 的 5 级里克特量表（Likert Scale），3 为门槛值。

第十章

结　　论

第一节　主要发现概述

致使结构在语言上的表现是句法结构上涉及引入外元的 VOICE，引入致使（CAUSE）的功能词类 CAUS 或者小 v。对致使结构的二语习得是对句法上的功能中心词 CAUS，或者小 v 的敏感度问题，是与句法相关的语义成分［使意］在自然语言中实际表征突显性的反映。对动结式的二语习得是对该构式的隐性轻动词的敏感度问题。我们提出动结式是重动句和"把"字句的一统 SVO 语序形式，而重动句和"把"字句都是典型的 SOV 语序。动结式和这两个轻动词构式可以共现说明动结式与重动句和"把"字句不仅相互兼容，而且表达意义相同，这为我们的一统论提供了理据。有些动结式的所谓歧义现象其实就是其重动句和"把"字句的解读意义表现，这为我们的一统论提供了证据。重动句的轻动词就是 V1，功能和意义如同轻动词"DO"，汉语是通过复制或者拷贝 V1 来实现其句法要求的。汉语这一"复制"或者"拷贝"句法形态机制在陕西方言里表现为一个单独轻动词"拿"。"张三骑累了马"的"张三累了"解读就是"张飞骑马骑累了"或者"张飞拿马骑累了"之意，而"马累了"的解读是"张三把马骑累了"。拷贝 V1 或者"拿"就是"DO"，而轻动词"把"就是"致使"或者"使因"。

英美澳留学生对汉语动结式的习得证明汉语动结式的二语习得是句法致使的敏感度问题，是一个基于主语的习得机制。汉语致使句中，主语由 VOICE 引入，题元角色为施事或者致事。二语习得的基本顺序是先施事后致事，因为施事与英语致使句相同。句法致使的习得和有生性层级有密切关系，支持语义突显层级模式的预测。L2 中与 L1 中具有相同题元关系句式是首批学会的，即学生还是依据母语中 UPP 特征构建汉语动结式的论元和语义关系，这是我们称作深度的母语迁移的正面作用，支持 Schwartz & Sprouse（1996）完全迁移/完全通达假设。

中国学生在英语结果构式的习得中对使动句的接受率高于对典型式的，对典型式的接受率又高于结果式的，即使动句 >典型式 >动结式。三组受试对词汇使役形式的接受程度高级组高于动结式，验证了语义突显层级模式的预测。我们在考察中国学生对英语结果构式 DOR 敏感度时发现高级组受试所表现的母语回归现象。母语回归是学习中后期的母语迁移，它是不完整正面证据作用下的迁移。

维吾尔族高级组和中高组二语学习者对动结式的习得符合语义突显层级模式的预测。维吾尔族高级汉语水平的大学生对 ABCDE 类施事主语句的接受度都超过了门槛值，中高组也仅在 D 类动结式的接受度在门槛值之下。操维吾尔语的汉语二语习得者已成功的重建了动结式"复杂"的题元关系。这说明动结式二语习得中（复杂的）题元关系重建是可以实现的。维吾尔族大学生对施事主语动结式句的接受度高于对致事主语句的。他们在对习得难度大的致事动结式句的接受上，表现出对"把"字句的偏爱，即动结式的"把"字句比动结式的 SVO 句接受度显著地高，这显示了"把"字句构式"致使"意义的作用。

我们在动结式是"把"字句和重动句一统论的基础上，发现构式的致使意义，据此为我们语义突显层级模式增添了构式致使语义突显层级假设：由于与句法相关的"致使"在"把"字句里比在动结式里更突显，即"把"字句 > 动结式，因此对"把"字句动结式二语习得要易于或等于 SVO 句动结式的。

操英语的留学生对较难习得的 D 类，F1 和 F2，以及 G 类有生致事和无生致事动结式"把"字句的接受度显著地高于对 SVO 句的，而在较容易习得的 ABCE 类动结式的"把"字句和 SVO 句之间接受度上没有差异。D、F 和 G 类动结式都是致事或者致事 & 施事动结式。操英语的留学生这一习得结果，或者使用策略爱好还是语义突显层级模式认知突显性的反映。拒绝或者趋于不接受动结式的 SVO 句，但却接受或者对动结式的"把"字句不确定。这一发现验证了构式致使语义突显层级假设，给语义突显层级模式应用到动结式和"把"字句的教学，以及把动结式和"把"字句的教学结合起来进行的建议提供了理据。

第二节 结论

　　动词句法-语义映射规律以及动词习得是近二十年来理论语言学和语言习得所关注的焦点问题之一。语义突显层级模式理论是我们为了解释夹杂着母语迁移现象的二语动词句法-语义映射习得，结合生成语言学和语言类型学对使役化结构的分析，提出了自然语言对使役化结构表征呈现出［使意］的突显层级：（句法使役形式（缀合使役形式（词汇使役形式）））,并提出语义突显层级模式：对使役化结构的二语习得是与句法相关的语义成分［使意］在自然语言中实际表征突显性的反映（Zhang 2003/2007）。动结式是"把"字句和重动句的一统论还原了动结式的简单句法和简单题元关系的本质。我们因此提出的构式致使语义突显层级假设指出与句法相关的"致使"在"把"字句里比在动结式里更突显，即"把"字句 > 动结式。我们发现操英语和操维吾尔语的二语学习者对"把"字句动结式接受度要高于或等于 SVO 句动结式的，给我们新增的构式致使语义突显层级假设提供了支持。我们对构式隐性轻动词的发现使我们对语义突显层级模式做更准确的表达。我们需要将原来的基于英语词汇使役动词所编码的零位致使而统称的词汇使役形式，即经过词汇化的致使形式，改写成"零位使役形式"。改正后的术语"零位使役形式"既包含词汇使役形式，也包含我们的构式使役形式，句法上的小 v（little v）。这样更精准地概括了与句法相关的"致使"在自然语言里的表征形态。

　　语义突显层级模式所试图解释的问题——致使结构的语言表征和语言习得是语言类型学、生成语法、功能语法、认知语言学等语言学流派共同面临的国际前言研究课题，最简方案中的轻动词理论就是解释这个问题的。该理论将致使结构在自然语言中表征特征和语言习得结合起来，为理论语言学、二语习得理论建设，以及为回答语言知识的构成，及（第二）语言是如何习得的等问题做出了贡献。该理论在母语为英语和维吾尔语的汉语二语学习者对动结式，以及中国大学生对英语结果构式的二语习得中得以验证。该理论在预测和解释汉语致使结构的第二语言习得中得以验证充分地证明了它准确的预测性和解释力。语义突显层级理论在语言致使结构研究，以及致使结构的语言习得研究等方面做出了较为深入的考察和研究，探索和了解自然语言［使意］具体表征形态及外语学习此形态的规律，启迪于语言致使结构教学实践和其他应用语言学研究。

第三节 主要贡献和意义

语义突显层级模式理论框架明确。语义突显层级模式能够对已有的动结式二语习得研究中的问题，如 Yuan & Zhao（2010）等，给予更合理的解释。正是在此理论自信下，我们研究选择的二语学习者群体既包含母语为英语的，还增加了母语为维吾尔语的，以验证语义突显层级模式的解释力。语义突显层级模式是 Zhang（2003/2007）为了解释夹杂着母语迁移现象的二语动词句法-语义映射之习得，结合生成语言学和语言类型学对使役化结构的分析，而提出的自然语言对使役化结构表征理论和使役化结构二语习得理论。该理论指出自然语言对使役化结构表征呈现出 [致使] 的突显层级：（句法使役形式（缀合使役形式（零位使役形式））），并提出语义突显层级模式：对使役化结构的二语习得是与句法相关的语义成分 [致使] 在自然语言中实际表征突显性的反映。由于动结式或者结果构式本质上是一种致使结构，因此对它的二语习得无疑将依循自然语言致使结构的表征规律。语义突显层级模式能对动结式的习得（规律）给予精准预测和合理解释。

本书聚焦动结式，进一步探索和了解自然语言 [致使] 具体表征形态及二语学习此形态的规律。汉语动结式是隐性轻动词使役形式，而英语是词汇使役形式，维吾尔语是缀合使役形式。因此，选择母语为英语和维吾尔语的汉语学习者作为受试对象，有助于检验和完善语义突显层级模式，促进第二语言习得理论建设。

对自然语言致使结构的层级性表征做了更精准表述。我们原来的语义突显层级表述是依据与句法相关的 CAUSE 在语言类型学上的突显性，即（句法使役形式（缀合使役形式（词汇使役形式））），词汇使役形式在其中是最不突显，因为在此形式里 [致使]（CAUSE）是零位形式编码的，即 zero CAUS（零位使因）。词汇使役形式是编码在心理词库（lexicon）里的隐性致使形式。我们接纳 Lin（2001）的词汇化参数和 Williams（2005）的无论元理论，在汉语轻动词句法框架里，隐性致使形式是隐性的轻动词，此隐性轻动词的显性表现就是"把"字句中的"把"。因此，我们将语义突显层级更精确地表达为（句法使役形式（缀合使役形式（零位使役形式））。零位使役形式有参数差异：在词库里经过词汇化的，如英语和没有非词汇化的，如汉语。维吾尔语的致使结构式典型的缀合使役形式，这是它屈折性语言决定的。

提出动结式是"把"字句和重动句的一统论。在对动结式复合词的研究中，我们发现它们和"把"字句和重动句共现性分布可以解释它们之中有些动词存在的歧义现象，如"张飞骑累了"。所谓"张飞骑累了"的两个解读其实就是"把"字句和重动句的"两说"："张飞把马骑累了"和"张飞骑马骑累了"。"把"字句是宾语语义指向"马累了"，而重动句是主语语义指向"张飞累了"。我们根据这一观察，提出动结式是"把"字句和重动句的一统论。"把"字句和重动句都是 SOV 语序，而动结式是 SVO 语序。本课题将动结式复合词的"把"字句习得也作为习得研究一个重要内容。增加"把"字句的习得研究具有丰富语言习得理论的意义，因为"把"字句的语序是 SOV，而维吾尔语的语序是 SOV，动结式的非"把"字句语序是 SVO，和英语的语序一致，如此还可考察母语迁移在动结式习得中的作用。

还原动结式简单致事/役事题元关系。正因为动结式是"把"字句和重动句的一统形式，我们将原本认为动结式复合事件的语义结构涉及的复杂题元关系还原成简单的施事/致事与役事题元关系。动结式的因果—致使题元关系和"把"字句的一样，涉及致事和役事。动结式的二语习得就是简单致事/役事因果—致使关系的习得。动结式二语习得中"题元关系重构难"现象是缺乏语言学习事实的，因为它忽视了无数汉语二语学习者"汉语通"的存在，如相声演员"大山"和央视主持人"小尼"等，前者的母语是英语，后者的母语是维吾尔语。由于动结式在汉语中的能产性和高使用率，它的二语习得是必然和已然的问题。我们对汉语动结式的整体构式观，其致使关系的简单题元关系还原了"动结式"简单因果—致使事件语义关系或者题元关系。我们的语义突显层级模式对不同类型的动结式习得难度和习得先后能给出精准预测和合理解释。

提出动结式与其主语和宾语的有生性组合的认知层级。鉴于汉语主语和宾语的无选择性和汉语的轻动词句法，汉语动结式主语按有生性分为两类：施事和致事；宾语也可分为感事/当事及客体两类。施事和感事都是有生名词，而致事和客体都是无生名词。由于语言的转喻性，动结式的宾语还表现出可让渡性规律。可让渡宾语是无生名词，如"王华哭湿了手绢"，而不可让渡名词是转喻性的有生名词，如"王华哭红了眼睛"。二语习得者表现出"致事主语+动结式+不可让渡宾语"的习得优势或偏好。操英语和维吾尔语的二语学习者对"致事+动结式+感事"组合的接受度显著地高于"施事+动结式+感事"的组合。这一结果进一步为语义突显层级模式的有生性层级假设提供了支持和证据。

语义突显层级模式解释力强。语义突显层级模式对汉语致使结构二语习得的解释力已在常辉（2011）发表在《世界汉语教学》上的文章"母语为英语的留学生汉语致使结构的习得研究"一文中得到确认。语义突显层级与有生性假设指出与无生致事结合的零位使因（CAUS），即隐性致使，比与有生致事结合的零位使因更突显。此假设能够为 Yuan & Zhao（2010）对母语为英语的汉语学习者动结式的习得研究中所报告的一个出乎研究者预料的结果：高级组接受违反母语限制的"张三听烦了这首歌"一类的句子给予更合理的解释，因为它就是语义突显层级模式理论有生性假设所预测的结果。此类动结式的结果补语是心理谓词，心理谓词需要有生名词作为其感事；而宾语是无生名词，不可能充当其感事；而主语是有生名词，既是听觉动词"听"的感事，又是结果动词"烦"的感事，更是整体动结式"听烦"的感事。这句的题元关系非常简单，它是重动句的"张三听这首歌听烦了"简缩和精简式，其习得自然容易，没有难度。这是因为有生性层级认知优势将结果"烦"的感事导向有生主语，唯一的"可能"（potential）感事，而这种事件语义解读正好与现实世界的真实符合事件相吻合，为真。因此，该类句子习得一点困难没有，是最容易习得的一类动结式组合句。根据我们语义突显层级模式预测，如果将这句话的主语和宾语调换一下位置，"这首歌听烦了张三"，句子的意义基本相同，但是二语习得者会拒绝接受，即调换主语和宾语后的句子会出现 Yuan & Zhao 所预料的"拒绝性"结果。

遗憾的是，Yuan & Zhao（2010）没有考察这类动结式这类同义句的习得，而这便成了我们本课题研究的起因。我们具有对自己的"语义突显层级模式"理论的理论自信，敢于再去考验其真伪性。我们在操英语和维吾尔语两个母语在语序截然不同的汉语二语学习者中进行的实证研究结果证实了我们的预测：他们都接受"张三听烦了这首歌"一类的句子，而拒绝"这首歌听烦了张三"一类的句子。我们的实证研究结果不仅证实了语义突显层级模式的解释力，而且说明了该理论还可以为动结式的教学提供指导。有生主语，即我们举例中的感事主语句是最容易习得的，应作为动结式教学的突破口，先教先学的用法。而相反的无生主语，我们举例的致事主语句是最难习得的，应后教后学，而且应该和前者作对比一起教学。

动结式的习得是对隐性轻动词的敏感度问题，其教学应借助显性轻动词之力。根据语义突显层级模式的预测，显性轻动词比隐性轻动词更容易习得。因此，根据我们的动结式是"把"字句和重动句的一统论，"把"字句和重动句（V1 NP V1R）都是显性轻动词构式，前者的轻动词是"把"而后者的轻动词是 V1，V1 在重动句里只起语法功能意义，而 SVO 句式的动结式是隐性轻动词，或者隐性因果［使因］。SVO 句中的动结式要比"把"字句的动结式更难习得，因而接受度低。这个预测只在致事主语句中得到基本验证。这个结果也是可以理解的，毕竟致事性（无生）主语句比施事性（有生）主语隐性致使或者使因性更模糊、更隐蔽，因而更难习得。再者，"把"字句还有其自身的习得问题，动结式和其他类型动词在"把"字句里的难易度也不一样。尽管如此，我们对动结式是"把"字句和重动句的一统论和显性致使比隐性致使更容易感知和学习是有语言事实理据的，对动结式的教学有指导意义。动结式的教学应和其"把"字句和重动句一起来对比着教学。

概言之，本研究成果不仅证明了语义突显层级模式可以对动结式的二语习得做出精准的预测，而且正是鉴于此还说明了它可以应用到动结式的二语教学中指导教学实践。

第四节　　研究不足和对未来研究的建议

本成果曾计划将汉语另一种结果性句式"得"字句也纳入研究范围。然而，在研究执行过程中，我们注意到"得"字句和动结式两种结果构式差异不小，研究应该先聚焦动结式。因此，我们把与动结式共现的"把"字句纳入研究，而将"得"字句的习得留作以后研究的课题。

我们提出了动结式是"把"字句和重动句的一统论。我们选择了有代表性动结式的 SVO 和"把"字句形式的二语习得。我们的动结式是"把"字句和重动句的一统论认为，应该把动结式 SVO 形式和重动句形式一起对比分析，考察重动句里的动结式是不是像语义突显层级模式预测那样好习得得多，习得效果好得多。如果如此，对推广动结式的语义突显层级模式教学就更有了实证支持。我们仅在汉语动结式中作为参照进行了"把"字句习得研究，由于"把"字句是汉语典型的致使处置句式，"得"字句是与英语动结式同形式结果句式，这方面的二语习得研究对检验语义突显层级模式会有深远的意义。因此，未来研究将动结式的二语习得和对重动句的二语习得一起研究将是一个既有趣又有意义的课题。

　　语义突显层级模式在汉语作为二语的习得研究的解释力问题会是一个很有趣的问题，相关的结果对汉语国际教学会有很大推动作用。未来研究可以考察语义突显层级模式在汉语动结式、"把"字句、使动句教学中的应用价值。

附　　录

句子可接受性判断测试

姓名：_____年龄：_____国别：_____　在中国大陆/台湾学习
汉语时间：_____月

我们这一测试的目的是了解你们对下列汉语句子的可接受性的判断。我们只想了解您对这些句子的感受，即它们听起来是否是汉语中可接受的或正确的句子，而不是其他人对此已说了什么或者会说些什么。

你会发现下列 96 个句子中，每个句子下面还有 5 个数字，有些还带有加减号。它们是你判断所用的标尺。请使用它们来标记你对句子可接受性判断：

−2	−1	0	+1	+2
完全不可接受	可能不可接受	不能确定	可能可以接受	完全可以接受
100%不能接受	75%不能接受	50%不能 50%可接受	75%可接受	100%可接受

你所要做的就是将你对每个句子的判断通过在相应的数字上**画圈**表示出来。

举例：（1）我每天早晨七点起床。−2　−1　0　+1　 +2

（2）每天早晨七点我起床。−2　−1　0　 +1 　+2

（3）我七点每天早晨起床。−2　 −1 　0　+1　+2

（4）我七点早晨起床每天。−2　 −1　0　+1　+2

例（1）是合乎汉语语法句子，完全可以接受，因此你应该在"+2"上画圈。例（2）基本符合汉语语序，在特定语境下说，因此选"+1"。例（3）时间状语在一起，但语序不符合汉语习惯，因此选"−1"。例（4）的语序完全不符合汉语语法，完全不能接受，因此，你应该选择−2。

你会发现有些句子后面还带有括弧注释，该注释是对句子意义的注解。也就是说，括弧内容主要是帮助你对测试句的可接受性做判断，如例（5）爷爷吃够了。（爷爷吃饱了）。例（5）是完全合法的句子，应是完全可以接受，选+2。

请按前面说明的方法，凭自己的语感进行判断。作判断时，请读完全句并将注意力放在句子是否符合汉语的语言/语法习惯上。因为这是一个有关你的汉语语感测试，因此不要在一个句子上逗留时间过长。作判断时，以句子为单位，不要参照其他句子，也不要改动你做过的句子。请不要把哪个句子落下。谢谢！

1. 张三压断了李四的尺子。　　　　　−2　−1　0　+1　+2
2. 地主累病了几个民工。　　　　　　−2　−1　0　+1　+2
3. 宝玉骑累了马。（马累了）　　　　−2　−1　0　+1　+2
4. 李四把赵六的花瓶打碎了。　　　　−2　−1　0　+1　+2
5. 法语学厌了王五。　　　　　　　　−2　−1　0　+1　+2
6. 这首歌把张三听烦了。　　　　　　−2　−1　0　+1　+2
7. 王五踢破了学校的足球。　　　　　−2　−1　0　+1　+2
8. 洪刚把王红骂烦了。（洪刚烦了）　−2　−1　0　+1　+2
9. 马珊写秃了钢笔。　　　　　　　　−2　−1　0　+1　+2
10. 张三把那首歌听烦了。　　　　　−2　−1　0　+1　+2
11. 法语把王五学厌了。　　　　　　−2　−1　0　+1　+2
12. 张三把李四打哭了。　　　　　　−2　−1　0　+1　+2
13. 农活把几个民工累病了。　　　　−2　−1　0　+1　+2
14. 王五笑疼了肚子。　　　　　　　−2　−1　0　+1　+2
15. 长跑训练把刘翔的鞋子跑烂了。　−2　−1　0　+1　+2
16. 妈妈的葬礼把珍妮的手帕哭湿了。−2　−1　0　+1　+2
17. 孩子的哭声把王华惊醒了。　　　−2　−1　0　+1　+2
18. 王五学厌了法语。　　　　　　　−2　−1　0　+1　+2
19. 这本书把马珊的钢笔写秃了。　　−2　−1　0　+1　+2
20. 李四把嗓子喊哑了。　　　　　　−2　−1　0　+1　+2
21. 几扇窗户擦脏了三块抹布。　　　−2　−1　0　+1　+2
22. 赵六把玛丽逗笑了。　　　　　　−2　−1　0　+1　+2
23. 孩子的哭声惊醒了王华。　　　　−2　−1　0　+1　+2
24. 张平把刘英追累了。（刘英累了）−2　−1　0　+1　+2

25. 烤鸭把李四吃腻了。　　　　　　−2　−1　0　+1　+2

26. 这一大盆衣服洗湿了一双鞋。　　−2　−1　0　+1　+2

27. 王五把学校的足球踢破了。　　　−2　−1　0　+1　+2

28. 那些排骨砍钝了两把刀。　　　　−2　−1　0　+1　+2

29. 张三把眼睛哭红了。　　　　　　−2　−1　0　+1　+2

30. 宝玉骑累了马。（宝玉累了）　　−2　−1　0　+1　+2

31. 李四打碎了赵六的花瓶。　　　　−2　−1　0　+1　+2

32. 孩子惊醒了王华。　　　　　　　−2　−1　0　+1　+2

33. 地主把几个民工累病了。　　　　−2　−1　0　+1　+2

34. 烤鸭吃腻了李四。　　　　　　　−2　−1　0　+1　+2

35. 这个笑话把王五的肚子笑疼了。　−2　−1　0　+1　+2

36. 王五把法语学厌了。　　　　　　−2　−1　0　+1　+2

37. 这杯酒把李四喝醉了。　　　　　−2　−1　0　+1　+2

38. 洪刚骂烦了王红。（王红烦了）　−2　−1　0　+1　+2

39. 这些衣服洗累了姐姐。　　　　　−2　−1　0　+1　+2

40. 刘翔把鞋子跑烂了。　　　　　　−2　−1　0　+1　+2

41. 张三吵烦了李四。　　　　　　　−2　−1　0　+1　+2

42. 李四骂走了王五。　　　　　　　−2　−1　0　+1　+2

43. 饥荒饿死了几千人。　　　　　　−2　−1　0　+1　+2

44. 张平把刘英追累了。（张平累了）−2　−1　0　+1　+2

45. 这首歌把孙楠唱红了。　　　　　−2　−1　0　+1　+2

46. 农活累病了几个民工。　　　　　−2　−1　0　+1　+2

47. 张三把手绢哭湿了。　　　　　　−2　−1　0　+1　+2

48. 这本书写秃了马珊的钢笔。　　　−2　−1　0　+1　+2

49. 王五把肚子笑疼了。　　　　　　−2　−1　0　+1　+2

50. 张三把李四的尺子压断了。　　　−2　−1　0　+1　+2

51. 刘备哭烦了周瑜。　　　　　　　−2　−1　0　+1　+2

52. 妈妈的葬礼哭湿了珍妮的手帕。　−2　−1　0　+1　+2

53. 洪刚把王红骂烦了。（王红烦了）−2　−1　0　+1　+2

54. 张三哭红了眼睛。　　　　　　　−2　−1　0　+1　+2

55. 他把几个学生饿死了。　　　　　−2　−1　0　+1　+2

56. 这一大盆衣服把一双鞋洗湿了。　−2　−1　0　+1　+2

57. 李四把王五骂走了。	−2	−1	0	+1 +2
58. 这场比赛把李四的嗓子喊哑了。	−2	−1	0	+1 +2
59. 张三哭湿了手绢。	−2	−1	0	+1 +2
60. 这首歌唱红了孙楠。	−2	−1	0	+1 +2
61. 宝玉把马骑累了。（马累了）	−2	−1	0	+1 +2
62. 张三打哭了李四。	−2	−1	0	+1 +2
63. 长跑训练跑烂了刘翔的鞋子。	−2	−1		+1 +2
64. 孩子把王华惊醒了。	−2	−1	0	+1 +2
65. 张平追累了刘英。（张平累了）	−2	−1	0	+1 +2
66. 这件事哭红了张三的眼睛。	−2	−1	0	+1 +2
67. 李四把烤鸭吃腻了。	−2	−1	0	+1 +2
68. 孙楠唱红了这首歌。	−2	−1	0	+1 +2
69. 李四把茅台酒喝醉了。	−2	−1	0	+1 +2
70. 这首歌听烦了张三。	−2	−1	0	+1 +2
71. 几扇窗户把三块抹布擦脏了。	−2	−1	0	+1 +2
72. 李四喊哑了嗓子。	−2	−1	0	+1 +2
73. 这些衣服把姐姐洗累了。	−2	−1	0	+1 +2
74. 洪刚骂烦了王红。（洪刚烦了）	−2	−1	0	+1 +2
75. 那些排骨把两把刀砍钝了。	−2	−1	0	+1 +2
76. 王五唱烦了赵六。	−2	−1	0	+1 +2
77. 他饿死了几个学生。	−2	−1	0	+1 +2
78. 这场比赛喊哑了李四的嗓子。	−2	−1	0	+1 +2
79. 王五把赵六唱烦了。	−2	−1	0	+1 +2
80. 这件事把张三的眼睛哭红了。	−2	−1	0	+1 +2
81. 张三听烦了那首歌。	−2	−1	0	+1 +2
82. 宝玉把马骑累了。（宝玉累了）	−2	−1	0	+1 +2
83. 马珊把钢笔写秃了。	−2	−1	0	+1 +2
84. 刘翔跑烂了鞋子。	−2	−1	0	+1 +2
85. 李四吃腻了烤鸭。	−2	−1	0	+1 +2
86. 刘备把周瑜哭烦了。	−2	−1	0	+1 +2
87. 姐姐洗累了这些衣服。	−2	−1	0	+1 +2
88. 茅台酒喝醉了李四。	−2	−1	0	+1 +2

89. 孙楠把这首歌唱红了。	−2	−1	0	+1	+2
90. 这个笑话笑疼了王五的肚子。	−2	−1	0	+1	+2
91. 张平追累了刘英。（刘英累了）	−2	−1	0	+1	+2
92. 饥荒把几千人饿死了。	−2	−1	0	+1	+2
93. 赵六逗笑了玛丽。	−2	−1	0	+1	+2
94. 张三把李四吵烦了。	−2	−1	0	+1	+2
95. 李四喝醉了茅台酒。	−2	−1	0	+1	+2
96. 姐姐把这些衣服洗累了。	−2	−1	0	+1	+2

索　引

参考文献

Ackerman, F.& Goldberg, A. E. Constraints on adjective past participles, in Goldberg, A. E. (ed.), *Conceptual structure*, *discourse and language*, 17–30. Stanford, CA: CSLI Publications, 1996.

Aissen, J. Markedness and subject choice in Optimality Theory, *Natural Language and Linguistic Theory*, 1999, 17: 673–711.

Akatsuka, N. Reflexivization: A transformational approach. InShibatani, M. (ed.), *Syntax and semantics*: *The grammar of causative constructions* 6: 51–116. New York: Academic Press, 1976.

Andersen, R.. The one to one principle of interlanguage construction. *Language Learning*, 1984, 34: 77–95.

——Models, processes, principles, and strategies: second language in and out of the classroom, *IDEAL*, 1988, 3: 111–38.

——Four operating principles and input distribution as explanations for underdeveloped and mature morphological systems. In Hyltenstam, K.& Viborg, A. (eds.), *Progression and regression in language*, 309 – 339. Cambridge: Cambridge University Press, 1993.

Andersen, R.& Shirai, Y. Discourse motivations for some cognitive acquisition principles. *Studies in Second Language Acquisition*, 1994, 16: 133–56.

Aoun, Joseph & Yen–hui Audrey Li. Scope and constituency. *Linguistic Inquiry*, 1989, 20: 141–172.

Baker, Carl Lee. Syntactic theory and the projection problem. *Linguistic Inquiry*, 1979, 10: 533–581.

Baker, M. *Incorporation*: *A Theory of Grammatical Function Changing*.

Chicago: University of Chicago Press, 1988.

Baker, M. Thematic roles and syntactic structure. In Hageman, L. (ed.) *Elements of grammar*, 73–137. Netherlands: Kluwer Academic Publishers, 1997.

Barrett, M. B.. Distinguishing between prototypes: The early acquisition of meaning of object names. InKuczaj, S. A. (ed.), *Language development, Syntax and semantics*, Vol. 1: 313–334. Hillsdale, NJ: Erlbaum, 1982.

——Early semantic representations and early word usage. In Kuczaj, S. A. & Barrett, M. B. (eds.), *The early development of word meaning*, 39–67. New York: Springer, 1986.

Basciano, B. Verbal compounding and causativity in Mandarin Chinese. Ph. D. Dissertation, Università degli Studi di Verona, 2010.

Beck, S.& Johnson, K. Double Objects Again. *Linguistic Inquiry*, 2003, 34: 97–123.

Belletti, A.& Rizzi, L. Psych verbs and theta–theory. *Natural Language and Linguistic Theory*, 1988, 6: 291–352.

Boeckx, C. Approaching parameters from below. In Di Sciullo, A.& Boeckx, C. (eds.), *The Biolinguistic Enterprise: New Perspectives on the Evolution and Nature of the Human Language Faculty*, 205–221. New York: Oxford University Press, 2011.

Borer, Hagit. Exo–skeletal and endo–skeletal explanation: Syntactic projections and the lexicon. In Moore, J. and Polinsky, M. (eds.) *The nature of explanation in linguistic theory*, 31–67. Stanford: CSLI, 2003.

Borer, Hagit. *Parametric syntax: Case studies in Semitic and Romance languages*. Dordrecht: Foris, 1984.

Borer, Hagit. The projection of arguments. In Benedicto, E.& Runner, J. (eds.), *University of Massachusetts Occasional Papers in Linguistics*, 17: 19–47. Amherst. MA: GLSA, 1994.

Bowerman, M.. The child's expression of meaning: Expanding relationships among lexicon, syntax, and morphology. In Winits, H. (ed.) *Native language and foreign language acquisition*, 172–89. New York: New York Academy of Sciences, 1981.

——Mapping thematic roles onto syntactic functions: Are children helped by innate "linking rules"? *Linguistics*, 1990, 28: 1253–1289.

Braine, Martin D. S. On two types of models of the internalization of grammars. In Slobin, Dan (ed) *The ontogenesis of grammar: A theoretical symposium*, 153–168. New York: Academic Press, 1971.

Bresnan, Joan. Control and complementation. InBresnan, J. (ed.) *The mental representation of grammatical relations*, 292–390. Cambridge, MA: The MIT Press, 1982.

Bresnan, J.& Nikitina, T. On the gradience of the dative alternation. Stanford, CA: Stanford University, MS, 2003.

Burt, M &Dulay, H. (eds). On TESOL' 75: New Directions in Second language. New York: Regents, 1975.

Burt, M, Dulay, H., & Krashen, S. *Language two*. NY: Oxford University Press, 1982.

Burt, M.& Kiparsky, C. *The gooficon: a repair manual for English*. Rowley, Mass: Newbury House, 1972.

Caplan, D., Hildebrandt, H., & Waters, G. S.. Interaction of verb selectional restrictions, noun animacy and syntactic form in sentences processing. *Language and Cognitive Processes*, 1994, 9: 549–85.

Carlson, Greg. Thematic roles and their role in semantic interpretation. *Linguistics*, 1984, 22: 259–279.

Carlson, G. Reference to kinds in English. Unpublished Ph. D. dissertation, University of Massachusetts at Amherst. Published by Garland Press, New York, 1970/1980.

Carrier, Jill& Randall, Janet H. The argument structure and syntactic structure of resultatives. *Linguistic Inquiry*, 1992, 23: 173–233.

Carroll, S. E. Input and SLA: Adults' Sensitivity to Different Sorts of Cues to French Gender, *Language Learning*, sup. 2005: 79–138.

Celce–Murcia, M.& D. Larsen–Freeman. *The Grammar Book: An ESL/ EFL Teachers' Course* 2nd Ed. Boston, MA: Heinls & Heinls Publishers, 1999.

Chang, Jung–hsing. The Syntax of Event Structure in Chinese. Ph. D. Dissertation, University of Hawai' i, 2001.

Chen, D. UTAH: Chinese psych verbs and beyond. In Camacho, J. and Choueiri, L. (eds.), *6th North American Conference on Chinese Linguistics*, Volume 1, 15-29. University of Southern California, 1994.

Chen, D. Acquisition of English Psych Verbs by Native Speakers of Chinese and French. Ph. D dissertation. McGill University, Montreal, 1996.

Chen, Jidong. The acquisition of verb compounding in Mandarin Chinese. Doctoral dissertation, Max Planck Institute for Psycholinguistics and Free University Amsterdam, the NL, 2008.

Chen, P. Identifiability and definiteness in Chinese. *Linguistics*, 2004, 42: 1129-1184.

Chen, J.& Ai, R. Encoding motion and state change in L2 Mandarin. In Xiao Y. (ed.) *Proceedings of the 21st North American Conference on Chinese Linguistics* (NACCL-21), Volume 1. 149-164. Smithfield, Rhode Island: Bryant University, 2009:

Cheng, Lai-shen Lisa. Resultative Compounds and Lexical Relational Structures, *Chinese Languages and Linguistics*, 1997, 3: 167-197.

Cheng, Lai-shen Lisa& Huang, C. -T. James. On the argument structure of resultative compounds. In Chen, M. Y.& Tzeng, O. J. L. (eds.) In *honor of William S. -Y. Wang: Interdisciplinary studies on language and language change*, 188-221. Taipei: Pyramid Press, 1994.

Cheng, Lai-shen Lisa & Sybesma, R. Bare and not so bare nouns and the structure of NP. *Linguistic Inquiry*, 1999, 30: 509-542.

Chomsky, N. *Aspects of the theory of syntax*. Cambridge, MA: MIT Press, 1965.

Chomsky, N. Remarks on nominalization. In Jacobs, R.& Rosenbaum, P (eds.), *Readings in English Transformation Grammar*, 183-221. Waltham, MA: Ginn and Company, 1970.

Chomsky, Noam. *Lectures on Government and Binding*. Dordrecht: Foris, 1981.

Chomsky, N. *Knowledge of language: Its Nature, Origin, and Use*. NY: Praeger, 1986.

Chomsky, N. Linguistics and adjacent fields: A personal view. In Kasher,

A. (ed.), *The Chomskyan turn*, 3-25. Cambridge, MA: Basil Blackwell, 1991.

Chomsky, N. A minimalist program for linguistic theory. In Hale, K. and Keyser, S. J. (eds.), *The view from Building 20: Essays in honor of Sylvain Bromberger*, 1-52. Cambridge, MA: MIT Press, 1993.

Chomsky, N. *The Minimalist Program*. Cambridge, MA: MIT Press, 1995.

Chomsky, N. Minimalist inquiries: The framework. In Martin, R., Michaels, D.& Uriagereka, J. (eds) *Step by Step: Essays on Minimalist Syntax in Honour of Howard Lasnik*, 89 - 155. Cambridge, MA: The MIT Press, 2000.

Chomsky, N. Minimalist inquiries: the framework. *MIT Working Papers in Linguistics*, 1998, 15: 1-56.

Chomsky, N. *The Minimalist Program*. Cambridge, MA: The MIT Press, 1995.

Chomsky, N.. Approaching UG from below. InSauerland, U.& Gärtner, H. (eds.) *Interfaces + Recursion = Language? Chomsky's Minimalism and the View from Syntax-Semantics*, 1-29. New York: Mouton de Gruyter, 2007.

Christensen, Matthew. The acquisition of temporal reference marking among learners of Chinese. Paper presented at the annual meeting of the Chinese Language Teachers Association. Nashville, TN, 1997.

Chung, T. T. R.& Gordon, P. The Acquisition of Chinese Dative Constructions, *BUCLD* 1998, 22: 109-120.

Cinque, Guglielmo. *Adverbs and Functional Heads: A Cross - Linguistic Perspective*. New York: Oxford University Press, 1999.

Comrie, B. *Language universals and linguistic typology* 2nd Ed. Chicago: University of Chicago Press, 1989.

Croft, W. *Syntactic Categories & Grammatical Relations: The cognitive organization of Information*. Chicago: University of Chicago Press, 1991.

Croft, William. Event structure and argument linking. In Butt, Miriam & Geuder, Wilhelm (eds.), *The projection of arguments: Lexical and compositional factors*, 21-63. Stanford: CSLI Publications, 1998.

Cupples, L. The structural characteristics & on-line comprehension of experieincer-verb sentences, *Language and Cognitive Processes*, 2002, *17*: 125-162.

Cziko, G. Testing the language bioprogram hypothesis: a review of children's acquisition of articles. *Language*, 1986, 62: 878-898.

Dai, Jin-huei Enya. Conceptualization and Cognitive Relativism on Result in Mandarin Chinese: The Case Study of Mandarin Chinese Ba Construction Using a Cognitive and Centering Approach. Ph. D. Dissertation. Louisiana State University, 2005.

Demuth, K., Machobane, M, Moloi, F, & Odato, C. Learning animacy hierarchy effects in Sesotho double object applicatives. *Language*, 2005, 81: 421-47.

Deng, Xiangjun. The Acquisition of the Result ative Verb Compound in Mandarin Chinese. Master of Philosophy Thesis. The Chinese University of Hong Kong, August 2010.

Dixon, Robert M. W. *Where have all the adjectives gone?: and other essays in semantics and syntax*. The Hague, The Netherlands: Mouton, 1982.

Dixson, R. *A new approach to English grammar on semantic principles*. Oxford: Clarendon Press, 1991.

Dowty, David. *Word meaning and Montague Grammar*. Dordrecht: Reidel, 1979.

Dowty, David. On the semantic content of the notion of 'thematic role'. InChierchia, G., Partee, B. H. and Turner, R. (eds.) *Properties, types and meanings*, Volume 2: *Semantic issues*, 69-130. Dordrecht: Kluwer, 1989.

Dowty, D. Thematic Proto-roles and Argument Selection. *Language*, 1991, 67 (3): 547-619.

Duff, Patricia and Duanduan Li. The acquisition and use of perfective aspect in Mandarin". InSalaberry, M. R. and Shirai, Y. (eds.), *The L2 Acquisition of Tense-Aspect Morphology*, 417-453. Amsterdam: John Benjamins. 2002.

Duffield, N. Flyingsquirrels and dancing girls: Events, inadvertent cause and unaccusativity in English. In Bateman, L.& Ussery, C. (eds.) *Proceedings of NELS*, 35: *159-70. Booksurg Publishing*, 2005.

Dulay, H., Burt, M., & Krashen, S. *Language Two*. New York: Oxford University Press, 1982.

Embick, David. On the structure of resultative participles in English. *Linguistic Inquiry*, 2004, 35: 355-392.

Fahn, Rueih-Lirng Sharon. The acquisition of Mandarin Chinese Ba construction. Ph. D. Dissertation. University of Hawaii, 1993.

Fillmore, C. J. The case for case. In Bach, E.& Harms, R. (eds.), *Universals in Linguistic Theory*, 1-88. New York: Holt, Rinehart & Winston, 1967.

Ferreira, F. Choice of passive voice is affected by verb type and animacy. *Journal of Memory and Language*, 1994, *33*: 715-736.

Fodor, J.& Sag, I.. Referential and quantificational indefinites. *Linguistics and Philsophy*, 1982, 5: 355-398.

Fotos, S. S. The close test as an integrative measure of EFL proficiency: a substitute for essays on college entrance examinations? *Language learning*, 1991, 41: 313-336.

Fukui, Naoki. A theory of category projections and its applications. Ph. D. Dissertation. MIT, 1986.

Fukui, Naoki. The principles – and – parameters approach: a comparative syntax of English and Japanese. In Shibatani, Masayoshi and Bynon, Theodora (eds.), *Approaches to linguistic typology*, 327-372. Oxford: Oxford University Press, 1995.

Gan, Zhikang. Reduplicative Constructions in Mandarin Chinese. Ph. D. Dissertation. York University, 1993.

Gibbs, Raymond W., Jr. Comprehending figurative referential descriptions. *Journal of Experimental Psychology: Learning, Memory, and Cognition*, 1990, 16: 56-66.

Gleitman, L. Structuralsources of verb meaning. *Language Acquisition*, 1990, 1: 3-55.

Goldberg, A. *Constructions: A Construction Grammar Approach to Argument*

Structure. Chicago: University of Chicago Press, 1995.

Goldberg, A. E. Theemergence of the semantics of argument structure constructions. In MacWhinney, B. (ed.) *The emergence of language*, 197−212. Netherlands: Kluwer Academic Publishers, 1999.

Goldberg, A.& Jackendoff, R. The English resultative as a family of constructions. *Language*, 2004, 80: 532−568.

Green, Georgia M. *Semantics and syntactic regularity*. Bloomington, IN: Indiana University Press, 1974.

Greenberg, J.& Kuxzaj, S. A.. Towards a theory of substantive word − meaning acquisition. In Kuczaj, S. A. (ed.), *Language development.*, *Syntax and semantics*. Vol. 1: 275−311 Hillsdale, NJ: Erlbaum, 1982.

Grimshaw, J. *Argument Structure*. Cambridge, MA: MIT Press, 1990.

Grimshaw, J. The Lexical Reconciliation. In Gleitman, L.& Landou, B. (eds), *The Acquisition of Lexicon*, 411 − 430. Cambridge. MA: MIT Press, 1994.

Grover, Katya. V1−le vs. RVC−*le* in expressing resultant state in learners' Mandarin interlanguage: evidence of two states of mind? Paper presented at LSA Annual Meeting, Minneapolis, January 2−5, 2014.

Grover, Katya. Competition between V2 of RVC and Verb−Final *le*in L2 Learners' Mandarin Interlaguage. Ph. D. Dissertation. The University of Arizona, 2015

Gropen, J., Pinker, S., Hollander, M., Goldberg, R. &Wilson, R. The Learnability and Acquisition of the Dative Alternation in English, *Language*, 1989, 65: 203−257.

Gu, Yang. The syntax of resultative and causative compounds in Chinese. Doctoral Dissertation, Cornell University, 1992.

Guasti, M. T. *Language Acquisition*: *The Growth of Grammar*. Cambridge, MA: MIT Press, 2002.

Hale, K. L. andKeyser, S. J. A view from the Middle, *Lexicon Project Working Papers* 10, Center for Cognitive Science, Cambridge, MA: MIT, 1987.

Hale, K.& Keyser, S. J. On argument structure and the lexical expression of syntactic relations. In K. Hale, & S. J. Keyser, (eds), *The view from*

Building 20, 53-109. Cambridge, MA: The MIT Press, 1993.

Hale, Ken & Samuel, J. Keyser. *Prolegomenon to a theory of argument structure*. Cambridge, MA: MIT Press, 2002.

Halle, M.& Marantz, A. Distributed morphology and the pieces of inflection. In Hale, K. and Keyser, S. J. (eds), *The view from building* 20, 111-76. Cambridge, MA: MIT Press, 1993.

Harley, Heidi. Possession and the double object construction. In Pica, P. & Rooryck, J. (eds.), *Linguistic Variation Yearbook*. Amsterdam: John Benjamins, 2003, (2): 31-70.

Harley, H. & Noyer, R. Distributed morphology. *Glot International*, 1999, 4 (4): 3-9.

Haspelmath, M. More on the typology of inchoative/causative verb alternations. In Comrie, B. and Polinsky, M. (eds) *Causatives and transitivity* 87-120. Amsterdam: John Benjamins, 1993.

Hawkins, R.& Chan, C. Y-h. The partial availability of universal grammar in second language acquisition: The failed functional features hypothesis. *Second Language Research*, 1997, 13 (3): 187-226.

Huang, C. -T. James. Wo pao de kuai and Chinese phrase structure. *Language*, 1988, 64: 274-311.

Huang, C. -T. James. Complex predicates in control. In Larson, R. K., Iatridou, S., Lahiri, U. and Higginbotham, J. (eds.) *Control and grammar*, 109-147. Dordrecht: Kluwer, 1992.

Huang, C. -T. James. Syntactic Analyticity and the Other End of the Parameter (Lecture Notes), LSA Summer Institute, MIT and Harvard University, 2005.

Huang, C. -T. James. Result atives and Unaccusatives: a Parametric View *Bulletin of the Chinese Linguistic Society of Japan*, 2006 (253): 1-43.

Huang, C. -T. J., Li, Y. -H. A., & Li, Y. -F. *The syntax of Chinese*. Cambridge: Cambridge University Press, 2008.

Huang, S. The evidence for a grammatical category definite article in spoken Chinese. *Journal of Pragmatics*, 1999, 34: 77-94.

Huang, S. A comparative study of the Chinese dative alternation in Mandarin and Taiwanese. Unpublished Manuscript, University of Hawaii at Manoa, 1994.

Inagaki, S. Japanese and Chinese learners' acquisition of the narrow-range rules for the dative alternation in English. *Language Learning*, 1997, 47 (4): 637-669.

Ionin, T., Ko, H.& Wexler, K. Article semantics in L2-acquisition: the role of specificity. *Language Acquisition*, 2004, 12: 3-69.

Ionin, T., Zubizarreta, M. L.& Maldonado, S. B. Sources of linguistic knowledge in the second language acquisition of English articles. *Lingua*, 2008, 118: 554-576.

Jackendoff, R. *Semantic Structure*. Cambridge, MA: MIT Press, 1990.

Jackson, E. M. Resultatives, Derived Statives, and Lexical Semantic Structure. Ph. D. Dissertation. University of California, Los Angeles, 2005.

Jiang, N. Lexical Representation and Development in a Second Language. *Applied Linguistics* 2000, 21 (1): 47-77.

Joshi, Aravind K. Starting with complex primitives pays off: Complicate locally, simplify globally. *Cognitive Science*, 2004, 28: 637-668.

Juffs, A. *Learnability and the Lexicon: Theories & Second Language Acquisition*. Amsterdam: John Benjamins, 1996.

Koontz-Garboden, Andrew & Levin, Beth. How are states related to changes of state? In *The 78th Annual Meeting of the Linguistic Society of America*, 2004.

Krashen, S. D. *The input hypothesis: issues and implications*. New York: Longman, 1985.

Kratzer, Angelika. Severing the external argument from its verb. InRooryck, J. and Zaring, L. (eds.), *Phrase structure and the lexicon*, 109-37. Dordrecht: Kluwer, 1996.

Kratzer, A. Stage-level and individual-level predicates. InCarlson, G.& Pelletier, J. (eds.), *The generic book*, 125-75. Chicago: Chicago University Press, 1995.

Kratzer, Angelika. The event argument, chapter 3. Manuscript available from www. semanticsarchive. net, 2003.

Kratzer, Angelika. Building resultatives. In Maienborn, C. and Wöllstein –
Leisten, Angelika (eds.) *Events in syntax, semantics, and discourse*, 177 –
212. Tübingen, Niemeyer, 2005.

Krifka, Manfred. Manner in dative alternation. *West Coast Conference on
Formal Linguistics*, 1999, 18: 260–271.

Krifka, Manfred.. Semantic and pragmatic conditions for the dative alter-
nation. *Korean Journal of English Language and Linguistics* 2004, 4 (1): 1–
32.

Lakoff, G. *Irregularities in Syntax*, New York: Holt, Rinehart and Win-
ston, 1970.

Landau, I. *The Locative Syntax of Experiencers*, Cambridge, MA: MIT
Press, 2009.

Landauer, T. & Dumais, S. A solution to Plato's problem: The Latent Se-
mantic Analysis theory of the acquisition, induction, and representation of
knowledge. *Psychological Review*, 1997, 104: 211–240.

Lardiere, D. Case and tense in the 'fossilized' steady state. *Second Lan-
guage Research*, 1998a, 14 (1): 1–26.

Lardiere, D. Dissociating syntax from morphology in a divergent end–state
grammar. *Second Language Research*, 1998b, 14 (4): 359–375.

Lardiere, D. Feature assembly in second language acquisition. InLiceras,
J., Zobl, H. & Goodluck, H. (eds.), *The role of formal features in second
language acquisition*, 106–140. Mahwah, NJ: Lawrence Erlbaum, 2008.

Lardiere, D. Mapping features and forms in second language acquisition.
InArchibald J. (ed), *Second language acquisition and linguistic theory*, 102–
129. Malden, MA: Blackwell, 2000.

Lardiere, D. On morphological competence. InDekydtspotter, L., Sprouse,
R. & Liljestrand, A. (Eds.), *Proceedings of the 7th Generative Approach to Second
Language Acquisition conference* (GASLA 2004), 178 – 192.. Somerville, MA:
Cascadilla Press, 2005.

Lardiere, D. & Schwartz, B. Feature–marking in the L2 development of
deverbal compounds. *Journal of Linguistics*, 1997, 33: 327–353.

Lardiere, D. Some thoughts on the contrastive analysis of features in second language acquisition. *Second Language Research*, 2009, 25（2）: 173-227.

Larson, Richard K. On the double object construction. *Linguistic Inquiry*, 1988, 19: 335-391.

Larson, Richard K. Some issues in verb serialization. InLefebvre, C (ed.), *Serial verbs*, 185-210. Philadelphia: John Benjamins, 1991.

Lee, Leslie. Event Structure and Grammatical Patterns: Resultative Constructions. Ph. D. Dissertation. University of California, San Diego, 2013.

Levin, Beth. *English verb classes and alternations. A preliminary investigation*. Chicago: University of Chicago, 1993.

Levin, B. *English Verb Classes and Alternations*. Chicago: University of Chicago Press, 1993.

Levin, B.& Rappaport, M. The formation of adjectival passives. *Linguistic Inquiry*, 1986, 17: 623-661.

Levin, B. & Rappaport Hovav, M. A preliminary analysis of causative verbs in English. *Lingua*, 1994, 92: 35-77.

Levin, Beth& Rappaport - Hovav, Malka. *Unaccusativity*. Cambridge, MA: The MIT Press, 1995.

Lidz, J., Gleitman, H.& Gleitman, L. Understanding how input matters: verb learning and the footprint of universal grammar. *Cognition*, 2003, 87: 151-78.

Li, Chao. Mandarin Resultative Verb Compounds: Where Syntax, Semantics, and Pragmatics Meet. PH. Dissertation. Yale University. 2007.

Li, Chao. On the "scare reading" of resultatives: Syntax and complex thematic relations. *Language Sciences*, 2009, 31: 385-408.

Li, Chao. Mandarin resultative verb compounds: Syntax and complex thematic relations. *Language Sciences*, 2013, 37: 99-121.

Li, Wei. The Morpjo-Syntactic Interface in a Chinese Phrase Structure Grammar. Ph. D. Dissertation, Simon Fraser University, 2001.

Li, Y. -H. Audrey. Abstract Case in Chinese. Doctoral Dissertation, University of Southern California, 1985.

Li, Yafei. On V-V compounds in Chinese. *Natural Language and Linguis-*

tic Theory, 1990, 8: 177–207.

Li, Yafei. The thematic hierarchy and causativity. *Natural Language and Linguistic Theory*, 1995, 13: 255–282.

Li, Yafei. Chinese resultative constructions and the UTAH. In Packard, J. L. (ed.), *New approaches to Chinese word formation*, 285–310. Philadelphia: John Benjamins, 1998.

Lin, Huei–Ling. The Syntax–Morphology Interface of Verb–Complement Compounds in Mandarin Chinese. Ph. D. Dissertation, University of Illinois at Urbana–Champaign, 1998

Lin, H. *Common English Errors*. Taibei: Xuexi Chuban Ltd, 1986.

Lin, T. H. Jonah Light verb syntax and the theory of phrase structure. Doctoral dissertation, University of California, Irvine, 2001.

Liu, Feng–His. Dative constructions in Chinese, *Language and Linguistics* 2006, 7 (4): 863–904.

Lock, G. *Functional English Grammar*: *An introduction for second language teachers*. Cambridge, London: Cambridge University Press, 1996.

Lohse, B., Harkins, J. A.& Wasow, T. Domain minimization in English verb–particle construction. *Language*, 2004, 80: 238–61.

Long, M. The Least a Second Language Acquisition Theory Needs to Explain. *TEOSL Quarterly*, 1990, 24 (4): 649–66.

Lord, C. "Don't you fall me down": Children's generalizations regarding cause and transitivity. *Papers and Reports on Child language Development*, 1979, *17*: 81–89.

Lyons, C. G. *Definiteness*. Cambridge: Cambridge University Press, 1999.

MacWhinney, B. The competition model: the input, the context, andthe brain. In Robinson, P. (ed.), *Cognition and Second Language Instruction*, 69–90. Cambridge: Cambridge University Press, 2001.

Malchukov, A., Haspelmath, M.& Comrie, B. Ditransitive Constructions: A Typological Overview", unpublished ms., Max Planck Institute for Evolutionary Anthropology, Leipzig, Germany, 2007.

Mao, T.& Meng, F. The Cartographic Project of the Generative Enterprise -An interview with Guglielmo Cinque, *Language and Linguistics*, 2016, 17 (6): 917-936.

Marantz, Alec. Verbal argument structure: Events and participants. *Lingua*, 2013, 130: 152-168.

Marantz, Alec. No escape from syntax: Don't try morphological analysis in the privacy of your own lexicon. *Penn Working Papers in Linguistics*, 1997, 4 (2): 201-226.

Marantz, Alec. On the nature of grammatical relations. Cambridge, MA: The MIT Press, 1984.

Margetts, A.& Austin, P. K. Three-Participant Events in the Languages of the World: Towards a Crosslinguistic Typology, *Linguistics* 2007, 45: 393-451.

Master, P. Teaching the English articles as a binary system. *TESOL Quarterly*, 1990, 24: 461-478.

Matthews, S.& Yip, V. *Cantonese: a comprehensive reference grammar*. London: Routledge, 1994.

Mazurkewich, I. The Acquisition of the dative alternation by second language learners and linguistic theory. *Language Learning*, 1984, 34 (1): 91-109.

McCawley, J. D. Lexical Insertion in a Transformational Grammar without Deep Structure, the 4th Regional Meeting of the Chicago Linguistic Society, 1969.

McLaughlin, B. *Theories of Second Language Learning*. London: Edward Arnold, 1987.

Miyagawa, S. (S) ase as an elsewhere causative and the syntactic nature of words. *Journal of Japanese Linguisitics*, 1998, 16: 67-110.

Miyagawa, S. Causatives. In Tujimura, N. (Ed.), *The Handbook of Japanese Linguistics*, 236-268. Oxford: Balckwell, 1999.

Moens, Marc & Steedman, Mark. Temporal ontology and temporal reference. *Computational Linguistics*. 1988, 14 (2): 15-28.

Montrul, S. First-language-strained variability in the second-language acquisition of argument-structure-changing morphology with causative verbs,

Second Language Research, 2001, (17): 144-94.

Montrul, S.& Yoon, J. Putting parameters in their proper place. *Second Language Research*, 2009, 25 (2): 291-311.

Oehrle, R. T. The Grammatical Status of the English Dative Alternation, Doctoral dissertation, MIT, Cambridge, MA. 1976.

Oshita, H. The unaccusative trap in second language acquisition. *Studies in Second Language Acquisition*, 2001, (23): 279-304.

Payne, T. *Describing Morphosyntax*: *A Guide for Field Linguists*. Cambridge: Cambridge University Press.

Perlmutter, D. M. *Studies in Relational Grammar*. Chicago: University of Chicago Press, 1983.

Pesetsky, J. *Zero syntax*: *Experiencers and cascades*. Cambridge, MA: MIT Press, 1995.

Pietroski, Paul. *Events and semantic architecture*. Oxford: Oxford University Press, 2004.

Pinker, S. *Language Learnability and Language Development*. Cambridge, MA: MIT Press, 1984.

Pinker, S. *Learnability and cognition*: *The acquisition of argument structure*. Cambridge, MA: MIT, 1989.

Pinker, S. How could a child use verb syntax to learn verb semantics? *Lingua*, 1994, 92: 377-410.

Pinker, S. *The Language Instinct*. New York: HarperCollins, 1994.

Postal, P. M. On the surface verb "remind". *Linguistic Inquiry*, 1970, 1: 37-120.

Postal, P. M. *Cross – over phenomena*. New York: Holt, Rinehart and Winston, 1971.

Prévost, P., & White, L. Accounting for morphological variation in L2 acquisition: Truncation or missing inflection? In M. –A. Friedemann, & L. Rizzi (Eds.), *The acquisition of syntax*. London: Longman, 202-235. 2000a.

Prévost, P., & White, L. Missing surface inflection or impairment in second language acquisition? Evidence from tense and agreement. *Second Language Research*, 2000b, 16 (2): 103-133.

PylkkÄnen, Liina. *Introducing arguments*. Cambridge MA: M IT Press, 2008.

Qiao, Zhengwei. The acquisition of resultative verb compounds in Mandarin by English speakers. InSlabakova, R. et al. (eds.), *Proceedings of the 9th Generative Approaches to Second Language Acquisition Conference* (GASLA 2007), 2008: 188-195.

Radford, A. *Syntactic Theory and the Structure of English*. Cambridge: Cambridge University Press, 1997.

Rappaport Hovav, Malka, andLevin, Beth. Building verb meanings. In Butt, M. and Geuder, W. (eds.), *The projection of arguments: Lexical and compositional factors*. 97-134. Stanford: CSLI, 1998.

Rappaport Hovav, Malka & Levin, Beth. An event structure account of English resultatives. *Languag* 2001, 77 (4): 766-796.

Rappaport Hovav, M.& Levin, B. The English Dative Alternation: The Case for Verb Sensitivity, *Journal of Linguistics*, 2008, (44): 129-167.

Robertson, D. Variability in the use of the English article system by Chinese learners of English. *Second Language research*, 2000, 16: 135-172.

Rosenbach, A. Animacy versus weight as determinants of grammatical variation in English. *Language*, 2005, 81: 613-44.

Rosenbaum, Peter. *The grammar of English predicate complement constructions*. Cambridge, Mass: MIT Press, 1967.

Rosh, E. H. Onthe internal structure of perceptual and semantic categories. In More, T. E. (ed.), *Cognitive development and the acquisition of language*, 111-144. New York: Academic Press, 1973.

Rosh, E. H. Principles ofcategorization. In Rosh, E. H. and Lloyd, B. B. (eds.), *Cognition and categorization*, 27-48. Hillsdale, NJ: Erlbaum, 1978.

Rosh, E. H.& Mervis, C. Family resemblances: Studies inthe internal structure of categories. *Cognitive Psychology*, 1975, 7 (4): 573-605.

Rothstein, Susan. *Predicates and their subjects*. Dordrecht: Kluwer, 2001.

Rothstein, Susan. *Structuring events*. Oxford: Blackwell Publishing, 2004.

Rutherford, W. SLA: Universal Grammar and language learnability. In

Ellis, N. C. (ed), *Implicit and explicit learning of languages*, 503-522. San Diego: Academic Press, 1995.

Schäfer, F. *The Syntax of (anti -) Causatives: External Arguments in Chang-of-state Contexts*. Amsterdam: John Benjamins Publishing Company, 2008.

Schmidt, R. W. The Role of Consciousnessin Second Language Learning. *Applied Linguistics*, 1990, 11 (2): 17-46.

Schwartz, B. The Second Language Instinct. *Lingua*, 1998, 106: 133-160.

Schwartz, B., & Sprouse, R.. L2 cognitive states and the full transfer/full access model. *Second Language Research*, 1996, 12 (1): 40-72.

Schwartz, B., & Sprouse, R.. Word order and nominative case in non-native language acquisition: A longitudinal study of (L1 Turkish) German Interlanguage. In T. Hoekstra, & B. Schwartz (Eds.), Language acquisition studies in generative grammar: Papers in honour of Kenneth Wexler from the 1991 GLOW workshop, 317-368. Amsterdam: John Benjamins, 1994.

Shi Enchao. Second Language Grammar and Secondary Predication. Ph. D. Doctoral Dissertation. The University of Arizona, 2003.

Shirao, Y & Andersen, R.. The acquisition of tense-aspect morphology: A prototype account. *Language*, 1995, 71: 743-62.

Silverstein, Michael. Hierarchy of Features and Ergativity, in R. M. W. Dixon (ed.), *Grammatical Categories in Australian Languages*, 112 - 171. Australian Institute of Aboriginal Studies, Canberra, 1976.

Simpson, J. Resultatives. In L. Levin, M. Rappaport Hovav, & A. Zaenen (Eds.), *Papers in lexical-functional grammar*, 143-157. Bloomington: Indiana University Linguistics Club, 1983.

Slabakova, R. Features or parameters: Which one makes second language acquisition easier, and more interesting to study?. *Second Language Research*, 2009, 25: 313-324.

Slabakova, R., Leal, T. & Liskin-Gasparro, J. We have moved on: Current concepts and positions in Generative SLA. *Applied Linguistics*, 2014, 35: 1-7.

Slobin, D. I. The origins of grammatical encoding of events. In W. Deutsch (ed.), *The child's construction of language*, 185 - 990. London: Academic

Press, 1981.

Slobin, D. I. Crosslinguistic evidence for the language-making capacity. In D. I. Slobin (ed.), *Crosslinguistic study of language acquisition: Theoretical issues*, Vol. 2, 1157-1256. Hillsdale, NJ: Erlbaum, 1985.

Smith, C. *The Parameter of Aspect* (2nd ed.). Dordrecht: Kluwer, 1997.

Snyder, William. Language Acquisition and Language Variation: The Role of Morphology. Ph. D.

Dissertation, MIT, 1995.

Snyder, William. On the nature of syntactic variation: Evidence from complex predicates and complex word-formation. *Language* 2001, 77: 324-342.

Snyder, William. 2007. *Child Language: The Parametric Approach*. Oxford: Oxford University Press.

Snyder, William. Children's Grammatical Conservatism: Implications for syntactic theory. In Danis, N., Mesh, K. and Sung H. (eds.) *BUCLD* 35: *Proceedings of the 35th annual Boston University Conference on Language Development*, Volume I, 1-20. Somerville, MA: Cascadilla Press, 2011.

Snyder, William. Parameter theory and motion predicates. In Demonte, V. and McNally, L. (eds.) *Telicity, Change, and State: A Cross-categorial View of Event Structure*, 279-299. Oxford: Oxford University Press, 2012.

Snyder, W.& Stromswold, K. The structure and acquisition of English dative constructions. *Linguistic Inquiry* 1997, (28): 281-317.

Sugisaki, Koji andIsobe, Miwa. Resultatives result from the compounding parameter: On the acquisitional correlation between resultatives and N-N compounds in Japanese. In Billerey, R. and Lillehaugen, B. D. (eds.) *Proceedings of the 19th West Coast Conference on Formal Linguistics*, 493-506. Somerville, MA: Cascadilla Press, 2000.

Sorace, A. Pinning down the concept of "interface" in bilingualism. *Linguistic Approaches to Bilingualism*, 2011, 1 (1): 1-33.

Sorace, A. Selective optionality in language development. In L. Cornips, & K. P. Corrigan (Eds.), *Syntax and variation: Reconciling the biological and the social*. Amsterdam: John Benjamins, 2005: 55-80.

Sorace, A., & Filiaci, F. Anaphora resolution in near-native speakers of Italian. Second Language Research, 2006, 22 (3): 339-368.

Sorace, A.& Shomura, Y. Lexicalconstraints on the acquisition of split intransitivity: Evidence from L2 Japanese. *Studies in Second Language Acquisition*, 2001, (23): 247-78.

Steedman, Mark. *The syntactic process*. Cambridge, MA: The MIT Press, 2000.

Stromswold, K.& Snyder, W. The acquisition of datives, particles, and related constructions: Evidence for delayed parametric learning. In MacLaughlin, D. & McEwen, S. (eds.) *Proceedings of the 19th Boston University Conference on Language Development*, vol. 2, 621-28. Somerville, MA: Cascadilla Press, 1995.

Sybesma, Rint. Causatives and Accomplishments: The Case of Chinese Ba. Doctoral Dissertation, Leiden University, 1992.

Sybesma, Rint. *The Mandarin VP*. Dordrecht: Kluwer, 1999.

Talmy, L. Lexicalization Patterns: Semantic structure in lexical forms. In T. Shopen (Ed) *Language typology and syntactic description*, Vol 3. Grammatical categories & the lexicon, 36-149. N. Y.: Cambridge University Press, 1985.

Tash, Ahmatjan & Sugar, Alexander. Resultative constructions in Uyghur as verbal adjunction. Acta Linguistica Academica, 2018, 65 (1): 169-195.

Tang, Sze-Wing. The parametric approach to the resultative construction in Chinese and English. UCI Working Papers in Linguistics, 1997, (3): 203-226.

Teng, Shou-hsin. A semantic study of transitivity relations in Chinese. Berkeley: University of California Press, 1975.

Ting. H. The acquisition of articles by L2 English by L1 Chinese and L1 Spanish speakers. unpublished M. A. Thesis. Colchester, UK: University of Essex, 2005.

Thompson, Sandra Annear. 1973. Resultative verb compounds in Mandarin Chinese: A case for lexical rules. *Language*, 49: 361-79.

Tomasello, M. *Constructing a Language: A Usage-Based Theory of Language Acquisition*. Harvard University Press, 2003.

Tomasello, M. *First Verbs: A Case Study of Early Grammatical Develop-*

ment. Cambridge University Press, 1992.

Travis, L. The role of features in syntactic theory and language variation. In Liceras, J., Zobl, H.& Goodluck, H. (eds.), *The Role of Formal Features in Second Language Acquisition*, 22-47. New York: Lawrence Erlbaum Associates, 2008.

Trenkic, D. The representation of English articles in second language grammars: Determiners or adjectives? *Bilingualism: Language and Cognition*, 2008, 11 (1): 1-18.

Tsimpli, I. -M., & Dimitrakopoulou, M. The interpretability hypothesis: Evidence from wh-interrogatives in L2 acquisition. *Second Language Research*, 2007, 23 (2): 215-242.

Tomioka, Naoko. Resultative Constructions: Cross - Linguistic Variation and the Syntax-Semantics Interface. PH. Dissertation. McGill University, 2006.

Tyler, Lesie Jo. The Syntax and Semantics of Zero Verbs: A Minimalist Approach. Ph. D. Dissertation. University of Florida, 1999.

Wang, Chyan-an Arthur. The Microparametric Syntax of Resultatives in Chinese Languages. Ph. D. Dissertation. New York University, 2010.

Wang, Haidan. Images and Expressions: Resultaive Verb-Complent Constructions in Chinese. Ph. D. Dissertation. University of Hawait, 2002.

Wang, Lidi. Eventuality and Argument Alternations in Predicate Structures, Ph. D. Dissertation. The Chinese University of Hong Kong, 1998.

Wasow, T. *Postverbal behavior.* Stanford, CA: CSLI Publications, 2002.

Wechsler, S., & Noh, B. On resultative predicates and clauses: Parallels between Korean and English. *Language Sciences*, 2001, 23 (4-5): 391-423.

Wen, Xiaohong. Second language acquisition of the Chinese particle *le*. *International Journal of Applied Linguistics*, 1995, 5 (1), 45-62.

Wen, Xiaohong. Acquisition of Chinese aspect: an analysis of the interlanguage of learners of Chinese as a foreign language. I. T. L. *Review of Applied Linguistics*, 1997, 115-116, 1-26.

Wexler, K., & Manzini, R. Parameters and learnability in binding theory. In T. Roeper, & E. Williams (Eds.), *Parameter setting*, 41 - 76. Dordrecht: Reidel, 1987.

White, L. Some questions about feature re-assembly. *Second Language Research*, 2009, 25 (2): 343-348.

White, L. Fossilization in steady state L2 grammars: persistent problems with inflectional morphology. *Bilingualism: Language and Cognition*, 2003, 6: 129-141.

White, L. *Second Language Acquisition and Universal Grammar*. Cambridge: Cambridge University Press, 2003.

White, L. Psych verbs and the T/SM restriction: what do L2 learners know? In P. Koskinen (Ed.), *Proceedings of the 1995 annual conference of the Canadian Linguistic Association: Toronto working papers in linguistics*, 1995: 615-25.

White, L. Argument structure in second language acquisition. *Journal of French Language Studies*, 1991, 1: 189-207.

White, L. The adjacency condition on case assignment: Do L2 learners observe the Subset Principle? In S. M. Gass and J. Schachter (Eds.), *Linguistic Perspectives on Second Language Acquisition*, 134-158. Cambridge: Cambridge University Press, 1989.

White, L., Montrul, S., Hirakawa, M., Chen, D., Bruhn-Garavito, J., & Brown C.. Zero morphology and the T/SM restriction in L2 acquisition of psych verbs. In Maria-Luise Beck (Ed.), *Morphology and its interface in second language knowledge*, 257-82. Amsterdam: John Benjamins, 1998.

White, L., S. Montrul, M. Hirakawa, D. Chen, J. Bruhn-Garavito, C. Brown. Zero Morphology and the T/SM Restriction in L2 Acquisition of Psych Verbs. In Maria-Luise Beck (Ed), *Morphology and its Interface in Second language Knowledge*. Amsterdam: John Benjamins, 1998.

Whong-Barr, M.& Schwartz, B.. Morphological and syntactic transfer in child L2 acquisition of English dative alternation. *Studies in Second Language Acquisition*, 2002, (24): 579-616.

Whong-Barr, Melinda. Morphology, derivational syntax and second language acquisition of resultatives, Durham theses, Durham University, 2005.

Williams, A. Complex causatives and verbal valence. Doctoral Dissertation,

University of Pennsylvania, 2005.

Williams, A. Patients in Igbo, and Mandarin. In Dolling, J. Heyde-Zybatow, T.& Schafer, M. (eds.), *Event Structures in Linguistic Form and Interpretation*, 3-30. Belin: Walter de Gruder, 2008.

Williams, A. Objects in resultatives. Ms. University of Maryland, 2008.

Williams, A. Themes, cumulativity, and resultatives: Comments on Kratzer 2003. *Linguistic Inquiry*, 2009, (40): 686-700.

Williams, E. *Representation Theory*. Cambridge, MA: MIT Press, 2003.

Woo, I-Hao. The Syntax of the Aspectual Particles in Mandarin Chinese. Ph. D. Dissertation. Boston University, 2013.

Wong, S-L. C. Overproduction, Under-lexicalization & Unidiomatic Usage in the Make Causatives of Chinese Speakers: A Case for Flexibility in Interlanguage Analysis. *Language Learning & Communication*, 1983, 2 (2): 233-248.

Wu, Xiu-Zhi Zoe. Grammaticalization and the Development of Functional Categories in Chinese. Ph. D. Dissertation. University of Southern California, 2000.

Xiao, R.& McEnery, T. *Aspect in Mandarin Chinese. A Corpus - based Study*. Amsterdam/ Philadelphia: John Benjamins Publishing Company, 2004.

Xing, J. Z. *Teaching and Learning Chinese as a Foreign Langauge*. Hong Kong: Hong Kong University Press, 2006.

Yao, Jiaojiao. Chinese Causative Resultative V-Vs and Their Acquisition by L1 European Portuguese Learners. Ph. D. Dissertation. Universida de Lisboa, 2022.

Yuan, Boping & Zhao, Yang. Asymmetric syntactic and thematic reconfigurations in English speakers' L2 Chinese resultative compound constructions. *International Journal of Bilingualism*, 2010, 15 (1): 38-55.

Zhang, Jie. Acquisition of the Chinese Resultative Verb Complents by Learners of Chinese as a Foreign Language: A Learner Corpus Appraoch. Ph. D. Dissertation. The Pennsylvania State University, 2011.

Zhang, Jingyu. Morphosyntax of psych verbs in Zhuang. Paper presented at Annual Research Forum, Linguistic Society of Hong Kong, HK, 2000.

Zhang，Jingyu. Comprehending literal and figurative expressions with psych adjectives in a second language. Unpublished Manuscript. Shaanxi Normal University，2007a.

Zhang，Jingyu. *Metonymic human and animacy hierarchy.* Unpublished manuscript，Shaanxi Normal University，2007b.

Zhang，Jingyu. The acquisition of psych predicates by Chinese-speaking learners of English：A semantic hierarchy model. Ph. D. dissertation，Guangdong University of Foreign Studies. Guangdong，2003. *The semantic salience hierarchy model：L2 acquisition of psych predicates.* Bern：Peter Lang，2007.

Zhang，Jingyu. Review of From Body to Meaning in Culture by Ning Yu，*Metaphor and Symbol*，2010，（25）：58-61.

Zhang，Jingyu. Animacy Hierarchy Effects on the L2 Acquisition of Attributive Psych Adjectives. *Applied Psycholinguistics*，2015，36（2）：275-298.

Zhang，J.，Zhang，C.& Wen，X.. Animacy as a cognitive strategy in middle school students' acquisition of English psych predicates. *Foreign Language Teaching and Research*，2004，（36）：333-40.

Zhang，Niina N. Argument interpretations in the ditransitive construction，*Nordic Journal of Linguistics*，1998，（21）：179-209.

Zobl，H. A direction for contrastive analysis：the comparative study of developmental sequences. *TESOL Quarterly*，1982，（16）：169-183.

Zou，Ke. The Syntax of the Chinese Ba-Constructions and Verb Compunds：A Morpho-Syntactic Analysis. Ph. D. Dissertation. University of Southern California，1995.

阿茹汗：《蒙汉致使范畴表达对比》，《内蒙古民族大学学报》（社会科学版）2017 年第 5 期。

敖琪：《汉语结果补语在蒙古语中的对应表达及教学对策》，硕士学位论文，沈阳师范大学，2019 年。

白燕：《基于对比分析的朝鲜族学生动结式习得研究》，硕士学位论文，延边大学，2007 年。

毕风云：《维吾尔族学生汉语可能补语教学研究》，《语言与翻译》2008 年第 3 期。

蔡芸：《使役动词化构词规则及对二语习得的影响》，《现代外语》2000 年第 2 期。

车慧：《高级汉语水平韩国学习者习得动结构式偏误分析及实证研究》，《大连大学学报》2018 年第 2 期。

崔巍、茹仙古丽·艾再孜：《少数民族学生汉语趋向补语的习得偏误分析》，《新疆社会科学》2010 年第 5 期。

常辉：《语义和形态对中国学生习得英语心理使役动词的影响》，《现代外语》2014 年第 5 期。

常辉：《母语为英语的留学生汉语致使结构的习得研究》，《世界汉语教学》2011 年第 1 期。

陈国华、周榕：《基于语料库的使役性心理谓词的习得比较研究》，《解放军外国语学院学报》2006 年第 4 期。

程工、杨大然：《现代汉语动结式复合词的语序及相关问题》，《中国语文》2016 年第 5 期。

戴曼纯：《二语习得中的特征与特征组装》，《语言教学与研究》2011 年第 4 期。

戴曼纯、刘晓英：《中国英语学习者心理动词习得实证研究》，《外语学刊》2008 年第 5 期。

道布：《蒙古语动词"态"语缀探析》，《民族语文》2007 年第 5 期。

德力格尔玛：《蒙汉语使动句的对比》，《内蒙古民族大学学报》2009 年第 6 期。

德力格尔玛：《从句义结构看阿尔泰语言的"态"》，《民族语文》2004 年第 2 期。

丁薇：《谓语中心为心理动词的"把"字句》，《汉语学报》2012 年第 1 期。

冯胜利：《轻动词移位与古今汉语的动宾关系》，《语言科学》2005 年第 1 期。

玛依拉·阿吉艾克帕尔：《维吾尔语名$_1$+名$_2$短语结构》，《民族语文》2009 年第 5 期。

范晓：《动词的配价与汉语的"把"字句》，《中国语文》2001 年第 4 期。

付一帆：《汉维使役语义表现形式对比研究》，硕士学位论文，新疆师范大学，2017 年。

　　傅雨贤：《"把"字句与"主谓宾"句的转换及其条件》，《语言教学与研究》1981 年第 2 期。

　　顾阳：《双宾语结构》，载于徐烈炯主编《共性与个性——汉语语言学中的争论》，北京语言文化大学出版社 1999 年版。

　　桂诗春：《潜伏语义分析的理论及其应用》，《现代外语》2003 年第 1 期。

　　郭兰：《维吾尔族学生汉语动结式述补结构的学习策略》，新疆大学学报，2008 年第 4 期。

　　贺燕：《现代汉维处置范畴语言表达研究》，硕士学位论文，吉林大学，2018 年。

　　何晓炜：《双宾语结构和与格结构的关系分析》，《外国语》2003 年第 1 期。

　　何晓炜：《双及物结构的语义表达研究》，《外语教学与研究》2009 年第 1 期。

　　胡正微：《词的使动用法的新动向》，《语言教学与研究》2002 年第 1 期。

　　黄和斌：《英汉双及物结构研究中的几个问题》，《外国语》2010 年第 1 期。

　　黄锦章：《汉语中的使役连续统及其形式紧密度问题》，《华东师范大学学报》（哲学社会科学版）2004 年第 5 期。

　　黄正德：《从"他的老师当得好"谈起》，《语言科学》2008 年第 3 期。

　　黄正德：《汉语动词的题元结构与其句法表现》，《语言科学》2007 年第 4 期。

　　黄正德：《论元结构、词义分解和轻动词句法》，《韵律语法研究》2017 年第 2 期。

　　姜爱娜：《美国学生汉语动结式述补结构习得过程研究》，硕士学位论文，南京大学，2013 年。

　　姜琳：《双宾结构和介词与格结构启动中的语义启动》，《现代外语》2009 年第 1 期。

　　金立鑫：《解决汉语补语问题的一个可行性方案》，《中国语文》2009

年第 5 期。

鞠贤：《维吾尔语"名·名"组合语义分析》，《语言与翻译》1993
年第 3 期。

阚哲华：《致使动词与致使结构的句法–语义接口研究》，上海交通大
学出版社 2010 年版。

力提甫·托乎提：《从短语结构到最简方案，阿尔泰语言的句法结
构》，中央民族大学出版社 2004 年版。

力提甫·托乎提：《现代维吾尔语参考语法》，中国社会科学出版社
2012 年版。

李临定：《双宾句类型分析》，《语法研究和探索》第二辑，北京大学
出版社 1984 年版。

李连芳：《印尼学生汉语动结式理解与输出情况研究》，硕士学位论
文，暨南大学，2011 年。

李思莹：《母语为西班牙语的学习者汉语及物动结式的习得研究》，
硕士学位论文，河北师范大学，2015 年。

李遐：《少数民族学生汉语"把"字句习得偏误的认知心理分析》，
《语言与翻译》2005 年第 3 期。

李祥瑞：《现代维吾尔语的名名结构》，《语言与翻译》2001 年第
3 期。

李宇明：《领属关系与双宾句分析》，《语言教学与研究》1996 年第
3 期。

吕叔湘：《说"胜"和"败"》，《中国语文》1987 年第 1 期。

林青、刘秀明：《汉语动结式在维吾尔语中的表现形式》，《语言与翻
译》2015 年第 4 期。

刘玉屏、袁萍：《语法研究成果在汉语二语教学中的转化——以
"把"字句为例》，《语言教学与研究》2021 年第 5 期。

刘街生：《作格性和汉语的相关现象》，《外语学刊》2018 年第 1 期。

卢艳梅：《二语学习者汉语动结式习得研究综述》，《语文建设》2016
年第 29 期。

陆燕萍：《英语母语者汉语动结式习得偏误分析——基于构式语法的
偏误分析》，《语言教学与研究》2012 年第 6 期。

马庆株：《现代汉语的双宾语构造》，《语言学论丛》第十辑，商务印

书馆 1983 年版。

马腾、詹卫东：《基于事件语义距离的 V1－V2 述结式判别研究》，《计算机工程与应用》2015 年第 17 期。

马志刚：《基于内部情态体理论对汉语动结式中复合体态义的中介语实证研究》，《国际汉语教学研究》2014 年第 3 期。

马志刚：《汉语致使性动结式的中介语习得研究——基于构式融合理论》，《汉语学习》2014 年第 6 期。

麻赫穆德·喀什噶里：《突厥语大辞典》，新疆人民出版社 2008 年版。

毛眺源、戴曼纯：《二语特征重组假说之构架与远景评释》，《中南大学学报》（社会科学版）2015 年第 1 期。

毛眺源、戴曼纯：《二语特征重组假说之参数构想新解》，《现代外语》2015 年第 5 期。

木再帕尔：《维吾尔语的静词化短语》，民族出版社 2014 年版。

宁春岩：《对第二语言习得研究中的某些全程性问题的理论语言学批评》，《外语与外语教学》2001 年第 6 期。

宁春岩：《生成语言学理论提出的重大语言研究课题》，《中国外语》2006 年第 3 期。

宁春岩：《什么是生成语法》，上海外语教育出版社 2011 年版。

石慧敏：《汉语动结式的整合度高低及其层级分布》，《汉语学习》2013 年第 6 期。

施春宏：《动结式的配价层级及其歧价现象》，《语言教学与研究》2006 年第 4 期。

施春宏：《动结式致事的类型、语义性质及其句法表现》，《世界汉语教学》2007 年第 2 期。

施春宏：《面向第二语言教学汉语构式研究的基本状况和研究取向》，《语言教学与研究》2011 年第 6 期。

施春宏、邱莹、蔡淑美：《汉语构式二语习得研究的理论思考》，《语言教学与研究》2017 年第 5 期。

沈家煊：《"在"字句和"给"字句》，《中国语文》1999 年第 2 期。

沈家煊：《动结式"追累"的语法和语义》，《语言科学》2004 年第 6 期。

沈阳、何元建、顾阳：《生成语法理论与汉语语法研究》，黑龙江教育出版社 2002 年版。

宋文辉：《现代汉语动结式配价的认知研究》。博士学位论文，中国社会科学院研究生院，2003 年。

孙凡：《现代汉语结果体研究》，博士学位论文，吉林大学，2012 年。

孙淑媛：《现代汉语"得"字小句补语句的致使义研究》，学位论文，上海外国语大学，2018 年。

汤廷池：《汉语复合动词的使动与起动交替》，*Language and Linguistics*，2002 年第 3 期。

唐鹏举：《韩国留学生汉语动结式习得过程及其言语加工策略》，硕士学位论文，北京语言大学，2007 年。

王初明：《可学得性与认知：论元结构的习得》评介，《外国语言学》1994 年第 2 期。

王玲玲：《汉语动结结构句法与语义研究》，博士学位论文，香港理工大学，2000 年。

王玲玲、何元建：《汉语动结结构》，浙江教育出版社 2002 年版。

王强：《论使役、使役化动词与使役结构》，《天津外国语学院学报》2009 年第 5 期。

王强：《论英汉语使役结构的双语段假说》，《现代外语》2009 年第 4 期。

王文斌、徐睿：《英汉使役心理动词的形态分类和句法结构比较分析》，《外国语》2005 年第 4 期。

王燕：《维吾尔族学生汉语致使句式习得研究》，《喀什师范学院学报》2012 年第 5 期。

温宾利、程杰：《论轻动词 v 的纯句法本质》，《现代外语》2007 年第 2 期。

吴淑琼：《汉语动结式非典型内在致事的语法转喻研究》，《外语研究》2013 年第 2 期。

夏晓蓉：《英汉 V-R 结构与非宾格现象》，《外语教学与研究》2001 年第 3 期。

晓娓：《二语汉语致使结构的习得研究》，硕士学位论文，上海交通大学，2010 年。

谢敏灵:《英语母语者汉语结果补语结构习得研究》,硕士学位论文,北京大学,2013 年。

熊学亮、梁晓波:《论典型致使结构的英汉表达异同》,《外语教学与研究》2004 年第 2 期。

熊学亮、梁晓波:《致使结构的原型研究》,《江西师范大学学报》2003 年第 6 期。

熊学亮、魏薇:《倒置动结式的致使性透视》,《外语教学与研究》2014 年第 4 期。

熊仲儒:《现代汉语中的致使句式》,安徽大学出版社 2004 年版。

熊仲儒:《动结式的致事选择》,《安徽师范大学学报》(人文社会科学版)2004 年第 4 期。

熊仲儒、刘丽萍:《动结式的论元实现》,《现代外语》2006 年第 2 期。

徐杰:《语义上的同指关系与句法上的双宾语句式》,《中国语文》2004 年第 4 期。

徐盛桓:《试论英语双及物构块式》,《外语教学与研究》2001 年第 2 期。

许雪真:《英语母语者动结式的偏误研究及教学策略》,硕士学位论文,暨南大学,2017 年。

严辰松:《原型角色、及物性和因果链:汉语动结式论元配置的语义理据》,《解放军外国语学院学报》2021 年第 4 期。

杨江锋:《汉语迂回致使结构的多维度研究》,硕士学位论文,浙江大学,2016 年。

杨柳:《维吾尔族大学生英语致使结构的三语习得研究》,《英语广场》2017 年第 11 期。

叶莉莎:《英汉迂回致使结构的对比研究》,硕士学位论文,湖北大学,2017 年。

怡冰:《维族学生和欧美学生汉语典型语法偏误的对比分析》,《语言与翻译》2000 年第 2 期。

詹卫东:《复合事件的语义结构与现代汉语述结式的成立条件分析》,《对外汉语研究》2013 年第 1 期。

张伯江:《现代汉语的双及物结构式》,《中国语文》1999 年第 3 期。

张立冰：《对外汉语教学中动结式习得及偏误分析》，硕士学位论文，苏州大学，2016 年。

张京鱼：《大学生英语色彩使役动词习得研究》，《外语教学与研究》2005 年第 6 期。

张京鱼：《英汉心理使役动词应用对比研究》，《外语研究》2001 年第 3 期。

张京鱼：《汉语心理动词及其句式》，《唐都学刊》2001 年第 1 期。

张京鱼：《心理动词与英语典型使役化结构》，《四川外语学院学报》2004 年第 5 期。

张京鱼、薛常明：《顺向翻译中二语对母语的影响：二语效应》，《外国语言文学》2006 年第 2 期。

张京鱼、张长宗、问小娟：《有生性在中学生英语心理谓词习得中的认知作用》，《外语教学与研究》2004 年第 5 期。

张先亮、孙岚：《留学生习得能否式"V 得／不 C"的偏误分析及教学策略》，《汉语学习》2010 年第 5 期。

赵昱：《中国大学生英语致使构式习得研究》，硕士学位论文，湖南师范大学，2017 年。

赵琪：《英汉动结式的共性与个性》，《外语教学与研究》2009 年第 4 期。

赵杨：《汉语使动及其中介语表征》，北京大学出版社 2003 年版。

中国社会科学院语言研究所：《现代汉语词典》第五版，商务印书馆 2005 年版。

袁博平：《英语母语者的汉语结果补语习得研究》，《国际汉语》2011 年第 1 期。

袁红双：《维吾尔族学习者学习汉语动词偏误分析》，硕士学位论文，新疆师范大学，2012 年。

岳秀芳：《汉语心理谓词使役结构研究和日韩学生学习该结构偏误分析》，硕士学位论文，中山大学，2012 年。

周文杰：《母语为英语的学生习得汉语动结式带宾语类结构偏误分析》，硕士学位论文，湖南师范大学，2013 年。

朱旻文：《基于构式的第二语言学习者汉语动结式习得研究》，《语言教学与研究》2017 年第 4 期。